Hannes Glanz

Was Sie schon immer
von einem KRÜPPEL *wissen wollten!*

Illustrationen: Michaela Nutz. Mehr auf www.mnutz.at

ISBN 978-3-7059-0389-0
1. Auflage 2016
© Copyright by Hannes Glanz
www.hannes-glanz.at
© Copyright by Herbert Weishaupt Verlag, A-8342 Gnas
T +43 3151 8487, F +43 3151 84874
e-mail: verlag@weishaupt.at
e-bookshop: www.weishaupt.at
Sämtliche Rechte der Verbreitung – in jeglicher Form und Technik –
sind vorbehalten.
Druck und Bindung: Christian Theiss GmbH, A-9431 St. Stefan
Printed in EU

Hannes Glanz

*Was Sie
schon immer
von einem*
KRÜPPEL
wissen wollten!

Weishaupt Verlag

für mich

Die Fragen

Was heißt hier Krüppel?

Ein Vorwort von gegenüber

Es erfüllt mich mit großer Freude und Dankbarkeit, dieser so mutigen Autobiografie meine Gedanken zu einem Leben als „Krüppel" voranzustellen.

Behinderte, Menschen mit besonderen Bedürfnissen, Tärrische, Depperte, Tschuschen … Es fallen Ihnen sicher noch andere Bezeichnungen ein, die das offensichtliche Anders-Sein, das vermeintlich Abnormale, ja vielleicht sogar Abartige beschreiben.

Mein Favorit unter all diesen Aufzählungen ist die als Enttabuisierung gedachte, jedoch zur weiteren Verleugnung der Problematik mutierte Formulierung *Menschen mit besonderen Bedürfnissen*.
Ja welche sind das denn? Haben wir die nicht alle? Hand aufs Herz, haben Sie schon einmal einen Betroffenen nach seinen Wünschen, Vorstellungen oder Bedürfnissen gefragt? Nein?
Woher kommt also die Arroganz zu wissen, was Leute tatsächlich brauchen, deren Körper und/oder Kopf nicht hundertprozentig funktionieren? Warum strafen wir Menschen mit Behinderung, Kranke und Alte mit Missachtung oder durch Wegschauen? Warum sprechen wir betroffenen Personen schon bei der allerersten Wahrnehmung ihrer Erscheinung sofort alle Fähigkeiten ab wie Sprache, Intellekt, körperliche Eigenschaften? Würden wir in der Begegnung mit anderen

Geschöpfen auch Desinteresse gegenüber ihrer Biografie und mangelnde Empathie zeigen? Zum zweiten Mal, Hand aufs Herz!

Sohin sehe ich uns alle immer wieder gleichsam behindert, gehindert oder auch verhindert.

Sehbehindert – weil wir entweder bei sichtbarem Leid nicht hinschauen wollen oder neugierigst den Blick *nicht* abwenden. Oder dem Betroffenen gleich gar nicht in die Augen schauen können.

Gehbehindert – weil wir kaum einen Schritt auf Menschen mit anderer Fortbewegung als mit geraden Beinen und rundem Gang zugehen können. Oder uns, als kündige sich Durchfall an, mit seltsam in die Gegenrichtung verrenktem Kopf an der betreffenden Person vorbeistehlen.

Sprachverhindert – weil sich bei Sichtung jedweden körperlichen Gebrechens plötzlich Satzbildungsstörungen wie „Tja, ähm, naja" einschleichen. Oder sich akutes Zusammenbeißen der Zähne mit entsprechenden Lauten wie „Ds erzl ic dr zhaus" zeigt. Manchmal führt das gar zum temporären Sprachverlust in Gegenwart eines Betroffenen, was etwa einen höflichen Gruß unmöglich macht.

Geistiggehindert – weil wir so sehr auf unsere eigene Vollkommenheit ausgerichtet sind, dass wir keine andersartige Existenz als die selbstgewählte oder auferlegte als richtiges Dasein empfinden und uns mit anderen Lebensszenarien nicht auseinandersetzen wollen oder können.

Lernbehindert – weil wir es nicht schaffen, unvoreingenommen gegenüber allen Lebewesen zu sein. Weil wir nicht lernen wollen, das Anders-Sein zu verstehen und es auch zuzulassen. Weil wir uns keine Gedanken darüber machen, was das tägliche Leben an schier Unüberbrückbarem für körperliche und geistige Defizite bereithält.

Dabei lassen wir die Gefahr außer Acht, selbst durch Unfall oder Krankheit aus dem Schutz der gesellschaftlichen Normalität gerissen zu werden und von da an auf Hilfe angewiesen zu sein. Der Verlust von Arbeit und Aufgabe wie auch die verlorene Position innerhalb der Familie und bei Freunden erzeugen grausame Abhängigkeiten.

Das Übersehen eigener Unzulänglichkeit sowie das Nichterkennen eigener Fehlbarkeit und Unvollkommenheit nehmen uns das Recht, über andere zu urteilen. Somit erachte ich Behinderung als Teil jedes Lebewesens, ob sichtbar oder nicht. Behinderte und nichtbehinderte Menschen haben eine unterschiedliche Lebens- und auch Leidensfähigkeit, die eines objektiven Standpunkts bedürfen. Bei Anwendung der eigenen Schmerzskala, also einer subjektiven Betrachtung, sehe ich die Gefahr, ins Mitleid (oder gar Selbstmitleid?) zu geraten. Betroffene brauchen nichts davon. Mitgefühl, Anteilnahme und vor allem Verständnis und Nachfrage bei Unwissenheit – das wäre der Anfang einer besonderen Erfahrung mit wunderbaren Menschen.

Ich bin stolz und glücklich, Hannes Glanz kennen- und verstehen gelernt zu haben. Er bricht eine Lanze für viele Menschen mit Einschränkungen. Ich danke und gratuliere ihm aus tiefstem Herzen.

BMC, Physiotherapeutin

Ist das ein Betroffenheits-schmöker?

Meine Vorbemerkung

Nein, Sie halten keinen Betroffenheitsschmöker in Händen, der auf Ihre Tränendrüsen drückt und nach Mitleid heischt. Dieses Missverständnis möchte ich ausräumen, bevor es als angstvoller Gedanke geboren wird und danach mündlich, schriftlich oder virtuell Verbreitung findet. Ebenso fern liegt mir der Anspruch, in die schier endlosen Gewässer der Ratgeberliteratur für ein besseres Leben einzutauchen. Ich möchte ganz persönliche Antworten geben, hielte es jedoch für eine Anmaßung zu sagen: „So und nicht anders müssen Sie Ihre Zeit verbringen."

Mit aller Ehrlichkeit, auf der jede Zeile basiert, sage ich es gleich am Beginn: Das ist ein durch und durch egoistisches Buch. Aus diesem Grund hatte ich das Eröffnungskapitel in der Rohfassung mit *Meine Warnung* untertitelt. Aber eine Leserschaft, die sich das Leben eines Behinderten zu Gemüte führt, schon beim Inhaltsverzeichnis zu verschrecken, wäre schön blöd.

Im Gegensatz dazu klingt *Meine Vorbemerkung* wunderbar neutral und lässt Ihnen die Möglichkeit, nach dieser Einleitung mit stirngerunzeltem Kopfschütteln den Einband zuzuschlagen und das Buch zurück ins Regal zu stellen. Oder in die Wühlkiste auf dem Flohmarkt zu werfen.

Obwohl es auf den folgenden Seiten oft um meine körperliche Beschaffenheit und sich daraus ergebende Lebensumstände geht, werde ich ab Kapitel 2 auf das Wort *Behinderung* und seine zahlreichen Derivate weitgehend verzichten. Erstens deshalb, weil der Begriff noch immer eindeutig negativ besetzt ist. Im 21. Jahrhundert hat unsere Gesellschaft zwar die dümmlich-sture Verknüpfung *behindert* = *geisteskrank* im Großen und Ganzen abgelegt, aber noch immer löst seine Verwendung bei manchen Personen diffuse Vorbehalte aus. Ein Grund dafür könnte sein, dass im Sammelbecken der Behinderten alles herumschwimmt, was körperlich, geistig und psychisch nicht in die von der Schulmedizin vorgegebene Norm passt. Und solange der gelernte Österreicher nicht genau weiß, womit er es zu tun hat, nimmt er vorsichtshalber das Schlimmste an.

Weiters stört mich die Aura des Unabänderlichen, die Fixierung auf einen bis ans Lebensende einzementierten Zustand, der den Begriff umgibt. Jeder Mensch, der einmal das immense Glücksgefühl eines Therapieerfolges empfinden durfte, wird mir zustimmen: Diese These ist schlicht und einfach falsch. Schon die kleinste Veränderung – freies Atmen, aufrechtes Gehen – bringt mehr Lebensqualität und ermöglicht so vielleicht den nächsten Schritt. Es liegt mir fern, Luftschlösser zu bauen oder irgendjemandem weiszumachen, dass jede körperliche Beeinträchtigung mit Trainingsdisziplin zur Gänze heilbar wäre. Eine Krankheit ist da, die nicht weggezaubert werden kann und deshalb von mir auch nicht schöngeredet oder marginalisiert wird. Ihr auf sachlicher Ebene zu begegnen, hat sich für mich bis heute als beste Methode erwiesen, um den richtigen Platz für sie in meinem Leben zu finden. Eine Krankheit ist da, um die ich mich kümmern muss. Nicht mehr und nicht weniger.

Zu guter Letzt möchte ich mich an dieser Stelle noch gegen einen Spruch wehren, der bei mir stets Aggressionen weckt, wann immer ich ihn höre oder lese: „Ich bin nicht behindert, ich werde behindert." Anhänger dieses nett klingenden Mantras mögen zwei schmerzhafte Wahrheiten bedenken:

1.) Eine negierte Tatsache hat die unschöne Eigenschaft zurückzukehren, wenn sie im vorgehaltenen Spiegel nicht erkannt oder dieser gar aus Furcht davor zerbrochen wird. Meist tut sie das plötzlich wie eine Erkenntnisfaustwatsche, vor der man sich auch mit der Reaktion eines Wladimir Klitschko nicht wegducken kann. Und das tut dann wirklich weh.

2.) Anderen Menschen die Schuld für eigene Unzulänglichkeiten zuzuschieben, macht nicht nur blind für die Wirklichkeit, es ist auch ungerecht. Für manche Gesundheitsbeeinträchtigungen mag es eindeutige Verursacher geben – Berichte von fatalen Verkehrsunfällen erinnern täglich daran. Ist jedoch eine Krankheit der Auslöser, dann war es meist nur einfach Pech. Und bereits an diesem Punkt kann man darüber diskutieren, ob alle Betroffenen es als solches empfinden. Ich behaupte hier ganz frech, dass dem nicht so ist. Also werde ich nicht behindert, sondern finde Hilfe, wann und wo immer ich sie benötige.

Zum Schluss dieses Anfangs noch etwas zum Aufbau des Buches: Jedes Kapitel schließt mit einem zum Thema passenden Text, der im Laufe meiner bisherigen Schreibenszeit entstanden ist. Den Beginn macht ein Gedicht, mit dem ich im Alter von 25 Jahren meine lebenslange Begleiterin erstmals auf Augenhöhe angesprochen habe.

Hiermit lade ich Sie herzlich ein, mir in mein Leben zu folgen. Mit den Worten des Steirers in Salzburg heißt das: „Gemma's aun!"

An meine Krankheit

Sei mein Weg
Der in Berufung endet
Sei meine Weisheit
Beim Betrachten der Welt

Sei meine Hoffnung
Im kraftvollen Streben
Sei die Erkenntnis
Dass alles gerecht

Sei mein Stolz
Ein Talent zu entdecken
Sei meine Demut
Wenn der Kopf zu viel hält

Sei mein Spiegel
Um mich selbst zu erkennen
Sei mein Zuhause
Wo es mir gefällt

Wie bewältigen Sie Ihren Alltag?

Mein Tag

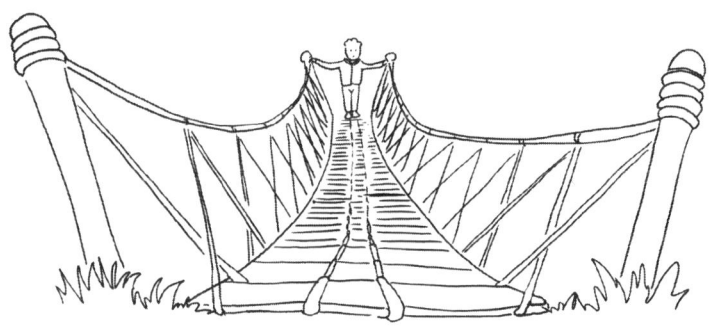

Es ist vor sechs Uhr morgens, gleich wird der Wecker meinen Arbeitstag einläuten. Bevor es so weit ist, verrate ich Ihnen, mit wem Sie es von hier bis zur letzten Seite zu tun haben werden.

Ich wurde am 24. August 1972 in der steirischen Landeshauptstadt Graz als zweites Kind einer Zwillingsgeburt auf die Welt gebracht. Schon damals überließ ich meiner Schwester Barbara galant den Vortritt. Dass dadurch auch eine spastische Lähmung infolge Infantiler Cerebralparese gleichsam huckepack mitgeliefert wurde, beschäftigte mich erst Jahre später. Barbara war in der Folge bei den meisten Tätigkeiten, Erlebnissen und Erfahrungen schneller als ich, was mich länger wurmte, als ich gerne zugebe.

Meine Eltern ließen mich Johann Josef taufen, wozu es zwei beständige Theorien gibt. Dies sind die Vornamen meiner beiden Großväter, aber die Namensgebung diente wohl auch dazu, mich vom Vater Johann einigermaßen abzugrenzen. So lange ich denken kann, wird diese Abgrenzung noch stärker gezogen durch die Rufnamen Hans (er) und Hannes (ich). Niemand kennt mich als Johann Josef, und so muss ich mich beim Signieren von Dokumenten zusammenreißen. Von Spitznamen wie *Hannibal* oder halblustigen Geisteskreationen zu meinem Nachnamen – *Glanz* macht das Reservoir schier unerschöpflich – halte ich nichts. Nach dem säuerlichsten Blick, den ich zustande bringe, verstummen sie rasch wieder. Einzig Barbara kann es nicht lassen: Wenn sie mich ärgern will, nennt sie mich auch nach über 40 Jahren noch immer *Burli*.

Knapp das erste Vierteljahrhundert meines Lebens verbrachte ich im südoststeirischen Feldbach. Die überschaubare Bezirksstadt mit ihren damals viereinhalbtausend Einwohnern bot genug Ruhe, um auch als Kind abseits der Hauptstraßen mit dem Fahrrad unterwegs zu sein. Langsamer als die meisten und durch seitliche Stützräder beim schneidigen Ziehen durch enge Kurven deutlich eingeschränkt, aber es gab mir ein erstes Gefühl von Mobilität und Unabhängigkeit. In Feldbach durchlief ich die Schulbildung bis zur Gymnasialmatura und wechselte danach ins Handelsakademie-Kolleg nach Graz, was mich auch zu einem Wochentagsbewohner des dortigen Kolpingheimes machte.

Nach der HAK-Matura und einem erfolglosen Versuch, Englisch und Italienisch zu studieren, kehrte ich für die ersten Berufserfahrungen ins elterliche Schuhhaus zurück. In diese Zeit fielen zwei weitere prägende Lebenskonstanten: mein erstes Buch und der Erwerb des Führerscheins. Viele Dinge, von denen ich noch erzählen werde, wären ohne sie nicht passiert oder hätten sich völlig anders zugetragen.

Am 24. Juni 1996 übersiedelte ich in die Stadt Salzburg, in eine kleine Garçonnière in der Haunspergstraße. An das Datum erinnere ich mich genau, weil mein Namenstag darauf fällt und in dieser Zeit die Fußball-Europameisterschaft in England ausgetragen wurde. Am Vorabend meines ersten Arbeitstages fern der Heimat ging die Hoffnung, Deutschland möge das Finale gegen Tschechien doch bitte verlieren, in einer Illusion auf. Wie schlecht dieses Omen für meine Stelle im Bundessozialamt sein sollte, ahnte ich da noch nicht, aber wie bei den heimischen Kickern, die sich bis dahin noch nicht einmal aus eigener Kraft für eine EM hatten qualifizieren können, ging es bei mir in den folgenden Jahren beruflich stetig bergauf.

2015 lebe ich in einer Zwei-Zimmer-Wohnung zwischen Hallein und Salzburg. Ich fühle mich wohl in der kleinen Siedlung, in meinem

Schlafzimmer, unter der Bettdecke. Mein schöner Traum lässt sich trotz heftigster Gegenwehr nicht festhalten. Er entschwindet lachend und lässt nur das penetrante Piepsen des Weckers zurück. Mein Tag beginnt.

Um ganz ehrlich zu sein: Es besteht kein Grund, dieses Kapitel zu lesen. Ein durchschnittlicher Tag meines Lebens ist banal, voll mit Routine und kleinen Lügen, besteht aus Heiterkeiten und Mühsal, aus schönen Dingen und solchen, denen ich gerne ausweichen würde. Mein Tag dauert vom Aufwachen bis zum Einschlafen. Er ist so lustig und so traurig wie der Ihre.

Vermutlich bin ich in den ersten Minuten ein bisschen steifer als Sie und brauche ein paar Schritte, bis meine Beine in gewohnter Weise ihre Arbeit tun. Am Abend schmerzt meine Muskulatur vielleicht etwas mehr. Dazwischen bewege ich mich anders und langsamer. Damit sind die Unterschiede erschöpfend aufgezählt.

Ich ziehe mich an, stelle in einem altmodischen Teekessel, der nach getaner Arbeit wie eine Lokomotive pfeift, Teewasser auf und setze mich zum Frühstück. Dieses besteht meist aus einer Jumbotasse Darjeeling-Tee mit dem schönen Namen *Margaret's Hope* sowie zwei Stück Brot mit Butter und von Mutterhand eingekochter Marmelade. Vor halb acht mache ich mich auf den Weg zur Arbeit, die von Montag bis Donnerstag offiziell bis nachmittags um halb fünf dauert, am Freitag bis eins. Einmal pro Woche stehen danach Physiotherapie und Massage an. Ansonsten führt mich mein Weg zum Bäcker, in die Putzerei, zur Bank. Oder ich fahre gleich direkt nach Hause, sehe meine Post durch, lese und raste.

Um sechs beginnt meine Gymnastikstunde – dieser Termin wurde schon vor Jahren durch das Radioprogramm Ö1 (*Abendjournal* mit nachfolgendem *Journal Panorama*) festgelegt. Ich werde eine beispiellose Protestaktion via Facebook starten, sollte der ORF diese Informationsschiene je auf einen anderen Sendeplatz legen. Je nach Wetterlage und Kopfdurchlüftungsbedürfnis gehe ich als Alternative an der Königsseeache spazieren und verbrenne dabei mindestens so viele Kalorien wie die Jogger, Läufer und Nordic Walker, die mir begegnen.

Nach der fälligen Dusche – schönster Abschluss jedes Trainings – ziehe ich meine bescheidenen Kochkünste fürs Abendessen heran und erfreue mich an einer heißen Käsekrainer ebenso wie am zuletzt genossenen Himbeer-Chilli-Sorbet im *Salzachgrill*. Danach schaue ich mir einen Film an, genieße ein Hörbuch oder chatte mit Freunden irgendwo auf der Welt. Ein paar Lieder im Bett noch – vor dem Einschlafen mag ich Alison Krauss oder Loreena McKennitt besonders – und schon greife ich gähnend nach dem Lichtschalter.

Gut möglich, dass in Ihren Gedanken nun ein grelles Stoppschild aufleuchtet. Was ist mit Tätigkeiten, die ich nobel unerwähnt ließ, die aber ohne Zweifel getan werden müssen? Wäsche waschen, Wohnung putzen? Die Frage ist so berechtigt wie die Antwort simpel: Ich sorge dafür, dass es passiert. Dies ist einer der wichtigsten Grundsätze, die mir seit meinem Fortgang aus dem Familienumfeld mein Leben enorm erleichtern. Entweder erledige ich die notwendigen Dinge selbst, oder ich kümmere mich um die Organisation. Und auf dieser nüchternen Basis betrachtet, handle ich etwa in puncto Hausarbeit nicht anders als ein gesunder Mitmensch, dem einfach die Zeit oder die Lust fehlt: Eine Nachbarin macht meine Wäsche, eine andere kümmert sich um die Wohnung. Keine dieser Frauen ist auf mich zugelaufen und hat mit vor Mitleid tränenden Augen gefragt, ob sie mir helfen kann. Ich habe mich umgehört, eine Anzeige geschaltet und schließlich den Preis für die Dienstleistung vereinbart.

Auch für kleine Handgriffe gibt es eine simple Regel: Um Hilfe zu bitten, ist eine Holschuld. Manche Menschen in meiner Lebenssituation machen den Fehler zu denken: *Jeder muss sehen, dass ich Hilfe brauche und entsprechend handeln!* Wie denn, bitteschön, wenn niemand weiß, welche Hilfe genau in diesem Moment gebraucht wird? Wenn ich eine Kiste Murauer Bier im Auto habe, die unbedingt in meine Wohnung und in weiterer Folge flaschenweise in meinen Kühlschrank will, könnte ich neben der offenen Kofferraumtür meines Wagens stehen und die Vorbeigehenden beleidigt anschauen. Da ich jedoch starke Zweifel am Erfolg dieser Strategie hege, frage ich meist einen Passanten um diesen Gefallen, ebenso um einen kräftigen Arm beim Aussteigen

aus dem Zug oder Ähnliches. Noch nie habe ich erlebt, dass jemand meine Bitte abgelehnt hätte. Warum? Weil der Mensch von Natur aus hilfsbereit ist! Es geht dabei nicht um eine bewusst durchdachte Handlung, sondern um einen Instinkt. Einfacher gesagt: Bevor jemand überlegt, ob er mir helfen will, hat er es längst getan. Natürlich kommt es darauf an, wie ich die Leute anrede – der Ton macht die Musik. Der Rest ist eine Selbstverständlichkeit.

Was mir hilft

Jeder Tag ist neu. Nach dem Aufwachen kann ich mich stets entscheiden, wie ich ihn leben will. Ich habe viele Rezepte ausprobiert und mit der Zeit jene Zutaten gefunden, aus denen sich mein liebstes Tagesgericht ganz von selbst kocht: fröhliche Offenheit, positiver Tatendrang und endlose Neugier.

Doch kein Außerirdischer

Während eines Spaziergangs entlang einer Gasse in meiner Nachbarschaft, die den schönen Namen *Am Spitz* trägt, kommt mir ein Mann entgegen, der einen etwa dreijährigen Buben auf einem Bobby Car mit Griff vor sich herschiebt. Kaum bemerkt das Kind meine fremdartige Gehweise, starrt es mich mit riesigen Augen und offenem Mund an. So weit, so normal.

Eine Nanosekunde, nachdem der Mann geschnallt hat, warum der Bub nicht mehr seinen Worten lauscht, beginnt er hektisch, den Kleinen von der offensichtlichen Quelle seiner Faszination abzulenken: „Was für ein schöner Tag heute ist! Hörst du die Vögel, Samuel? Obwohl wir schon November haben, singen sie noch!"

Ob Samuel die Vögel hört, bleibt für mich unergründlich. Sehen tut er sie auf keinen Fall, hat er doch einzig und allein Augen für jenen Mann, der da so komisch daherwackelt. Sohin intensiviert sein erwachsener Begleiter seine Bemühungen, die Aufmerksamkeitshoheit zurückzugewinnen: „Was hat es im Kindergarten zu essen gegeben, Samuel? Hat es dir geschmeckt?"

Es hilft nichts: Das Kind starrt und staunt. Alles ist vergessen: Frühstück, Mittagessen und das noch gar nicht verspeiste Nachtmahl gleich dazu. Als die beiden schon fast auf meiner Höhe sind, ergreift der Mann in dem Irrglauben, eine fürchterliche Peinlichkeit mir gegenüber ausmerzen zu müssen, seine letzte Chance. Wir passieren einander genau neben einem Garten, in dem eine große Blutbuche steht, deren tiefrote Blätter in der Herbstsonne leuchten.

„Schau nur, Samuel! Sind die Blätter an dem Baum da nicht wunderschön?"

Was für eine bizarre Situation: Dieser Mensch steht nur eine Armeslänge von mir entfernt, schaut jedoch so konzentriert von mir *weg*, als würde ihn mein Anblick innerhalb einer Sekunde blenden oder in immerwährende Verwirrung stürzen. Dabei stellt er sich auch noch dermaßen ungeschickt an, dass es für mich hoch an der Zeit ist, korrigierend einzugreifen.

Ich bleibe stehen, drehe mich zu der Blutbuche und sage laut hörbar: „Der Baum ist wirklich schön!"

Im nächsten Moment zerplatzt der Ballon aus unausgesprochenen Fragen, und der Mann schaut mich mit noch größeren Augen an als das Kind. Auf seiner Stirn steht deutlich geschrieben: *Also doch kein Außerirdischer! Das ist ja ein Kerl aus Fleisch und Blut, der ganz normal redet! Unglaublich!*

„Kommen Sie aus der Steiermark?", fragt er staunend. Ich nicke und staune meinerseits darüber, dass *ein* einfacher Satz genügt, um aus Personen wieder Menschen zu machen, die einander offen begegnen und eine simple Wahrheit erkennen: Eingebildete Ängste vor vermuteten Beleidigungen sind so ziemlich das Unnötigste zwischen Scheibbs und Nebraska.

Der Mann grinst erleichtert. Das Kind ist glücklich, mich endlich ungehindert anschauen zu können. Nach ein paar weiteren Worten verabschieden wir uns. Alles ist gut.

Heiteren Herzens setze ich meinen Spaziergang fort, höre die Vögel, sehe die strahlenden Herbstfarben um mich herum. Und freue mich auf mein Nachtmahl.

Wieso gehst du so komisch?

Meine Kindheit

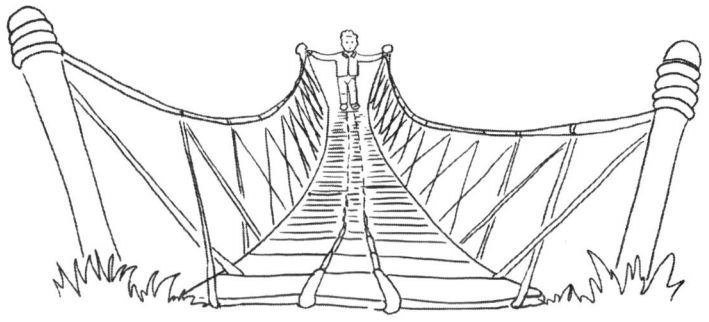

Ein warmer Frühlingstag im Jahr 2012. Ich spazierte durch die Maria-Theresien-Straße in Innsbruck, wo ich auf meiner Rückfahrt von der Therapiewoche in Bregenz eine Pause eingelegt hatte. Neben mir ging ein Mann meines Alters, an seiner Hand ein Bub von etwa fünf Jahren.

„Warum geht der so komisch?", fragte das Kind plötzlich seinen Begleiter. Dieser schüttelte nur den Kopf. Der Kleine ließ sich jedoch nicht beirren und stellte seine Frage erneut, dann ein drittes Mal. Nie bekam er eine Antwort.

Ergreif doch die Gelegenheit, forderte ich den Mann stumm auf, doch er scheiterte wie so viele Erwachsene an dieser einfachen und zugleich lohnenden Aufgabe.

„Frag mich, mein Kleiner", sagte ich laut und blieb stehen. Neugier und Verunsicherung standen gleichermaßen in seinen Augen. Ich ging vor ihm in die Hocke. „Wie heißt du?"

„Lukas."

„Ich heiße Hannes. Du möchtest wissen, warum ich so komisch gehe, Lukas?"

Er zögerte, doch die Neugier war stärker. „Ja, bitte."

„Als ich ganz klein war, viel kleiner als du jetzt, war ich sehr krank." Diese kindgerechte Erklärung verwendete ich schon lange. „Deshalb habe ich auch später gehen gelernt. Heute bin ich fast gesund und komme überall hin, wo ich will. Es geht mir gut. Verstehst du das?"

„Ja." Lukas strahlte, und auch sein Begleiter war erleichtert. Ich richtete mich auf und wechselte noch ein paar Worte mit ihm, verbunden mit dem Hinweis, wie wichtig solche Unterhaltungen für mich sind. Dann erreichten wir die Seitengasse, wo mein Auto geparkt war, und verabschiedeten uns mit einem Handschlag.

Ein warmer Frühlingstag im Jahr 1978. Meine Mutter und ich saßen im Garten, beide bewaffnet. Sie mit Strickzeug, ich mit der besonders für kleine Buben so reizvollen Kombination von Pfeil und Bogen. Pistolen empfand ich stets nur als laut und lästig. Einen Bogen hingegen konnte man spannen und anschließend den Pfeil dabei beobachten, wie er durch die Luft flog, manchmal sogar in die Richtung des anvisierten Zieles.

Ich hatte Mumps zu jener Zeit, eine Kinderkrankheit, an die ich mich erinnere, weil meine Zwillingsschwester Barbara und ich große, weiße Windeln wie Kopftücher aufgesetzt hatten. Von dicken Backen oder damit verbundenen Schmerzen weiß ich nichts mehr.

Irgendwann war meine Mutter die ständigen Unterbrechungen ihres Tuns leid geworden, nur um den Pfeil zu holen, den ich kreuz und quer über die Wiese unseres Gartens verschoss, ohne die geringsten Anzeichen von Müdigkeit.

„Geh selber", sagte sie, als der Pfeil einmal nicht weit geflogen war.

Mein bewusstes Denken an damals verzeichnet nicht, ob es ein besonders erhebendes Gefühl war oder nur ein wackeliges. Doch ich weiß, dass ich ihrer Aufforderung folgte, aufstand und den Pfeil nach ein paar Schritten an mich nahm.

Warum meine Mutter jedoch im nächsten Augenblick zu weinen anfing, verstand ich erst viele Jahre später.

Im Alter von neun oder zehn Jahren fand mich eine Angestellte weinend im hintersten Winkel unseres Schuhhauses. Zwei Freunde, die ich für diesen Nachmittag eingeladen hatte, beschäftigten sich lieber mit gegenseitigem Abfangen als mit mir, der ich dafür nicht besonders geeignet war. Die resolute Frau beorderte beide zu mir und machte ihnen kindgerecht deutlich, dass das Wörtchen *gemeinsam* sich nicht nur auf Eis, Kuchen und Limonade bezog, sondern auch auf die Spiele. Nach ein paar schuldbewussten Blicken verliefen die restlichen Stunden in fröhlicher Eintracht.

Jene kurze Episode, die sie mir kurz vor meiner Übersiedlung nach Graz erzählte, bildet den einfachen Rahmen, in den ich meine Kindheit aus der Entfernung von mehreren Jahrzehnten setze. Durch die Krankheit war ich vom Bewegungsdrang meiner Altersgenossen weitgehend ausgeschlossen und durch diese Art des Fremdseins auch immer wieder Spötteleien ausgesetzt. Doch es war immer jemand da, der mich in meiner Traurigkeit darüber auffing, mich festhielt und sagte: „Komm, es geht weiter. Du schaffst das." Dieser sichere Hafen spendete Kraft mit dem Wissen, dass ich nie allein und in Gefahr war, wegen der Kränkungen – dem Nicht-Können folgte oft das Nicht-Verstehen – irgendwann allen Mut zu verlieren.

Glück, Herausforderung und Geborgenheit – diese Empfindungen trugen mich durch mein Gestern. Je mehr die bewusste Erinnerung zutage fördert, desto klarer erkenne ich, dass auf diesen Säulen noch etwas anderes geschrieben steht: Freunde, Vater und Mutter.

Ich gehe mit dem Begriff *Freundschaft* sehr sparsam um. Bis heute sind es wenige Menschen, die ich so nenne. Diese Beziehungen zu ihnen halten seit vielen Jahren und bleiben unbeeindruckt von räumlicher oder zeitlicher Entfernung. Mit Stefanie, die in den USA lebt, ist nur ein Treffen im Jahr möglich, und trotzdem stellt sich sofort ein Gefühl der Vertrautheit ein, als hätten wir uns erst ein paar Stunden zuvor voneinander verabschiedet.

Nur im Kino beginnen Beziehungen spektakulär, mit einem „Wow! Bin ich froh, dass dein Raumschiff nahe an der Erde vorbeigeflogen ist und du bei mir aussteigen konntest!" Im richtigen Leben sind es solche Kleinigkeiten wie der Banknachbar in der Schule, gemeinsame Interessen abseits der Arbeit oder Sympathie trotz unterschiedlicher Geisteshaltungen, die zu anregenden Diskussionen führen.

Als beschlossen war, dass ich das HAK-Kolleg in Graz absolvieren und deshalb ins Kolpingheim übersiedeln würde, gab mir meine Mutter eindringlich den Rat, die Suche nach Freunden aktiv zu betreiben: „Auf dich werden wenige Leute zugehen", sagte sie, „du musst das selbst machen."

Dies fiel mir ein, als ich kurz nach Schulbeginn im Speisesaal des Heimes beim Abendessen saß. Ich war bedrückt durch viel Neues, das nach allen Seiten meine Aufmerksamkeit forderte, und hatte auch noch Heimweh nach meiner Familie. Beim Essen wurde kaum gesprochen, jeder starrte mit gesenktem Kopf in seinen Teller und löffelte seine Suppe. So auch ein Mann meines Alters am Platz gegenüber.

„Und, was machst du in Graz?"

Er war so überrascht, von einem fremden Heimbewohner angesprochen zu werden, dass er mich lange stumm anschaute. Ich sah ein schmales Gesicht, eine hohe Stirn über großen, fragenden Augen und eine rechte Hand mit langgliedrigen Fingern, die mit einer eleganten Bewegung den Löffel zur Seite legte.

„Ich studiere Klavier."

Sein slawischer Akzent war kaum hörbar, die drei Wörter bildete er makellos und bestimmt. In diesem Moment begann unsere Freundschaft; es ist die einzige in meinem Leben, bei der ich den Zeitpunkt auf die Sekunde datieren kann. Heute ist Pianist Oliver nach elf Jahren als Korrepititor am Opernhaus Graz freischaffender Künstler und ein treuer Freund; wie noch andere aus einer Zeit, die über zwanzig Jahre zurückliegt.

Menschen sind Schatzsucher, die meist allein auf der Welt unterwegs sind. Wenn zwei aber gleichzeitig auf einen Edelstein stoßen und erkennen, dass sie diesen Fund nur durch ihre gemeinsame, gebende Energie zum Strahlen bringen können, haben sie etwas wirklich Wertvolles entdeckt. Rückhalt in allen denkbaren und undenkbaren Situationen. Vertrauen, die Wahrheit gesagt zu bekommen, wie unangenehm sie manchmal auch sein mag. Das Glück einer jederzeit offenen Tür. All das und noch viel mehr bietet dieser Schatz, die Begegnung mit Freunden.

Ich habe meine Eltern nie nach dem Schock gefragt, den es bedeuten muss, wenn ein Kind mit einer dauerhaften Erkrankung zur Welt kommt. Auch kann ich mich an keinen Moment erinnern, in dem ich an einer Antwort interessiert gewesen wäre. Vielleicht liegt es an der Unabänderlichkeit dieser Tatsache, die mir schon früh bewusst war. Den Hauptanteil schreibe ich aber der unendlichen Liebe und Geborgenheit zu, die ich von Vater- und Mutterseite mein ganzes Erwachsenwerden hindurch empfinden durfte.

Dass die Zeit schwierig war, deuteten beide nur in wenigen Sätzen an: „In den ersten sieben Jahren nach eurer Geburt sind wir nie ausgegangen", schuf ein Bild aus den Erzählungen, das sich mir besonders tief eingebrannt hat. Immens war auch der Zeitaufwand, den sie für die Therapiefahrten leisten mussten. Im Gegensatz zu heute gab es in den Siebziger- und Achtzigerjahren kaum niedergelassene Physiotherapeuten in den steirischen Bezirksstädten. Sohin war die Kinderabteilung des Landesklinikums Graz die zentrale Anlaufstelle, die wiederum von Dr. Adriano Murri mitbetreut wurde, einem Neuro-Orthopäden des Sonderkrankenhauses Stolzalpe. Das bedeutete wöchentliche Fahrten von Feldbach nach Graz, aber auch regelmäßige Besuche im oberen Murtal, die bei stationären Aufenthalten meinerseits auch Übernachtungen meiner Eltern notwendig machten. Dass sowohl mein Vater als auch meine Mutter erfolgreich einen eigenen Betrieb geführt, sie gemeinsam noch zwei Töchter großgezogen und alle wichtigen und weniger wichtigen Dinge erledigt haben, die im Laufe eines Familienlebens anfallen, lässt verstehen, warum für mich die Frage nach ihren Gemütszuständen bei meinem unvollkommenen Erscheinen vor vierzig Jahren obsolet ist. Gemeinsam ist ihnen ein Wunder gelungen, das mir größte Dankbarkeit und eine besondere Erkenntnis schenkt: Es hätte nicht besser laufen können.

Neben ihrer Unterstützung für alle medizinischen Maßnahmen haben meine Eltern mit zwei weiteren Ansätzen dafür gesorgt, dass mein Start ins Leben trotz Beeinträchtigung gelingen konnte. Diese unterscheiden sich nur durch einen Buchstaben voneinander: Förderung und Forderung.

Im Rahmen des körperlich Möglichen haben sie alles unternommen, dass ich vom Kindergarten an bei allen Ausflügen dabei sein und so Gemeinschaftserlebnisse teilen konnte. Ich erinnere mich an einen Ausflug auf die Riegersburg zu einer Zeit, als ich noch nicht selbstständig ging. Mein Vater trug mich auf seinen Schultern hinauf und wieder hinunter. Auf Schulreisen nach Wien, Salzburg und Florenz begleitete mich eine Tante. Unterstützung wie zuvor geschildert war da längst nicht mehr notwendig (Pe hätte sich wohl geweigert, mich durch das Schloss Schönbrunn oder die Uffizien zu tragen), doch durch sie lastete die Verantwortung nicht mehr auf den Schultern von drei Lehrerinnen, die mit vierzig Schülerinnen und Schülern mehr als beschäftigt waren.

Wie wichtig meinen Eltern diese Förderung im Rahmen meines sozialen Umfeldes war, zeigt ihre Reaktion auf die anfängliche Weigerung meines Klassenvorstandes im Gymnasium, mich auf die

Schullandwoche nach Abtenau mitzunehmen. Als ich zuhause davon berichtete, sprachen sie sofort mit dem Direktor der Schule, was das bereits bekannte Ergebnis zur Folge hatte: Ich war dabei.

Vier Jahre später saß ich in einem Möbelwagen an der Seite meines Vaters und hielt meinen Zorn auf ihn nur mühsam im Zaum. Wir warteten an der damals einzigen ampelgeregelten Kreuzung in Feldbach auf das grüne Licht, um die eben begonnene Fahrt nach Graz fortsetzen zu können. Zwar hatten wir das gleiche Ziel, doch entsprach der damit für mich verbundene, zweijährige Ortswechsel nicht im Geringsten meinen eigenen Wünschen.

Schon vor der Gymnasialmatura, die bekannterweise nicht viel mehr bringt als die Berechtigung, ein Studium zu beginnen, hatte ich mich intensiv damit auseinandergesetzt, wie mein weiterer Berufsweg aussehen sollte. Jus oder Medizin interessierte mich nicht, für alle technischen sowie handwerklichen Tätigkeiten war ich zu ungeschickt (was meinen Vater, den Tischlermeister, wohl besonders schmerzte), und die Naturwissenschaften waren mir zu abstrakt, als dass ich mich intensiver als für den Erhalt einer positiven Note unbedingt notwendig darin vertieft hätte. In der Tat verdankte ich es mehr der Güte meines Chemieprofessors als meiner persönlichen Leistung, dass ich dieses Fach auch im letzten Zeugnis vor der Reifeprüfung positiv abschloss.

Nach erfolgreichem Bestehen derselben wurde die Wahl einer Ausbildung auch durch meine körperliche Grundvoraussetzung erheblich eingeschränkt. Stahlarbeiter (ich vertrage große Hitze nicht) kam ebenso wenig infrage wie Bergretter (Gipfel finde ich von unten betrachtet am allerschönsten) oder Weltumsegler (ich bin ausgesprochen wasserscheu). Die Realität legte mir sohin eine Tätigkeit nahe, die ich in geschlossenen Räumen und großteils sitzender Haltung würde ausüben können. Dazu kam noch eine nicht unwesentliche erbliche Vorbelastung: Das Haus meiner Kindheit beherbergte neben unserer Wohnung auch ein Geschäft für Schuhe und Lederwaren, das meine Mutter in dritter Generation führte. Das dafür notwendige Modeverständnis war bei mir nur rudimentär ausgebildet (Barbara hält selbst diese Bewertung noch für hoch gegriffen), aber in jedem Unternehmen werden auch Leute gebraucht, die den Lagerstand im Auge behalten, den Schriftverkehr erledigen und die Kassa kontrollieren. Also entschloss ich mich dazu, Bürokaufmann zu werden.

Unglücklicherweise war damals – wie heute – die Doppelausbildung *AHS-Matura / Sohn im Schuheinzelhandel* nicht staatlich anerkannt, also musste ich vor dem Sammeln erster Praxiserfahrungen noch die Handelsakademie im Schnellsiederverfahren – genannt HAK-Kolleg – durchlaufen. *Kein Problem*, dachte ich mir: Im hiesigen Bundesschulzentrum, wo ich maturiert hatte, wurde auch dieser Schultyp angeboten. Erst als ich meine Anmeldung für das kommende Herbstsemester persönlich in der Schulkanzlei deponierte, teilte mir eine freundliche Angestellte mit, dass in Feldbach schon lange kein Kolleg-Lehrgang zustande gekommen war. Sie faselte etwas von „mangelndem Interesse und daher geringer Teilnehmerzahl", doch mein Denken bearbeitete da schon in motorgleicher Umdrehungszahl eine für mich weltbewegende Frage: Wenn mir das überschaubare, verkehrssichere und so innig geliebte Städtchen plötzlich die kalte Schulter zeigte und eine Ausbildung verwehrte, wohin sollte ich mich dann bloß wenden?

Die Antwort brachte mich Anfang September 1991 an die bereits erwähnte Kreuzung, mit den notwendigen Habseligkeiten im Laderaum des Möbelwagens, um die erste Woche außerhalb des elterlichen Beschützt-Seins zu überstehen. Ich stierte wortlos geradeaus, mein Vater versuchte tapfer, meine sichtbar negative Geisteshaltung ins Gegenteil zu wenden. Ich hatte schon Antworten auf seine Aufheiterungsanläufe parat, sah aber keinen Sinn darin, diese laut auszusprechen.

„Es sind doch nur zwei Jahre." *Ich überlebe nicht einmal den ersten Tag.* – „Die Ausbildung ist wichtig für dich." – *Mir ist egal, was ich mache, solange ich es in Feldbach machen kann.* – „Diese 50 Kilometer sind doch keine Entfernung." *Wenn die einzige Wasserstelle jenseits einer tiefen Schlucht liegt, reichen 50 Meter.*

Sein Schweigen, als meinem Vater nichts mehr einfiel, zog sich in die Länge wie die Rotphase der Ampel, doch dann sagte er einen Satz, den ich niemals von ihm erwartet hätte.

„Ich verspreche dir eines, Hannes: Wenn diese Schule nach zwei Jahren vorbei ist, wirst du nicht mehr nach Hause kommen wollen."

Diese Überlegung war für mich abstrakter als alle Chemiestunden zusammen. Ich wollte überhaupt nicht weg – wieso sollte ich irgendwann nicht mehr zurück wollen?

„Das verstehe ich jetzt nicht."

„Reden wir in zwei Jahren darüber."

Mein Vater hatte diese Herausforderung als notwendig für mein weiteres Leben erkannt – deshalb zwang er mich dazu. Und er wusste, dass sie meiner gesamten Entwicklung einen Schub geben würde, der in Feldbach so nicht möglich war.

Die Ampel sprang auf Grün.

Die 50 Kilometer waren nicht das Problem. Auch nicht die neue Schule oder das Grazer Kolping-Heim, in dem mich mein Vater an jenem Tag ablieferte. Der Leiter Stefan Salcher war sehr bemüht und reservierte ein unerwartet frei gewordenes Einzelzimmer für mich. Die Schulkollegen in der Handelsakademie Grazbachgasse waren ein fröhlicher Haufen, besonders Martin und Armin, zwei unentwegt plappernde Burschen in meinem Rücken. Wie üblich, war ich als Letzter in die Klasse gekommen und musste daher auch mit der letzten freien Bank vorlieb nehmen – zentral in der ersten Reihe, somit ständig unter Beobachtung der strengen Frau Klassenvorstand.

Die Erklärung, warum es dennoch ein halbes Jahr dauerte, bis ich mich mit meinem Leben in Graz anfreunden konnte und Graz sich mit mir, mag Ihnen banal erscheinen, doch mit dem Abstand von mehr als zwanzig Jahren bin ich überzeugt, dass sie stimmt: Es war zu viel auf einmal. Beinahe alle Bereiche meines Seins wurden mit einem Schlag anders geordnet. Ich musste zeitgleich mit neuen Umgebungen, neuen Menschen und neuen Anforderungen zurechtkommen. Und weil ich mich noch um vieles schwerfälliger bewegte als heute und weniger mobil war, stand mir dafür objektiv weniger Zeit zur Verfügung als meinen Mitschülern oder anderen neuen Heimbewohnern. Dieser plötzlich erhöhte Lebenstakt brachte es mit sich, dass ich bereits zu Mittag müde und deshalb froh war, mich nach dem Essen auf mein

Zimmer zurückzuziehen. Manchmal verließ ich es in diesen ersten Monaten bis zum Abend nicht mehr.

Wer jedoch das Leben ausschließt, nimmt auch nicht daran teil. So legte sich die Einsamkeit schwer auf mich, und ich konnte kaum das Wochenende erwarten, um ein paar Stunden bei meiner Familie in Feldbach zu verbringen. Der Widerwillen, mit dem ich an jenen Sonntagen den Zug zurück nach Graz bestieg, tat mir beinahe körperlich weh.

Auch die Stadt selbst nährte dieses Gefühl. Ich nahm Graz nicht nur als zu schnell wahr, auch als fremd und feindlich mir gegenüber. Wenn ich unterwegs war, etwa einkaufen oder zur – auch neuen – Physiotherapeutin, empfand ich jede Drängelei an einer Straßenbahnhaltestelle und jeden argwöhnischen Blick in meine Richtung als persönliche Beleidigung. Einen Stich ins Herz versetzte mir die sicherlich gut gemeinte Geste einer alten Frau, die mir auf der Fahrt Richtung Hauptplatz, ohne überhaupt den Blickkontakt mit mir zu suchen, einen Zwanzig-Schilling-Schein in die Hand drückte und sagte, ich solle mir dafür etwas kaufen. Ungeahnte Wut stieg in mir auf, und gleichzeitig wollte ich vor Scham im Boden versinken. *Schaut es wirklich so erbärmlich aus, wenn ich daherkomme?* dachte ich nur und schaffte es nicht, das Geschenk abzulehnen. Ich wollte mehr sein als ein Zwanziger und fühlte mich wertloser als ein Groschen.

Bis der Groschen in mir selbst fiel und mich verstehen ließ, war die Zeit für mich eher ein erzwungenes Müssen als ein Wollen. Halt fand ich in den Freundschaften mit Oliver, Martin und Beate, meiner Therapeutin, die sich meine Erlebnisse anhörten und mir dabei halfen, sie zu interpretieren.

„Für alte Leute ist es schwierig, Geld herzugeben, weil sie früher selbst kaum welches hatten", sagte Martin zu dem Vorfall in der Straßenbahn. „Die Frau wollte dir eine Freude machen, weiß aber nicht, dass ein Zwanziger heute nichts Besonderes ist. Bestimmt hatte sie aber nicht vor, dich zu beleidigen."

Die Erinnerung daran tat immer noch weh, aber es war auch gut, eine andere Meinung zu hören.

Die Tür zum Herzen der Stadt Graz, auf der ein noch unsichtbares *Willkommen, Hannes!* zu lesen stand, entdeckte ich durch eine unscheinbare Ankündigung in der Zeitung. Ein Schachklub bewarb darin die *Offenen Grazer Stadtmeisterschaften*, ein Turnier, das an drei aufeinander folgenden Wochenenden im Jänner 1992 stattfand. Damals war ich im SK Fürstenfeld aktiv und spielte in den Sommerferien das eine oder andere Turnier.

Eine Teilnahme würde jedoch bedeuten, beinahe einen Monat lang nicht nach Hause zu fahren. An die Möglichkeit, dass mein Lebensumfeld dadurch Sympathiepunkte bei mir sammeln würde, dachte ich überhaupt nicht. Es ging nur um die Frage, ob mir die Freude am Schachspiel mehr wert war als mein bis dahin heiliges Familienwochenende. Ich merkte, dass mir die Klubabende in Fürstenfeld fehlten, an denen ich nun nicht mehr teilnehmen konnte. Die Gelegenheit, wieder einmal intensiv einem geliebten Hobby zu frönen, konnte ich daher nicht auslassen. Also schob ich meine Ängste vor der Einsamkeit in einem gespenstisch leeren Kolping-Heim beiseite und meldete mich an.

Heute weiß ich längst nicht mehr, wie erfolgreich ich die neun Partien absolviert habe. Die Erinnerung an mein im Königlichen Spiel doch sehr mediokres Talent lässt befürchten, dass peinliche Fehler dabei waren und herbe Niederlagen. Meine Begeisterung für den geistigen Wettkampf war stets viel größer gewesen als meine Fähigkeit, diese auf dem Brett in Siege umzuwandeln. Doch eines hat sich in mein Gedächtnis gebrannt wie das Ticken der Schachuhren im Turniersaal: An jenen drei Wochenenden empfand ich erstmals mein Leben in Graz als schön.

Städte sind lebendige Wesen. Wie bei Menschen ist auch bei ihnen Geduld und Zeit vonnöten, sie richtig kennen zu lernen. Unter der Woche war davon nicht viel übrig, neben Schule, Heim und Physiotherapie. Dazu kamen immer wieder notwendige Kleinigkeiten wie Einkäufe oder Arztbesuche. Das Experiment, dies alles im Alleingang auf die Reihe zu kriegen, machte mich müde und unrund. Ich kam mir vor wie ein Koch, der die richtigen Zutaten beisammen hatte, aber nicht wusste, wie er sie in ein fertiges Gericht verwandeln sollte. Schließlich stellte sich das Rezept als denkbar einfach dar: *Alles langsam köcheln lassen, bis es gar ist.*

Die Schachpartien fanden immer nachmittags statt. Die übrigen Stunden nutzte ich, um meinen neuen Lebensmittelpunkt in aller Ruhe von verschiedenen Seiten zu betrachten und auf mich wirken zu lassen. Bei einem Gang durch die Altstadt entdeckte ich das Café Strehly mit seinen wunderbaren Fenstertischen zur Sporgasse. Dort wurde meine Liebe zum Kaffeehaus geboren, die bis heute anhält. Ich zelebriere sie bei einem feinen Frühstück in angenehmer Gesellschaft oder während einer Stunde Zeitungsstudium und Leute-Schauen. Ein Stich Traurigkeit durchfuhr mich Jahre später bei der Nachricht, dass das Strehly mangels Nachfolge von den Besitzern geschlossen worden war.

Vor allem die Sonntage ermöglichten es mir, mein eigenes Tempo zu entwickeln. Ich erkannte, dass es weder sinnvoll noch praktikabel war, mich der Wochentagshast anzupassen. Durch viele Straßenbahnfahrten, auf denen ich nur meiner Neugier folgte, erlernte ich das notwendige Geschick beim Ein- und Aussteigen, aber auch die Ruhe, mich dabei nicht drängen zu lassen. Gegen meine anfangs als peinlich empfundene Langsamkeit beim Einpacken der Lebensmittel an einer Supermarktkasse half die nach und nach in mir Fuß fassende Erkenntnis, dass ich als höfliche, aber bestimmende Person dort stand und keinen Grund hatte, vor einem blöden Kommentar oder schiefen Blick irgendeiner Stadttussi in der Schlange hinter mir klein beizugeben. Diese Bemerkungen trugen sogar dazu bei, die vielleicht wichtigste Veränderung seit meinem Umzug zu verstehen. In Graz existierte die schützende Käseglocke nicht, die in Feldbach stets über den Schuhhändlersohn gestülpt war, den man aufgrund seiner bekannten Eltern und auch seiner Krankheit – „Der arme Bua!" – kaum einmal scharf angeredet hatte. Hier war ich nur irgendein Trödler, der an der Kassa nicht weitertat, sich wegen zweier Stufen bei der Straßenbahn komisch anstellte und nicht rechtzeitig auswich, wenn es jemand in der Herrengasse viel eiliger hatte als alle anderen.

An einem dieser Sonntage dachte ich in der Straßenbahn über diese Erfahrungen nach und erkannte, dass es an mir lag, ob ich nur ein

Besucher dieser Stadt war oder ein selbstbewusster Teil des Ganzen. Mein Ehrgeiz erwachte, die zwei Jahre nicht nur hinter mich zu bringen. Nach dieser Zeit wollte ich sagen können: „Ich habe es geschafft, mich zu behaupten."

Dieser Wunsch verwirklichte sich viel früher als erwartet. Im auf das Schachturnier folgenden März ging ich einmal über den Hauptplatz, als mir eine große Menschenmenge entgegen kam. Noch Wochen zuvor hatte mir vor solchen Situationen gegraut, weil ich mich unsicher und im wahrsten Wortsinn nicht standfest fühlte. Doch diesmal drückte ich mich nicht ängstlich an eine Hauswand, ich folgte ohne großes Nachdenken weiter meinem Weg. Und siehe da: Niemand rempelte mich um oder sagte etwas Abschätziges. Die Leute taten es mir gleich – sie wichen selbstverständlich aus. Mein Kopf formte daraufhin einen Satz, der mich bis ins Innerste mit Freude erfüllte: *Ich gehöre hierher, nach Graz – und ich gehöre dazu.*

Und so traf ein, was mein Vater an der roten Ampel in Feldbach vorausgesagt hatte: Nachdem ich im Juni 1993 die HAK-Matura erfolgreich abgelegt hatte, wollte ich nicht nach Hause zurück. Stattdessen entschloss ich mich, nach den Ferien ein Englisch- und Italienisch-Studium am Grazer Dolmetsch-Institut zu beginnen.

Meine Mutter versuchte nie, meine Entscheidungen zu beeinflussen. Als ich ihr mitteilte, ich würde in Graz bleiben, sagte sie nur: „Du musst dein Leben so führen, wie du es für richtig hältst." Ich konnte aber spüren, dass es ihr lieber gewesen wäre, mich wieder in der Nähe zu haben. So schwierig es für mich gewesen war, aus der Schwerkraft ihrer bedingungslosen Liebe in eine eigene Umlaufbahn einzuschwenken, für sie war dieser Prozess des Loslassens um vieles mühsamer und dauerte auch länger. Das bemerkte ich jedoch erst im Laufe meiner Zeit in Graz, etwa als es nicht mehr notwendig und mir beinahe unangenehm war, dass sie mir die Tasche bis zu meinem Platz im Zug trug und dann auf dem Bahnsteig wartete, bis sich die Lok in Bewegung setzte.

Wie soll das Herz ein Kind freigeben, das auch noch intensivere Zuwendung als der gesunde Nachwuchs braucht, um es auf die sprichwörtlich eigenen Beine zu stellen? Meine Erinnerung beginnt bei meinen schon geschilderten ersten Schritten im Garten hinter unserem Haus in Feldbach im Alter von knapp sechs Jahren. Die Sorgen und Hoffnungen meiner Eltern, die physischen und seelischen Anstrengungen haben fraglos schon mit meiner Geburt ihren Anfang genommen: tägliche Turnstunden, wöchentliche Therapiefahrten nach Graz, mindestens einmal im Jahr auf die Stolzalpe; Kämpfe mit der Stadtverwaltung um abgeflachte Gehsteige zu einer Zeit, als der Begriff *barrierefrei* weder in den Köpfen noch im Gesetz existierte; und nicht zuletzt tröstende Umarmungen, wenn ich wieder einmal weinend von der Schule nach Hause kam, weil mich andere Kinder wegen meines krummen Gangs oder der Fahrradstützen ausgelacht hatten: „Komm, es geht weiter. Morgen schaut die Welt anders aus. Ich bin da."

Ich selbst habe keine Kinder und kann deshalb nur erahnen, wie schmerzhaft es für meine Mutter gewesen sein musste, dieses starke Band zu zerreißen. Dem Jugendlichen, der gerade entdeckt, wie herrlich Neugier und Freiheit sich anfühlen, ist das fortgesetzte Behütet-Sein bloß lästig. Die Beschützerin aber verliert mit diesem auch emotionalen Fortgang des Kindes einen großen Teil ihres Lebensinhaltes. Wie alles in ihrem Sein hat meine Mutter auch diese Aufgabe mit Bravour gemeistert. Ich konnte an ihrer Liebe und Kraft wachsen, bis meine Schritte ausreichend sicher und selbstbewusst waren, um sie in meine eigene Richtung zu lenken.

Meine zwei Jahre lang getragenen Sieben-Meilen-Stiefel zur Selbstständigkeit und meine Freundschaft mit Graz konnten indes nicht verhindern, dass mein Dolmetschstudium so kurz wie erfolglos war. Hier scheiterte ich wirklich an den Umständen: Lag die Handelsakademie nur zwei Straßen vom Kolpingheim entfernt, so musste ich, um das Universitätsinstitut in der Mariengasse zu erreichen, sowohl mit der Straßenbahn als auch mit dem Bus fahren – der Weg dorthin dauerte beinahe 45 Minuten. Und war ich endlich da, sah ich mich mit steilen Treppen, überfüllten Räumen und Professoren konfrontiert, die offenbar alles lieber taten als auf einen Erstsemester-Studenten mit besonderen Bedürfnissen einzugehen. Sechs Wochen lang besuchte ich Vorlesungen, fühlte mich aber nie wohl und hatte zudem Angst, durch einen unabsichtlichen Rempler eine Treppe schneller zu überwinden, als es meinem allgemeinen Gesundheitszustand zuträglich war.

Der Wink des Schicksals, hier wohl eine Sackgasse erwischt zu haben, kam mit einem Erlebnis, das für zufällig anwesende Zeugen der Szene wohl komisch aussah. Ich stand in einem überfüllten Bus kurz vor der Mariengasse und hatte schon auf den Halteknopf gedrückt. Als sich die Türen öffneten, drängten jedoch so viele Schüler und Studenten herein, dass ich es nicht mehr schaffte auszusteigen. Also musste ich bis zur nächsten Haltestelle mitfahren und marschierte so frustriert wie zornig zum Institut zurück. Als ich hineinging, wusste ich bereits, es würde mein letzter Tag dort sein.

Ein paar Stunden später saß ich im Schneidersitz auf meinem Bett. In dieser Haltung hatte ich mit meinem damaligen Lieblingsschriftsteller Stephen King wunderbare Abende verbracht, doch diesmal dachte ich angestrengt darüber nach, wie es nun weitergehen sollte. Mir war klar, dass der Wunsch in Graz zu bleiben mir mehr bedeutete als das Studium der Fremdsprachen. Mich nur der Rahmenbedingungen wegen zu quälen, war alles andere als sinnvoll. Aber ich spürte auch den kalten Schauer des Scheiterns, sollte ich das Studium sang- und klanglos abbrechen. So ließ ich ein paar Tage vergehen, auf der Suche nach einem Ausweg.

„Ich höre doch, dass es dir nicht gut geht", sagte meine Mutter eines Abends am Telefon zu mir. „Warum kommst du nicht nach Hause und arbeitest eine Zeit lang im Geschäft? Du kannst Erfahrung sammeln, und die Welt steht dir weiterhin offen. Niemand sagt, dass du bis an dein Lebensende in Feldbach bleiben musst."

Der Vorschlag gefiel mir besser, als ich es ihr in jenem Moment zugestand. Ich wollte arbeiten – warum nicht in einem vertrauten Bereich beginnen? Das Fiasko im Bus machte mir zudem eine Notwendigkeit bewusst, die für meine weitere Unabhängigkeit große Bedeutung hatte: Es war an der Zeit, den Führerscheinerwerb in Angriff zu nehmen.

Und meine Liebe zu Graz? Bei einem Spielenachmittag mit Martin und seiner Familie, die schon lange zu meinen engsten Freunden gehörten, steuerte seine Mutter Renate den entscheidenden Gedanken bei: „Es gilt das Gleiche wie vor zwei Jahren: Graz ist nur 50 Kilometer weit weg. Anders gesagt, eine Stunde mit dem Auto, das du bald haben wirst." Sie hob ihr Weinglas; alle rund um den Tisch in der gemütlichen Küche taten es ihr gleich und prosteten mir zu. „In unserem Haus wirst du immer willkommen sein."

Meine erste Autofahrt ohne Aufsicht eines Fahrlehrers führte mich am 21. April 1994 vom burgenländischen Heiligenkreuz nach Feldbach. Für die Recherche des Datums genügte ein Blick in meinen Führerschein – an diesem Tag bekam ich ihn sofort nach der Prüfung von einem Beamten der Bezirkshauptmannschaft Jennersdorf überreicht.

Als aufmerksamem Leser wird Ihnen nicht entgangen sein, dass ich einen anderen Ort als Feldbach für den Erwerb meiner Lenkerberechtigung wählte. Mehr zum Hintergrund dieser Flucht in ein anderes Bundesland finden Sie im Kapitel *Meine Amtswege*, wo ich neben weiteren hochoffiziellen Absurditäten diese Geschichte erzähle.

Abgesehen vom eher ungewöhnlichen Start verlief meine bisherige Karriere als Autofahrer im guten österreichischen Durchschnitt. Ich erhielt manche Anonymverfügung mit freundlichen Grüßen von der zuständigen Radarbox (jene bei der Ortseinfahrt Studenzen in Richtung Gleisdorf mag mich besonders), hatte die üblichen Park- und Blechschäden, musste aber noch keinen fahrbaren Untersatz wegen Totalschadens beim Schrotthändler abgeben. Mein erster Wagen, ein gebrauchter blauer Golf III, starb nach elf Jahren treuer Dienste an Altersschwäche, und ich schäme mich nicht zu sagen, wie schmerzhaft der Abschied war. Derzeit lenke ich einen sonnenuntergangsroten (*sunset red* – welche Drogen bringen die Marketing-Fuzzis bloß auf solche Namen?) Golf Plus und liebe ihn wie am ersten Tag.

Dieser Liebe, zu der ich bei aller Rationalität stehe, liegt wohl eine Tatsache zugrunde, die mich von anderen Autofahrern unterscheidet. Mein Leben hat sich durch den Führerschein völlig verändert. Neue Möglichkeiten eröffneten sich, ich erreichte eine weit höhere Stufe der Unabhängigkeit. Reisen nach Italien, Deutschland und Kroatien wurden selbstverständlich. Ich war der bevorzugte Friedhofschauffeur meiner Großmutter und konnte mit ihr auch eine spontane Auszeit in unserem Wochenendhaus verbringen. Und wenn mir Feldbach in der Alltäglichkeit zu eng wurde, genügte ein Anruf bei Martin – Graz ist bekanntlich nur eine Autostunde entfernt.

Im Schuhhaus war ich vor allem mit Lagerbuchhaltung und Schriftverkehr beschäftigt. Heute denke ich an das Büro mit dem Fenster zum Hof als letzte Station meines Erwachsenwerdens zurück. Wie vor vielen Jahren als kleines Kind verstanden es Vater und Mutter, mich zu fordern und zu fördern. Sie wussten, was sie mir zutrauen konnten, ich dankte es ihnen mit Verlässlichkeit. So lernte ich den Umgang mit Lieferanten, erledigte kleinere und größere Dienstwege mit Fahrrad oder Auto und verdiente mein erstes eigenes Geld. Damit finanzierte ich nicht nur den Führerschein, sondern auch meine ersten beiden Bücher, die in dieser Zeit entstanden.

Im Geschäft der Eltern zu arbeiten bedeutete manchmal aber auch, zwischen zwei unbequemen Stühlen zu sitzen. Ich gehörte nicht richtig zu den Angestellten, aber auch nicht zur Firmenleitung. Die Monate vergingen, und immer öfter spürte ich den Wunsch und die Neugier in mir, meine Grenzen wieder ein Stück weiter hinaus zu schieben. Das lebendige Graz fehlte mir, ebenso meine Freunde dort. Ich begann mit der Suche nach einem Arbeitsplatz in der Landeshauptstadt, doch es tat sich nichts auf.

Wenn ein Kind Vertrauen auf das Kommende in die weiteren Jahre mitnehmen kann, haben die Eltern alles gut gemacht. Stets werde ich dankbar sein, dieses Vertrauen zu meinen größten Reichtümern zählen zu dürfen. Es wurde belohnt – durch den Anruf eines Mannes, dem ich bis dahin nur ein einziges Mal begegnet war: „Wollen Sie in Salzburg arbeiten?"

Ich wollte.

Die Ampel sprang auf Rot, ich trat auf die Bremse. Die Automatik schaltete ein wenig ruckartig nach unten, bis der Wagen stand. Der Montage-LKW mit meiner Einrichtung für die Garçonnière in Salzburg hielt dahinter. Am 24. Juni 1996 saß ich am Steuer meines blauen Golf, mein Vater rechts neben mir.

„Erinnerst du dich, was du vor knapp fünf Jahren genau hier gesagt hast?" Ich konnte das Zittern meiner Stimme nicht ganz unterdrücken; zu stark traf mich das Dèjá-vu und alles, was daraus entstanden war. „Dass ich nach den zwei Jahren in Graz nicht nach Hause zurück will?"

„Ich weiß es noch", antwortete mein Vater.

„Danke dafür." Ich schaute kurz zu ihm, und er erwiderte meinen Blick wie stets, voll Güte und Zuneigung. „Wenn du mich nicht gezwungen hättest, nach Graz zu gehen, wären wir jetzt nicht hier."

Die folgenden 320 Straßenkilometer waren meine letzte Etappe als Kind – und bedeuteten zugleich meine ersten Schritte als Erwachsener.

Was mir hilft

Im Herbst 2012 sagte die Schauspielerin Elfriede Ott in einem Radiointerview etwas, das mich aufhorchen ließ: An schlechte Kritiken erinnere sie sich ein Leben lang, die guten habe sie gleich wieder vergessen.

Ich erlebe Erinnerung genau umgekehrt. In meiner Kindheit gab es dunkle Stunden voll Traurigkeit über meine Krankheit und die Ablehnung durch andere. Aber das Schöne, Freudvolle, Lachende strahlt um vieles heller. Ich durfte in einer wunderbaren Familie voll Geborgenheit groß werden und dabei so viel positive Kraft sammeln, dass ich gerüstet war für alle Herausforderungen, die in der Welt außerhalb dieses glücklichen, beschützten Kreises auf mich warteten.

Dieses Wissen ist bis heute eine Kraftquelle für mich. Nach einer Enttäuschung schließe ich abends die Augen und finde in zahllosen Bildern, Geräuschen und Erlebnissen den Beweis, dass Liebe und Freundschaft existieren und mir wieder auf die Beine helfen werden. Alle Zeit bleibt so Teil meines Lebens; sie ist eine Schatztruhe, deren Schlüssel ich in meinem Herzen trage. Ich stecke ihn ins Schloss und erfreue mich an diesem unendlichen Reichtum.

„Gugl – rot!"

Meine liebste Tina!

Je näher die Taufe von Andreas rückt, desto mehr grämt es mich, dass ich in diesen Tagen nicht bei Dir sein kann. Der Arzt hat mir wegen meiner Rückenprobleme von der langen Flugreise nach Amerika abgeraten. Du kennst ihn: Wenn er einen Satz mit den Worten *Ich weiß, wie stur Sie sind, Frau Hellinger, aber ich muss Ihnen trotzdem sagen ...* beginnt, tue ich gut daran, auf ihn zu hören. Werde ich überhaupt noch die Gelegenheit haben, Dich und Deine Familie in Green Bay zu besuchen? Verzeih, das soll kein Klagelied einer einsamen Frau werden, die nichts Besseres zu tun hat als an das schlechte Gewissen ihrer Tochter zu appellieren. Du hast eine mutige Entscheidung getroffen, und auch wenn in unseren letzten Gesprächen Deine Angst vor den vielen Ungewissheiten immer stärker wurde, stand in Deinen Augen dieses besondere Leuchten. Schon als Du noch ganz klein warst, fiel es mir auf: Wenn Du eine neue Idee hattest oder etwas unbedingt wolltest, war das Leuchten da. Damit verriet Deine Seele, dass sie schon unterwegs war, während Dein Kopf noch den ersten Schritt überlegte.

Mit diesem Brief will ich auf unser gestriges Telefonat antworten. Deiner Zurechtweisung, ich hätte mich in sinnlose Unkosten gestürzt, nur um Dir einen alten roten Kinderwagen per Luftfracht zu schicken, konnte ich nicht widersprechen, so tief traf mich deine heftige Reaktion. Ich war der festen Überzeugung gewesen, du würdest dich freuen; ein Missverständnis, das mir erst heute klar wurde, nachdem mein ruhiges Denken zurückgekehrt war.

Du weißt nichts von den Erlebnissen, die mit diesem Kinderwagen verbunden sind, Tina. Immer wollte ich sie Dir erzählen, und immer kam etwas dazwischen. Aber nun schreibe ich sie für Dich auf. Diese Form ist besser, da kann ich ohne Eile in meiner Vergangenheit blättern. In Gesprächen vergesse ich schon so vieles. Die Geschichte begann vor 35 Jahren, und durch einen wunderbaren Zufall ist sie bis heute nicht zu Ende.

Erinnerst Du Dich an unseren letzten gemeinsamen Besuch in Österreich? Wir waren auch im südoststeirischen Feldbach, wo meine Familie herstammt. Damals zeigte ich Dir das Geschäft, wo ich eine Lehre als Verkäuferin gemacht hatte. Im Sommer 1971 fing ich dort an, gleich nach der Schule. Damals war es noch viel einfacher, Arbeit zu finden, auch in kleineren Orten.

Ein Jahr später bekam Frau Margarete (die Junior-Chefin, sie hatte bereits eine Tochter) ihr zweites Kind. Die ganze Belegschaft – heute sagt man *Mitarbeiter*, doch meist ist das rein kosmetisch – war aufgeregt. In einem gewissen Alter leben Frauen bei Schwangerschaften in ihrer Umgebung emotional mit, als ob es ihre eigene wäre. Und wir waren damals alle in diesem Alter.

Bei der Geburt von Hannes muss es Komplikationen gegeben haben. Der Bub blieb monatelang im Krankenhaus. Es tauchte das Gerücht auf, er würde behindert bleiben, und bald darauf wurde uns das von Frau Margarete bestätigt. Ich war ein dummes Ding von gerade 17 Jahren, doch zum ersten Mal in meinem Leben bewunderte ich einen mir im Grunde fremden Menschen. Auch später hätte ich selbst nie so gefasst über eine derart furchtbare Tatsache sprechen können.

Am Weihnachtstag 1972, genau vier Monate nach seiner Geburt, durfte Hannes nach Hause. Meine Kolleginnen und ich hatten eine Karte geschrieben und wollten sie kurz vor Geschäftsschluss im Büro deponieren, als plötzlich die Tür aufging und Frau Margarete hereinkam, das Baby auf dem Arm. Der Bub hatte ein freundliches, aufgewecktes Gesicht, doch sein ganzer Körper war leblos, starr wie ein Brett. Rosi, von den Angestellten am zartesten besaitet, konnte sich nicht zurückhalten und fragte mit bebender Stimme: „Wird alles gut werden?"

„Es ist eine Muskelkrankheit", erwiderte Frau Margarete ruhig. „Niemand weiß, ob Hannes jemals gehen kann."

Plötzlich war die Bewunderung wieder da, bei uns allen. Wir sollten der starken inneren Kraft dieser Frau niemals mehr so nahe sein wie in jenen Momenten.

Im darauf folgenden Herbst rief Frau Margarete mich einmal gegen Mittag in ihr Büro. Sofort überlegte ich ängstlich, ob ich eine meiner

Lehrlingspflichten übersehen oder nachlässig ausgeführt hätte und dachte schon an – natürlich völlig nutzlose – Ausreden. Umso größer war meine Überraschung, als ich Hannes schlafend in seinem roten Kinderwagen vorfand, gleich neben dem Schreibtisch, wo Frau Margarete Rechnungen kontrollierte. Erst als ich die Tür hinter mir geschlossen hatte, legte sie den Stift aus der Hand und sah auf.

„Ich habe eine Frage an dich, Regina", begann sie leise, um den Säugling nicht zu wecken. „Gleich kommt ein Vertreter mit seiner neuen Kollektion. Das Kindermädchen hat sich in der Früh krank gemeldet, und meine Eltern sind auch nicht da. Wäre es möglich, dass du Eva vom Kindergarten abholst und Hannes mitnimmst?"

„Aber Frau Margarete, ob ich die Richtige ...", stotterte ich verlegen, doch sie hatte es längst beschlossen.

„Du bist aufmerksam und gewissenhaft. Ich weiß, wen ich um einen solchen Gefallen bitte und wen nicht. Aber natürlich kannst du ablehnen, falls du dir das nicht zutraust."

„Nein, nein, ich gehe schon ... sehr gerne, meine ich." Wie viel mir ihre Worte bedeuteten, kann ich gar nicht wiedergeben, Tina. Sie erhoben mich weit über meinen Stand als Lehrmädchen.

„Muss ich etwas beachten wegen seiner ... Krankheit?", beeilte ich mich noch zu fragen, als wir auf dem Weg nach draußen waren. Wie selbstverständlich ließ Frau Margarete bereits mich den roten Kinderwagen schieben.

„Keine Sorge, Hannes ist ein ganz normales Baby. Ich habe ihn frisch gewickelt, er wird noch eine Weile schlafen. Wenn er aufwacht, gib ihm das Saftfläschchen oder beschäftige seine Arme, ganz wie er will. Und sprich mit ihm, das mag er besonders." Frau Margarete lächelte. „Was du brauchst, ist hier drin." Sie reichte mir einen Umhängebeutel, und wir marschierten los.

Der Weg zum Kindergarten führte durch einen kleinen Park. Unterwegs waren meine anfangs zögerlichen Schritte selbstbewusst geworden. Ich ging langsam und richtete meine Aufmerksamkeit dabei stets auf Hannes' kleines Gesicht. Wir waren etwas zu früh dran, und als ich nach einem geeigneten Platz für eine kurze Pause Ausschau hielt, begann er aufzuwachen. Nur die Arme und der Kopf bewegten sich, der Rumpf blieb ohne jede Regung. Ich war von diesem Anblick fasziniert und gleichzeitig mit Trauer erfüllt. Plötzlich empfand ich die Nachteile, die das Kind wohl für immer haben würde, als himmelschreiende Ungerechtigkeit.

„Aft!"

Hannes durchbrach meine Schwermut, holte mich in die Gegenwart zurück. Seine dünnen Arme streckten sich mir entgegen, die Finger griffen bereits nach dem Fläschchen. Ich rollte den Kinderwagen zur nächsten Parkbank und hob ihn vorsichtig heraus.

In meinen Armen fühlte sich das Baby steif und unbeweglich an, auch viel leichter, als ich erwartet hatte. Sein Kopf sank ständig nach hinten, und so legte ich ihn an meine linke Schulter, damit Hannes bequem trinken konnte. Nach einigen Schlucken hatte er genug, machte sein Bäuerchen und plapperte zufrieden vor sich hin. Ich erzählte von der Arbeit, von meinen Geschwistern, und wie Frau Margarete gesagt hatte, schien er tatsächlich zuzuhören und gab Antwort, in einer Sprache, die nur wir beide verstanden.

Dann bewegten sich seine Finger wieder stärker, und ich fasste mit meiner freien Hand in den Beutel. Ganz oben spürte ich etwas Rundes und zog es heraus. Es war ein kleiner roter Ball mit gerippter, weicher Oberfläche, genau richtig, damit Hannes ihn gut greifen und halten konnte. Ich drehte den Ball zwischen seinen Fingern hin und her. Seine Augen folgten gespannt jeder einzelnen Bewegung.

Auf einmal hob Hannes ruckartig den Kopf und schaute auf den Kinderwagen, der direkt vor uns stand. Sofort hielten seine kleinen Finger den Ball so fest, dass ich ihn nicht mehr drehen konnte.

„Gugl – rot!"

Ich verstand es nicht auf Anhieb, doch nach einigen Sekunden spürte ich einen Stich der Freude.

„Ja, kleiner Mann", flüsterte ich, zitternd vor Aufregung und Dankbarkeit, einen solchen Moment erleben zu dürfen. „Die Kugel ist rot."

„Agen – rot!"

„Ja, auch der Wagen ist rot." Zärtlichkeit und Liebe durchfluteten mich. Um nicht weinen zu müssen, begann ich zu lachen. Sofort setzte Hannes ein, er lachte hell und voller Begeisterung.

„Gugl rot, Agen rot!"

Er konnte es gar nicht oft genug sagen, lachte immer weiter. Plötzlich verstand ich, dass echtes Glück aus wenigen Augenblicken besteht. Die Schatztruhe des Lebens ist so reich gefüllt!

Bis ich fünf Jahre später selbst in Karenz ging, hatte ich den kleinen Hannes noch mehrmals in meiner Obhut. Schon vor Deiner Geburt war klar, dass ich Deinem Vater in die Schweiz folgen würde. Als Abschiedsgeschenk erhielt ich zu meiner großen Überraschung den roten Kinderwagen. Mit den gleichen Worten gebe ich ihn nun an Dich weiter. Frau Margarete sagte damals: „Ich wünsche dir von Herzen ebenso viel Glück mit deinen Kindern, wie ich es mit meinen erleben darf, Regina."

Wenige Wochen davor hatte Hannes seine ersten Schritte gemacht.

Einen Monat nach Deiner Abreise in die USA ging ich in den Supermarkt. Dass ich nun weniger einkaufen muss, lässt mich euer Fortgehen stark spüren, und an jenem Freitag war es besonders schlimm: So viele Familien, die sich auf ein gemeinsames Wochenende freuten ... Ich trug schwer an meiner halbleeren Tasche, voll mit Einsamkeit.

Vor dem Eingang stieg ein junger Mann auf dem Behindertenparkplatz aus einem roten Auto. Ich sah ihn und wusste sofort, es war Hannes. Vor Schreck wäre mir beinahe meine Tasche hinunter gefallen! Es kostete mich Überwindung, ihn einfach so anzusprechen, doch es zu unterlassen hätte ich mir bis ans Lebensende nicht verziehen.

„Entschuldigung, sind Sie Hannes Glanz aus Feldbach in der Steiermark?"

Er schaute mich mit großen Augen an.

„Ja, der bin ich! Aber woher wissen Sie ...–"

„Ich kenne Sie und Ihre Familie von früher", beeilte ich mich zu sagen, und weil mir nichts Gescheites einfiel, fügte ich an: „Was führt Sie nach Zürich?"

„Ich besuche einen Freund." Er lächelte, und in seinem Gesicht blitzte für mich die Vergangenheit auf, jener Tag im Park. „Aber Sie machen mich neugierig, Frau ...?"

„Hellinger. Ich würde Sie gerne zu einem Kaffee einladen." Erst als der Satz heraus war, erkannte ich, wie seltsam dieser Überfall einer Unbekannten auf Hannes wirken musste. Ich spürte die Röte in meinem Gesicht und stotterte: „Natürlich nur, wenn Sie möchten ... das heißt ... wenn Sie nicht in Eile sind."

„Ich bin auf Urlaub", erwiderte er lächelnd. Sein Blick ruhte unverändert auf mir, freundlich, aufmerksam. „Möchten Sie Ihre Tasche in der Zwischenzeit in mein Auto stellen?"

Dankbar für seine Umsicht, stimmte ich zu, und Hannes öffnete den Kofferraum.

„Ein schöner Wagen", meinte ich anerkennend. „Besonders die Farbe ist anders als heute üblich."

„Sie heißt *sunset-red*, aber ich nenne sie kugelrot." Hannes grinste verlegen, als schämte er sich für diese kindliche Wortwahl. „Fragen Sie mich nicht, wie ich darauf gekommen bin. Ich sah diesen Wagen bei einem Händler und dachte sofort: *Den will ich haben, der ist kugelrot.*"

Die Wege verwandter Seelen werden einander immer wieder kreuzen, Tina. Zeit und Entfernung sind völlig unbedeutend. Das zu verstehen gehört zum Schönsten, was mir in meinem Leben jemals geschenkt wurde. Der rote Kinderwagen war mein Begleiter zu dieser Erkenntnis.

Er soll Vorbote unserer nächsten Begegnung sein.

In Liebe
Deine Mutter

Warum kündigt einer wie Sie seinen Job?

Meine Arbeit

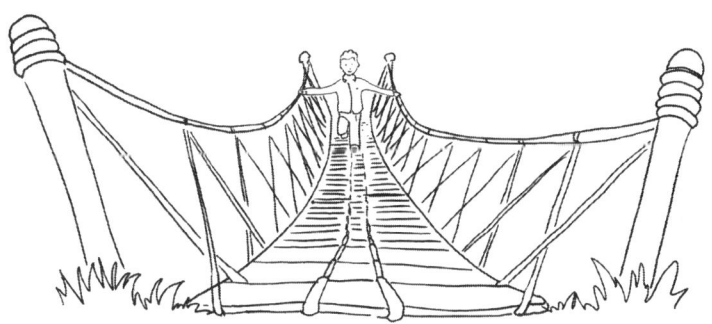

Im Sommer 2003 saß ich in einem Büro des AMS Hallein einer Dame gegenüber, die mich freundlich, aber auch über die Maßen ratlos anschaute. Ich war als ihr Klient (diese behübschende Umschreibung für *Arbeitsloser auf Stellensuche* verursachte mir damals Bauchschmerzen und tut es heute noch) zu einem Termin erschienen in der Hoffnung, endlich einen Stellenvorschlag zu bekommen oder wenigstens eine Idee, an welche Firma ich meine x-te Blindbewerbung richten konnte. Wenige Minuten später zog ich wieder ab – mit nichts davon in der Tasche und einer drückenden Leere in meinem Kopf.

Acht Jahre später saß ich mit einem meiner italienischen Kunden auf der Terrasse eines Nobelrestaurants in der Nähe von Bassano del Grappa und unterhielt mich mit ihm in seiner Sprache über das Geschäft, den heißen Sommer und das hervorragende Menü, bei dem jeder Gang von den berühmten Kirschen der Gegend aufs Feinste veredelt wurde.

Heute erscheinen mir diese beiden extremen Schlaglichter aus meinem Erwerbsleben exemplarisch für den komplexen und mit vielen Vorurteilen behafteten Bereich *Arbeit und Krankheit*. Die negative Seite ist die Hilflosigkeit eines Systems, das sich nicht aus seiner Starrheit zu lösen vermag. Die positive Seite benennt zahllose Möglichkeiten, die sich mit genug persönlicher Willenskraft, beständiger Anstrengung und auch ein bisschen Glück auftun.

Im Besitz einer dauerhaften und für alle Leute sichtbaren Bewegungseinschränkung ist die Arbeitssuche eine diffizile Sache. Das beweist schon der Umstand, dass zwischen dem Anruf aus Salzburg und meiner Übersiedlung dorthin ein gutes Jahr lag. Als mir Günther Schleser, damals Personalchef der *Geschützten Werkstätten GmbH* in der Mozartstadt, eine Stelle im Innendienst anbot, schien er alles bedacht zu haben: Das Anforderungsprofil passte, eine Wohnung stand zur Verfügung, und über das Gehalt einigten wir uns bei einem persönlichen Gespräch.

Als Schleser sich wieder meldete, erwartete ich nur noch die Bekanntgabe des definitiven Starttermines. Zu meinem Erstaunen klang die Stimme des freundlichen Mannes hörbar zerknirscht durchs Telefon.

„Es tut mir furchtbar leid, Herr Glanz. Eine Neuanstellung muss mit allen Geldgebern besprochen werden, auch mit der Landesregierung. Deren Vertreter hat bei der gestrigen Sitzung einfach nur seine Macht demonstriert und darauf beharrt, dass in Salzburg kein Steirer angestellt wird."

Ich glaubte, mich verhört zu haben – was für eine absurde Begründung! Hätte ich mich in Feldbach für eine Stelle im Öffentlichen Dienst beworben, wäre das Gerede von Freunderlwirtschaft nicht zu überhören gewesen. Aber dass 300 Kilometer weit weg weder meine Kompetenz noch meine Bereitschaft zählt, meinen Lebensmittelpunkt dorthin zu verlegen, sondern allein meine Herkunft, kam einem schlechten Witz gleich. Vermutlich war der Vertreter dieser kruden Haltung an jenem Tag mit dem falschen Fuß aufgestanden oder hatte am Vorabend vergessen, Milch für seinen Kaffee zu kaufen.

Ich hörte noch Schlesers Ratschlag, mich beim Bundessozialamt zu bewerben, „weil die immer wieder Planstellen haben." Das tat ich auch, aber als ich in der Folge nichts von dort hörte, hatte ich von Enttäuschungen dieser Art genug und entsorgte den Plan eines Ortswechsels im Rundordner der unerfüllten Wünsche. Wie heißt es in der Brieflos-Niete so schön? *Leider nicht.*

„Guten Tag, Herr Glanz, hier spricht Gerald Sommerhuber vom Bundessozialamt. Sie haben sich um eine Stelle beworben, die wir Ihnen nun anbieten können."

Anfangs hatte ich keinen Schimmer, wovon der Mann sprach.

„Rufen Sie aus Graz an?" Dort hatte ich erst kürzlich angefragt.

„Nein, aus Salzburg, Auerspergstraße."

Jetzt dämmerte es langsam – mein Schreiben lag immerhin schon neun Monate zurück.

„Wenn Sie noch interessiert sind, können Sie mit 1. Juli 1996 in unserer Buchhaltung anfangen."

Meine Eintrittskarte nach Salzburg; Besseres weiß ich über meine erste Arbeitsstelle dort nicht zu sagen. Eine Erfahrung, die vielleicht wertvoll war – um zu wissen, dass ich sie nicht mehr brauche –, die ich aber früher hätte abhaken sollen.

Schon die Grundvoraussetzungen waren ungünstig. Als Sohn von Eltern, die beide jeweils einen Gewerbebetrieb leiteten, konnte ich mit dem Beamtentum, wie es in der Buchhaltung des Salzburger Bundessozialamtes praktiziert wurde, nicht viel anfangen. Um 7 Uhr ging es los, um 15 Uhr war pünktlich Schluss. Ich kann mich an keinen Tag erinnern, an dem eine meiner Bürokolleginnen länger als unbedingt notwendig geblieben wäre, auch wenn es mehr zu tun gab. Mit dem von meinem Vater anerzogenen Grundsatz, die Arbeit müsse erledigt werden, wenn sie vorhanden sei, hatte das nicht sehr viel zu tun.

Die schlechte Arbeitsmoral ergab sich auch durch die Führungsschwäche der Abteilungsleiterin. Sie war ein guter Mensch, bekam jedoch von ihren Mitarbeiterinnen keinen Respekt und hatte auch nicht den Ansporn, diesen einzufordern. Für Amtsleiter Sommerhuber, ein schweigsamer, in sich zurückgezogener Mensch, lag die Buchhaltung hinter den Sieben Bergen, wo er sich kaum einmal blicken ließ. Sohin war keiner da, der dem laxen Dahinwerkeln Einhalt gebot. Das änderte sich erst, als die Chefin durch Krankheit mehrere Monate ausfiel und ihre Stellvertreterin das Ruder übernahm. Eine kleine, quirlige Frau mit flinken Augen, die ihre Verantwortung von Anfang an ernst nahm und in die Tat umsetzte. Sie rief alle zusammen, verteilte die Aufgaben neu und mit einem Nachdruck, dem niemand zu widersprechen wagte. Auf einmal lief alles reibungsloser, die Motivation stieg und die ohnehin nicht sehr herausfordernde Arbeit – etwa die Kontrolle von verschiedenen Arbeitslosengeldansprüchen für das AMS im gleichen Haus – machte mehr Spaß.

Zu diesem Zeitpunkt hatte ich aber schon gekündigt. Ich hielt es nicht mehr aus, dass zwei von drei Leuten im Büro rauchten und deshalb die Fenster zu jeder Jahreszeit geöffnet waren. Wirklich zu Fall brachte mich jedoch die Tatsache, nur Luft für meine Kolleginnen gewesen zu sein. Es spielte keine Rolle, ob ich anwesend war oder auf Urlaub, ob ich schweigsam war oder gesprächig, traurig oder fröhlich. Charly Braun, der einzige Freund, den ich in dieser Zeit hatte, wurde auf eigenen Wunsch in eine andere Abteilung versetzt. Die anderen schauten durch mich hindurch, als wäre ich gar nicht vorhanden. Ob meine Beeinträchtigung der Grund dafür war oder etwas anderes, wusste ich nicht.

Wie er es schon als Kind getan hatte, wenn es meiner Seele nicht gut ging, reagierte mein Körper auf diese Situation mit Krankheit. Im Spätherbst 1997, als die Spannung des Neuen verflogen war wie auch meine Versuche, als Kollege Anerkennung zu finden, wurde ich eine hartnäckige Erkältung nicht los. Diese steigerte sich zu einer ausgewachsenen Bronchitis und hätte wohl mit einer Lungenentzündung geendet, wäre mein Hausarzt nicht auf die Idee gekommen, nach einer psychosomatischen Ursache zu forschen.

„Ich gebe Ihnen seit drei Wochen die stärksten Medikamente, aber sie helfen nicht", sagte er nach einer Untersuchung. „Wollen Sie mir nicht sagen, was wirklich los ist?"

Auf einmal sprudelte alles aus mir heraus: Frust und Einsamkeit, die aus meinem ungewollten Außenseitertum im Büro entstanden; die unbefriedigende Tätigkeit; die Angst, schon an meinem ersten Arbeitsplatz in Salzburg zu scheitern.

„Scheitern ist etwas anderes", erwiderte der Mann mit dem weißen Bart und den gütigen Augen. „Wenn es Ihnen hier gefällt, spricht nichts dagegen, nach einer anderen Stelle zu suchen." Er beugte sich über seinen Schreibtisch nach vorne, seine Stimme wurde eindringlich. „Ich sage Ihnen, was Sie unbedingt tun müssen: kündigen, nach Hause fahren und gesund werden."

Gleich am nächsten Tag setzte ich diese Aufforderung in die Tat um. Als ich zum letzten Mal das Amtsgebäude verließ, fiel eine zentnerschwere Last von meinen Schultern. Von Erleichterung und Krankheit fiebrig, fuhr ich die 320 Kilometer nach Feldbach und fiel dort halbtot in mein Bett.

Mein Vater war über die Kündigung alles andere als erfreut. „Du weißt noch nicht, was es heißt, arbeitslos zu sein", schalt er mich. „Jetzt musst du dich in Salzburg beim AMS melden und hoffen, dass sie einen Platz für dich finden."

„Ein bisschen Zeit habe ich ja noch", gab ich zurück und meinte damit den guten Monat bis zum Jahresende 1997 – so lange hatte mich der Arzt krank geschrieben. Andere Argumente fielen mir nicht ein, nur eine Tatsache, die er als einziger Sohn mit vier jüngeren Schwestern, der immer hatte stark sein müssen, nicht verstehen konnte: Es war unerträglich geworden.

Meine Mutter, der stets ein Blick genügte, um tief in mich zu sehen, hatte meinen Schritt sofort akzeptiert. Ihre Liebe und die Hausmannskost meiner Großmutter päppelten mich in den nächsten Wochen wieder auf. Die Bronchitis klang ab, und mit ihr auch meine schlechte Stimmung. Die nötige Bettruhe gab mir Zeit für die Erkenntnis, dass ich in Salzburg bleiben wollte. Schon in Graz hatte ich genug Kraft und Willen entwickelt, um mich nicht vertreiben zu lassen – warum sollte es in Westösterreich anders sein?

Ich entwarf ein Bewerbungsschreiben, in dem ich meine Krankheit offen darlegte, und antwortete mit diesem auf alle Stellenanzeigen, die mir passend schienen. Dazu richtete ich es noch an eine Handvoll Firmen als Incentive. Dass ausgerechnet eine Blindanfrage Erfolg haben sollte, schob ich damals auf meine großartige Fähigkeit, mich selbst schriftlich darzustellen. 15 Jahre und einige bittere Erfahrungen später weiß ich, dass es einfach großes Glück gewesen war.

„Ich habe nur eine Frage", sagte Hans-Jürgen Sendlhofer, Direktor der Oberbank Salzburg, am Telefon zu mir. „Sitzen Sie im Rollstuhl oder nicht?"

Wie kommt er denn auf diese Idee? durchzuckte es mich sofort, aber meine Stimme beschränkte sich auf die kürzeste aller möglichen Antworten: „Nein."

„Dann freue ich mich darauf, Sie kennenzulernen", setzte er fort. „Mein Sekretariat gibt Ihnen einen Termin für ein Vorstellungsgespräch."

Sohin fand ich mich früher als erwartet in meiner kleinen Garçonnière wieder, warf mich dort in Schale und fuhr zur imposanten Firmenzentrale der Bank in der Alpenstraße.

Vom Inhalt der Gespräche mit Sendlhofer und Dr. Erwin Seeauer, dem Abteilungsleiter des Kreditreferates, wo eine Pensionierung anstand, weiß ich heute nicht mehr viel, aber meine Empfindungen blieben haften. Die dürre Sekretärin, im Businesskostüm und mit hochgesteckten Haaren, behandelte mich mit kühler Distanz. Glas und Beton dominierten in den hohen Räumen, keiner der vorbeihastenden Leute machte ein freundliches Gesicht. Alles hier roch nach Eile und Erfolgsdruck, und so rechnete ich kaum damit, den Erwartungen der beiden Herren gerecht zu werden. Den mir vorgelegten Test absolvierte ich trotzdem und hielt ihn für so bedeutungslos wie den nicht spürbaren Händedruck der Sekretärin zum Abschied.

„Ich glaube nicht, dass der Job etwas für mich ist", sagte ich Stunden später zu Anna, die meine Wohnung in Schuss hielt. „Alles ist so nobel dort, so fremd."

Die resolute, etwa 50-jährige Frau stellte den Korb mit frischer Wäsche auf meinem Bett ab und sagte bestimmt: „Wenn sie dir die Stelle anbieten, dann nimm sie. Du kannst jederzeit wieder gehen, aber in deinem Lebenslauf macht es sich gut, wenn du in einer Bank gearbeitet hast."

„Und wenn ich mich nicht durchsetze?"

„Das sagen sie dir schon", erwiderte Anna. „Ich habe früher viele Angebote ausgeschlagen, weil ich Angst davor hatte, nicht gut genug zu sein. Heute tut es mir leid. Mach nicht den gleichen Fehler."

Manchmal werden unsere Engel sichtbar. Sie sind da, wenn wir ihre Hilfe brauchen.

In den knapp vier Jahren als Angestellter des Kreditreferates in der Oberbank lernte ich erstmals einen großen Wirtschaftskonzern von innen kennen. Die Arbeit war herausfordernder, das Büroklima – absolutes Rauchverbot im ganzen Haus – viel angenehmer als im Bundessozialamt. Mit der Krawattenpflicht hatte ich kein Problem; schon immer waren mir Hemd und Sakko lieber gewesen als T-Shirt und Pullover. Ich begegnete netten Kollegen und fand Freunde, mit denen ich noch heute verbunden bin.

In dieser Zeit wuchs auch mein Empfinden, in Salzburg heimisch zu sein. Weil mir die Garçonnière zu klein wurde und ich auch genug davon hatte, zweimal täglich durch die ganze Stadt zu fahren, übersiedelte ich Anfang 1999 in eine Zwei-Zimmer-Mietwohnung in Rif bei Hallein. Dadurch verkürzte sich meine Fahrzeit zur Arbeit um fast fünfzig Prozent. Bis heute lebe ich hier und hatte noch keinen Grund, nach einer Alternative zu suchen: Sowohl Salzburg als auch Hallein liegen in angenehmer Nähe, rundherum gibt es weitläufige Spazier- und Radwege.

Immer besser gelang es mir auch, meinen Alltag zu organisieren. Obwohl ich mich mangels Orientierungssinnes noch häufig verfuhr, merkte ich mir bald die besten Strecken zu meinen Zielen in der Stadt und – ganz wichtig – die dazu passenden Parkgelegenheiten. Ich fand sowohl einen neuen Hausarzt als auch eine Physiotherapeutin in meiner Nähe. Die letzte wichtige Entdeckung war ein Getränkemarkt, wo mein geliebtes Murauer Bier in kleinen Flaschen angeboten wurde, weshalb ich es nicht mehr aus der Steiermark importieren musste.

Und ich verliebte mich; nicht in eine Frau – dieses Kapitel folgt später und wird wegen chronischer Erfolglosigkeit meinerseits wohl nicht allzu üppig ausfallen –, aber umso glücklicher in die Salzburger Altstadt mit ihren Cafés, schmalen Gassen und staunenden „Sach mal, wie schön is dat denn hier!"-Touristen. Auch nach beinahe zwanzig Jahren zieht sie mich an den Wochenenden magisch an und schenkt mir bei jedem neuen Gang tief empfundene Dankbarkeit dafür, an einem der schönsten Orte Österreichs leben zu dürfen.

Meine Zeit in der Oberbank endete abrupt und ein wenig kurios. Ich war zuständig für die Erstellung von Bankgarantien sämtlicher Filialen des Bundeslandes. Dieses Finanzinstrument wird für Mietkautionen verwendet, aber auch bei der Abwicklung von Bauvorhaben, um als Auftraggeber gegen später auftretende Mängel versichert zu sein. Meine Aufgaben hatte ich bald im Griff, spielte auf Papier archivierte Dokumente, die noch von meiner Vorgängerin verblieben waren, in die EDV ein und vereinfachte die Terminübersicht für ablaufende Haftungen mit einem kleinen Computerprogramm.

Nach gut drei Jahren gab es auf diesem Gebiet keine Neuigkeiten mehr. Deshalb fragte ich Erwin Seeauer, den ich als führungskompetent und aufmerksam schätzen gelernt hatte, ob es möglich wäre, in die Kreditsachbearbeitung zu wechseln, für die ich mich schon immer interessierte. Er sagte mir seine Unterstützung zu, wenn eine passende

Stelle frei würde. In den folgenden Monaten kam es auch zwei- oder dreimal zu internen Wechseln, doch stets wurde jemand anderer vorgezogen. Als ich ihn nach dem Grund dafür fragte, meinte er nur: „Der Nächste sind Sie, Herr Glanz. Versprochen."

Der nächste Wechsel betraf jedoch Seeauer selbst: vom Leiter des Kreditreferates in die Geschäftsführung. Obwohl sein neues Büro einen Stock tiefer lag, ein echter Aufstieg. Zum Leidwesen der direkt unter dem Dach (schön heiß im Sommer, noch dazu mit Krawatte) verbliebenen Mitarbeiter konnte ihm sein Nachfolger weder in fachlicher noch in menschlicher Qualität das Wasser reichen. Dass Kompetenz und Bereitschaft zum offenen Gespräch (zwei gute Geister, die jeder Chef in sich tragen sollte) offenbar fluchtartig die Abteilung verlassen hatten, wäre wohl noch länger erträglich gewesen. Als ich mit aller Vorsicht meinen Wunsch nach einer neuen Herausforderung andeutete, wurde mir in der Sekunde der Antwort klar, dass anlässlich des Weggangs von Seeauer seine Zusage ebenfalls beide Beine in die Hand genommen hatte.

„Auf eine so kompetente Kraft können wir bei den Haftungen nicht verzichten." Die Botschaft *Was ich nicht will, wird nicht passieren* hätte ich auch in Kisuaheli verstanden.

Stundenlang zermarterte ich mir den Kopf, warum mein Ehrgeiz, etwas Neues zu lernen, und meine Bereitschaft zu mehr Arbeit nicht anerkannt, geschweige denn geschätzt wurden. Bitter traf mich die einzige logische Ursache: Meine Vorgesetzten glaubten nicht daran, dass ich mich bei komplexeren Aufgaben bewähren würde. Vielmehr vertraten sie wohl die unausgesprochene Ansicht, die Einstellung einer körperlich beeinträchtigten Person sei ein Akt der sozialen Nächstenliebe gewesen. Der auf diese Weise so huldvoll und reich Beschenkte möge nun bitte schön dankbar sein, still vor sich hin hackeln und keine weiteren Ansprüche mehr stellen.

Mein Bild von persönlicher Lebensgestaltung sah gänzlich anders aus. Ich war knapp 29 und hatte mir trotz eines eher ungünstigen Startplatzes am Beginn meine Unabhängigkeit sowie die Freundschaft einer fremden Stadt erkämpft. Auch das berufliche Umfeld schien spannende Entwicklungsmöglichkeiten zu bieten. Blöderweise war ich der naiven Vorstellung anheim gefallen, auf Fleiß würde Belohnung folgen. Jener Mann, der mich ziemlich rüde aufweckte, schaffte es nicht einmal, mir dabei in die Augen zu schauen.

Die Fixierung auf einen festgefahrenen Zustand ließ ich bezüglich meiner Krankheit nicht gelten, also konnte es bei der Arbeit kaum anders sein. Eine Kündigung kam aber nicht infrage, weil mir das Umfeld in der Bank gefiel und ich nicht darauf vertrauen konnte, bei der Arbeitssuche nochmals so unverschämtes Glück zu haben wie nach meinem Abgang aus dem Bundessozialamt.

Sehr wohl möglich schien es mir jedoch, mehr Zeit für eine Tätigkeit zu verwenden, bei der es keine Vorgesetzten gab und ich Herr über den Leistungsanspruch an mich selbst war: das Schreiben. Ich hatte schon drei Bücher veröffentlicht und arbeitete gerade an meinem Romandebut – jede damit zugebrachte Stunde war eine Quelle intensiver Freude. Davon wollte ich mehr und beschloss deshalb, meine Zeit in der Bank auf das Niveau der bloßen Existenzsicherung zurückzufahren. Die knausrigste Finanzrechnung ergab, dass ich mit 25 Wochenstunden über die Runden kommen konnte.

Hätte ich nur halb soviel Zeit über die Durchführung meines Planes nachgedacht wie über meinen sich daraus ergebenden Finanzstatus (das klingt doch *viel* besser als Bankrott, oder?), wäre er wohl nicht derart gnadenlos in die Hose gegangen. Ich war ein sicherer Schütze vom Elfmeterpunkt, wollte diesmal aber den Ball besonders schön ins Tor lupfen; ähnlich wie Antonin Panenka im Finale der Fußball-Europameisterschaft 1976 im Duell gegen Sepp Maier, der sich in Erwartung eines scharfen Schusses in eine Ecke geworfen hatte. Will heißen: Ich war bei der Begründung meines Ansuchens um Stundenreduktion in einer Weise ehrlich, die es dem Tormann – meinem Vorgesetzten – ungemein leicht machte, meinen schon sicher geglaubten Treffer zu verhindern.

Hier ein Mitschnitt des entscheidenden Gesprächs aus dem Frühsommer 2001:

„Warum wollen Sie die Wochenstunden reduzieren, Herr Glanz?"

„Weil ich mehr Zeit dem Schreiben widmen will."

Am Blitzen in seinen Augen hätte ich erkennen müssen, welch Riesenfehler mir da gerade passiert war.

„Dem Schreiben, wirklich?"

„Es gibt nichts, das mir mehr bedeutet."

Jetzt hatte sich meine naive Ehrlichkeit endgültig in bodenlose Blödheit verwandelt.

„Und Ihre Arbeit in der Bank?", schoss er blitzschnell zurück. Der Ball flog direkt auf mein Gesicht zu. Ich Trottel sah ihn nicht einmal kommen.

„Werde ich weiterhin zu Ihrer Zufriedenheit erledigen."

„Ich überlege es mir." Sein Grinsen beendete das Gespräch und besiegelte gleichzeitig meine Niederlage. Trotzdem hielt ich mich noch immer für Panenka und kehrte siegesgewiss an meinen Schreibtisch zurück. Erst als mir der Abteilungsleiter ein paar Tage später sein Nein mitteilte, erkannte ich, dass Sepp Maier diesmal einfach stehengeblieben war.

In der folgenden Nacht konnte ich nicht einschlafen. Immer wieder spulte mein Kopf eine Alternativversion jenes Gespräches ab, wie es mit ein bisschen weniger Stolz und ein bisschen mehr Grips meinerseits wohl gelaufen wäre.

„Warum wollen Sie die Wochenstunden reduzieren, Herr Glanz?"

„Weil ich mehr Zeit meiner Therapie widmen muss."

„Ihrer Therapie? Aus welchem Grund?"

„Ich spüre, dass sich mein Gesundheitszustand in letzter Zeit verschlechtert hat."

An dieser Stelle hätte ich eindeutige Befunde und dringende Empfehlungen meiner Ärzte vorgelegt. Seinem abschließenden „Ich überlege es mir" hätte ich dann noch ruhiger ins Auge sehen können als ein Ex-Finanzminister heute einer Befragung durch den Hypo-Untersuchungsausschuss.

Ehrlichkeit ist schön und gut, erkannte ich damals. Aber als Antwort auf die Frage *Wie erreiche ich mein Ziel?* hätte sich die Verwendung einer zweiten Wahrheit besser geeignet.

In den folgenden Wochen stapfte ich lustlos und angefressen durch Salzburg. Obwohl ich dankbar war für die Chance, die Direktor Sendlhofer mir gegeben hatte, fühlte ich mich durch die zugewiesene Arbeit eingesperrt wie jemand, der in einem schönen und sicheren Haus sitzt, aber durch das einzige Fenster nur den stets gleichen Ausschnitt des Himmels sehen kann. Mit jedem verstrichenen Tag wurde mir bewusst, dass ich in diesem Haus nicht mehr bleiben wollte.

Aber wohin gehen? Eine selbst gewählte – also nicht von außen erzwungene – Veränderung muss aus einem positiven Antrieb heraus geschehen. Die Erkenntnis, etwas nicht zu wollen, mag einen Menschen mit der Vergangenheit versöhnen, schafft aber kaum genug neue Energie, um den unkalkulierbaren Folgen einer Kündigung mit Ausdauer die Stirn zu bieten. Wenn die Euphorie verflogen ist, stehen zwei Fragen so groß an der Schultafel des Lebens, dass es ratsam ist, schon vor dem Durchschneiden des Sicherheitsseiles Arbeitsplatz gute Antworten parat zu haben.

1. Was fange ich mit meiner Zeit an?

2. Wo nehme ich das Geld dafür her?

Da Sie, liebe Leserin, lieber Leser, dieses Buch in Händen halten, brauche ich den ersten Punkt nicht weiter zu erläutern. Es gab und gibt Phasen, in denen ich mich weniger mit dem Schreiben beschäftige, zumal es, der Logik meines Daseins folgend, auf meiner Prioritätenliste an dritter Stelle liegt, nach Gesundheit und Broterwerb. Doch zum Glück nimmt die Seele eine eigene Reihung vor, und dort steht es unangefochten an der Spitze. Jedes Gedicht definiert mich, jede Satire bringt mich zum Lachen, jeder Roman erfüllt mich von der ersten Idee bis zum Tippen des letzten Satzes mit großem Stolz. Diesen Gefühlen wollte ich mehr Raum geben und nachspüren, ob ich sowohl Eifer als auch Disziplin aufbringe, um meine Literatur in mehr zu verwandeln als ein schönes Hobby am Wochenende.

Dennoch sah ich nicht nur den Weg zu meinem inneren Glück klar vor mir, sondern auch jene große Hürde, die genau an der Abzweigung dorthin stand. *LEBENSHALTUNGSKOSTEN!!!* war in riesigen Lettern darauf geschrieben, mit einer Liste darunter, die mir nur die wichtigsten Notwendigkeiten in Erinnerung rief: Essen, Wohnung, Auto, Therapien. Als idealistischer Lebenskünstler mit einem österreichischen „Schau ma amoi, dann wer' ma scho' sehn" einfach drüberzuspringen, war nichts für mich. Ich konnte sparsam sein, doch der Verzicht auf die für mich spezifischen Notwendigkeiten wie Physiotherapie, Massage und orthopädisches Schuhwerk war unmöglich. Aus diesem Grund musste ich auch versichert bleiben. Ein halbes Jahr im Norden Kanadas als Holzfäller arbeiten und anschließend sechs Monate auf einer Insel im Südpazifik vom Lohn leben, um sich dort heftig von der Muse küssen zu lassen, fiel also flach.

Natürlich überlegte ich mir auch die halbseidene Alternative: Maul halten, brav weiter Bankgarantien tippen und nebenher klammheimlich einen anderen Arbeitsplatz für 25 Stunden suchen. Das hätte einen tiefen Schnitt in mein soziales Netz verhindert, erwies sich jedoch bei genauem Hinsehen als undurchführbar. Die meisten Halbtagsstellen waren für simple Schreib- oder Putztätigkeiten ausgeschrieben und lagen somit einerseits unter, andererseits über meiner Qualifikation. Blieben also Vollzeitjobs, die ich von vornherein nur halb ausüben wollte. Meine blühende Fantasie ließ ein Vorstellungsgespräch unter dieser Prämisse einen recht bizarren Verlauf nehmen.

„Sie sind derzeit in Beschäftigung. Warum wollen Sie wechseln?"

„Weil man mir nicht erlaubt hat, nur 25 Stunden zu arbeiten."

„Aber wir suchen jemanden für 40 Stunden. Haben Sie denn schon einen anderen Teilzeitjob?"

„Nein."

„Wofür wollen Sie die übrige Zeit verwenden?"

„Zum Schreiben."

„Sind Sie denn damit erfolgreich?"

„Nein, aber es gibt nichts, das mir mehr bedeutet."

Und schon wäre mein Lupfer wieder in den Armen des verdutzten Tormannes gelandet. Als einzigen Pluspunkt kann ich verbuchen, dass in meinem Tagtraum Vorbehalte gegenüber meiner Krankheit nicht zur Sprache kamen.

In der Realität hätte mir niemand allein meines unwiderstehlichen Lächelns wegen eine Teilzeitstelle angeboten, die nicht als solche ausgeschrieben gewesen wäre. Somit hätte ich mit vollem Stundeneinsatz neu beginnen, die Probezeit überstehen und mich bewähren müssen. Nach mindestens zwei Jahren wäre es möglich gewesen, unter Hinweis auf meinen sich verschlechternden Gesundheitszustand ... Die Erreichung meines Ziels auf diesem Weg war zu fern. Ich begrub derartige Pläne, band weiter täglich meine Krawatte und trottete in die Bank.

Meiner Mutter fiel am Telefon bald auf, dass meine Stimmung nicht die beste war. Ich berichtete kaum Neuigkeiten und blieb auf ihre Fragen seltsam einsilbig. Als sie dreimal in einer Woche „Ich höre doch, es geht dir nicht gut" sagte, konnte ich mich trotz aller guten Vorsätze, sie nicht zu beunruhigen, nicht mehr beherrschen und erzählte ihr von meinem misslichen Seelenzustand.

„Es wird sich für dich etwas auftun", sagte sie danach mit einer Stimme, die mich immer wünschen ließ, in ihrer Nähe zu sein. „Der Mensch denkt, Gott lenkt."

Und Er lenkte tatsächlich: nicht meine Gedanken, wohl aber – das entbehrte nicht einer gewissen Ironie – meine Schritte in die richtige Straße Salzburgs: zum italienischen Kulturinstitut *Dante Alighieri*. Im Foyer des Mozart-Kinos war mir ein Folder in die Hände gefallen, der zu einem Tag der Offenen Tür mit viel *Italianità* einlud, italienischer Lebensart.

Kaum hatte ich die heitere Atmosphäre und die Freundlichkeit der Menschen dort in mich aufgenommen, spürte ich wieder den Wunsch nach neuen Begegnungen. Und ganz leise meldete sich in meinem Hinterkopf eine Idee, wie ich eine Zeit des Schreibens und Lernens mit diesem Wunsch verbinden konnte – wenn es mir nur irgendwie gelang, die Finanzierung zu sichern …

An einem Sonntag im Juni 2001 saß ich mit meinen Eltern auf der Terrasse des Hotels Stein und strahlte mit dem herrlichen Sommertag um die Wette. Ich hatte sie dorthin eingeladen, um mich für ein wunderbares und außergewöhnliches Geschenk zu bedanken.

Der Kellner brachte unsere Bestellung – wie immer Cappuccino mit Schlagobers für meinen Vater, einen Kleinen Braunen für meine Mutter und Café Latte für mich. Betont langsam löffelte ich die oberste Schicht Milchschaum aus dem Glas und kaschierte damit meine Unsicherheit, wie ich beginnen sollte. Mehr als ein atemloses „Super! Danke!" hatte ich vor ein paar Tagen am Telefon nicht herausgebracht, nachdem sie mir ihre Entscheidung mitgeteilt hatten.

Mein Vater nahm die Last von meinen Schultern, indem er meine Mutter anstieß und sagte: „Nimm bitte endlich deinen Schlag, damit ich den ersten Schluck trinken kann." Dann wandte er sich mir zu und fuhr fort: „Wir unterstützen dich, weil wir glauben, dass eine zusätzliche Sprache wichtig für deine Ausbildung ist. Und vielleicht denkst du einmal an uns zurück und bist dankbar, dass wir dir diese Zeit ermöglicht haben." Er schaute ein wenig versonnen auf die Dächer der Altstadt. „Auch ich wäre gerne eine Saison auf Montage gegangen, nach Deutschland oder in die Schweiz. Mein Vater hat es nicht erlaubt."

„Ich bin jetzt schon dankbar", antwortete ich und schaute beide glücklich an. „Ich kann euch gar nicht sagen, wie sehr."

Ein Traum, den ich schon so lange hegte, ging nun in Erfüllung. Meine Eltern würden mich ein ganzes Jahr lang finanziell unterstützen und auch versichern lassen, sodass ich mich dem Schreiben widmen konnte. Parallel dazu würde ich bei *Dante Alighieri* mein Schulitalienisch aufbessern und im nächsten Frühling einige Wochen nach Italien übersiedeln, um dort die Sprache richtig zu lernen. Ein Grundwortschatzbuch und *Grammatik* – kurz und schmerzlos – lagen zum Studium vor Semesterbeginn bereits auf meinem Schreibtisch, damit ich nicht völlig unbedarft im ersten Kurs erschien.

Wir redeten den ganzen Nachmittag über meine Pläne für das kommende Jahr. Selbstverständlich hatte ich der Bedingung zugestimmt, im Firmenbüro in Feldbach auszuhelfen, sollte dies im Laufe dieser Zeit notwendig werden.

„Wisst ihr, woran ich jetzt oft denken muss?" Ich schaute meinen Vater an. „Wenn du mich damals nicht nach Graz geschickt hättest, würden wir jetzt nicht hier sitzen. Und ich wäre nie auf die Idee gekommen, nach Italien zu gehen."

„Damit wird sich deine Selbstständigkeit noch verbessern", sagte meine Mutter. „Wenn du willst, fahren wir vorher gemeinsam hinunter, wenn du eine Schule ausgesucht hast."

„Das Kulturinstitut hier hat sicher gute Verbindungen." Ich trank mein Glas leer und ließ den langen Löffel geräuschvoll hineinfallen. „Am liebsten würde ich noch in diesem Herbst fahren, aber vorher heißt es Schreiben und Lernen."

„Mehr Lernen als Schreiben", mahnte mein Vater.

„Zuallererst muss ich meine Arbeit in der Bank ordentlich beenden."

Meine Kündigung dort verlief unspektakulär. Von den Kolleginnen und Kollegen erntete ich erstaunte Blicke, als ich sie während einer Abteilungsbesprechung bekanntgab ohne dabei zu verhehlen, dass der

Grund dafür in der Verweigerung einer Arbeitszeitverkürzung seitens meines Chefs lag. Dieser verzog sich, nachdem er meiner knappen Wortmeldung mit versteinertem Gesicht gefolgt war, ohne Kommentar in sein Büro.

Nach Dienstschluss, als ich gemeinsam mit meinem Kollegen Marcus das Gebäude verließ, sagte dieser: „Der Boss hat mich nach meiner Meinung zu deinem Weggang gefragt. Er hat deine Gedichte gelesen und denkt, dass deine Persönlichkeit nicht mit der Bank vereinbar ist."

„Und was hast du gesagt?"

„Wenn Sie ihm früher eine ordentliche Arbeit gegeben hätten, wäre das nicht passiert." Marcus lachte auf seine typische Art, in der stets ein ironischer Unterton mitschwang, als wir zu unseren Autos gingen. „Ehrlich und offen wie immer, du kennst mich ja."

Zum Abschied gab es für einige Freunde aus der Bank ein Abendessen in der Kaminstube beim Simmerlwirt in St. Leonhard. Auf die Einladung schrieb ich: *Am Ende eines Weges steht der Beginn einer neuen Zeit.*

In den folgenden Jahren änderte sich mein Leben von Grund auf. Mit manchen Dingen hatte ich gerechnet, andere kamen unerwartet auf mich zu. Über das Schreiben und meine Erlebnisse in Italien erzähle ich Ihnen später mehr; jeder Gedanke daran trägt für mich bis heute die gleiche Titelzeile: Es war die schönste Zeit meines Lebens.

Im Jänner 2003 – meine Eltern hatten mir noch vier zusätzliche Monate gewährt – begann meine Suche nach einem Arbeitsplatz von vorne. Bald musste ich erkennen, dass mir vor fünf Jahren die Stelle in der Oberbank wie eine Nadel im Heuhaufen in den Schoß gefallen war. Schon lange vor Weihnachten hatte ich erste Bewerbungen verschickt, doch keine war erfolgreich. Mit dem Jahreswechsel war die pekunäre Sorgenfreiheit für mich unwiderruflich zu Ende.

Hätte ein Statistiker Buch geführt über alle Enttäuschungen, die ich im Kontakt mit anderen Menschen aufgrund meiner Krankheit erlebt habe, so wäre es leicht für ihn gewesen, zwei Hauptursachen dafür zu ergründen: das Nicht-Wissen und das Nicht-Wollen beim Gegenüber.

Die Damen und Herren im Arbeitsamt Hallein waren freundlich und hilfsbereit, hatten jedoch abseits der Routine um die finanzielle Unterstützung nicht die geringste Ahnung, was sie mit mir machen sollten. Anfangs war ich überzeugt, mit meinen Fähigkeiten punkten zu können und legte diese in den Gesprächen dar: gute Ausbildung, überdurchschnittliche Sprachkenntnisse, schnelles Denken, die Bereitschaft, Neues zu lernen. Als Antwort erhielt ich jedoch nur den von einer bekümmerten Miene begleiteten Satz: „Für Menschen wie Sie wird es sehr schwierig sein ..."

Ich erhielt keine Möglichkeit, das Gegenteil zu beweisen. In meiner zwanzig Monate dauernden Arbeitslosigkeit wurde mir vom AMS keine offene Stelle genannt, für die ich mich bewerben, keine Adresse, wo ich mich vorstellen könnte. Dort hatte man mir schon am ersten Tag das gut sichtbare Schildchen *beeinträchtigt* umgehängt und mich in der gleichnamigen Schublade versenkt. Niemand kam auf die Idee, mich dort herauszuholen, nicht einmal als Charly Braun, mein ehemaliger Kollege im Bundessozialamt, mir von einer Ausbildung zum *Call Center Agent* berichtete, die vom AMS ausgeschrieben war und bald in der Volkshochschule Salzburg beginnen würde. Weil mich das Fach *Kommunikation und Persönlichkeitsbildung* interessierte und ich neben meiner weiterhin intensiv laufenden Schriftstellerei genug Zeit hatte, besorgte ich mir die Unterlagen einfach selbst und meldete mich an.

Mit meiner Teilnahmebestätigung machte ich mich am genannten Tag auf den Weg zum Kursort in der Faberstraße, und stolperte in eine der absurdesten Situationen meines Lebens. 30 Plätze standen für diese Ausbildung zur Verfügung. Als jedoch der Leiter der Volkshochschule zur Begrüßung erschien, waren 36 Personen anwesend – 35 Frauen und ich. Das AMS hatte wohl in der Annahme, dass weniger Leute wirklich davon Gebrauch machen würden, mehr Einladungen verschickt, ohne sich um die möglichen Konsequenzen dieses Tuns zu kümmern.

Nachdem der Chef des Hauses sichtlich betreten die Lage erklärt hatte („Wir haben nur 30 Computer in zwei Klassen, also können wir den Kurs nicht überbelegen"), fanden sich bald fünf Damen, die mit der Feststellung, Telefonverkauf sei ohnehin nichts für sie, freiwillig das Feld räumten. Sohin war nur noch eine zuviel – oder ich. Der hagere Mann machte einen erwartungsvollen Blick in die Runde; dieser blieb ruckartig bei meinem Gesicht stehen. Er räusperte sich hörbar, bat die für den Kurs verantwortliche Mitarbeiterin, die weiteren Erläuterungen vorzunehmen, wünschte allen gutes Gelingen und kam zielstrebig auf mich zu.

„Ich muss Sie bitten zu gehen", sagte er wenige Minuten später in seinem Büro zu mir, wohin er mich mit aller Höflichkeit geleitet hatte.

„Weil ich mich anders bewege?" Ich konnte mir keinen sonstigen Grund vorstellen.

„Nein, um Gottes Willen." Er schaute mich offen an, und ich erkannte, dass es nicht als Ausrede gemeint war. „Sie sind intelligent und würden sich diese Beleidigung wohl nicht gefallen lassen."

„Danke für das Kompliment."

„Sie sind der einzige Mann und würden die Homogenität der Gruppe stören." Wieder ließ mein Gegenüber ein nervöses Räuspern folgen. „Deshalb können Sie nicht teilnehmen."

Ich glaubte mich verhört zu haben; das konnte nicht sein Ernst sein. Um nicht laut loszulachen, langte ich in meine Tasche, zog meine Teilnahmebestätigung heraus und fragte: „Was ist damit?"

„Ein Fehler des AMS, nicht unserer", erwiderte der Mann und erhob sich. „Die letzte Entscheidung liegt bei mir. Es tut mir leid, aber ich sehe keine andere Möglichkeit. Wenn Sie also so freundlich sein wollen ...."

Es hatte keinen Sinn, hier und jetzt einen Streit vom Zaun zu brechen, bei dem ich von vornherein auf verlorenem Posten stand. Ich hatte nicht vor, so rasch klein beizugeben, brauchte aber Zeit zum Nachdenken, wie eine geeignete Reaktion auf diese Farce aussehen konnte. Also setzte ich mich ins Café Fingerlos gegenüber und besprach mich mit Melange und Kuchen, zwei bewährten Ratgebern in vielen Lebenslagen.

Ein paar Tage später wurde ich offiziell als 31. Kursteilnehmer in der Volkshochschule willkommen geheißen und von den 15 Damen meiner Gruppe sehr herzlich aufgenommen. Ein Mail an unseren Familienanwalt in Graz, dem ich den Sachverhalt geschildert hatte, verbunden mit der Bitte, er möge beim zuständigen Herrn im AMS nachfragen, ob eine Berufung auf die beigelegte Teilnahmebestätigung ausreichend sei, hatte genügt. Als mir der Leiter der Volkshochschule am Ende meines ersten Kurstages beim Hinausgehen begegnete, sagte ich beinahe entschuldigend: „Ich bin von Natur aus hartnäckig."

„Das habe ich gemerkt", gab er mit deutlicher Anerkennung in der Stimme zurück und wünschte mir viel Erfolg.

Der Kurs war interessant und kurzweilig. Ich fühlte mich in der Gruppe wohl und absolvierte die Prüfungen, wenn ich auch nicht plante, in einem Callcenter anzuheuern.

Weil sich das AMS mit Stellenangeboten weiterhin nobel zurückhielt, suchte ich in Eigenregie. Immer wieder wurde ich auch zu Gesprächen eingeladen, traf aber auf die nahezu unüberwindbare Mauer des Nicht-Wissens. Dort waren die verschiedensten Gesichter der Ablehnung gemalt, wie folgende Beispiele zeigen.

Eine große Salzburger Bank besetzte einen Platz im Kreditreferat neu, was sohin genau meiner bisherigen Tätigkeit und auch meinen Wünschen entsprach. Als ich jedoch der Personalchefin des Hauses gegenübertrat, spürte ich, dass sie ein Problem mit meiner eigenwilligen Fortbewegungsart hatte. Leider war ich nicht selbstbewusst genug, sie sofort darauf anzusprechen. Also quälten wir uns durch ein für beide Seiten unangenehmes Gespräch, an dessen Ende sie mir mitteilte, dass „sich jemand mit zwanzig Jahren Berufserfahrung auf dieser Position" beworben habe. Meinen Ärger über diese Umschreibung von Ich will *Sie hier nicht haben!* verarbeitete ich später in der bösen Satire *Zur Vorstellung*. Jedoch hätte ich selbst dieser Peinlichkeit mit der Aufforderung, sie möge sich zu meiner Beeinträchtigung äußern, einen Riegel vorschieben können.

Obwohl ich mir geschworen hatte, nie mehr als Beamter zu arbeiten, bewarb ich mich bald auch bei Stellenausschreibungen der Gebietskörperschaften. Ich wollte mehr Optionen haben, hegte aber auch die Hoffnung, es bezüglich des Aufgabenbereiches und der Kollegenschaft besser zu treffen als im Bundessozialamt. Ob sich diese erfüllt hätte, sollte ich nie erfahren, denn im Bewerbungsgespräch für eine Stelle im Bauamt der Stadt Salzburg fiel eine Bemerkung, die mich verletzte und deshalb zu einer scharfen Erwiderung zwang. Nachdem ich meine Tätigkeit in der Oberbank und das Ende dort geschildert hatte, sagte der anwesende Vertreter des Landespersonalbüros: „So einer wie Sie darf in der Oberbank doch nicht kündigen!"

Das war zu viel. Ich erwiderte seinen arroganten Blick lange genug, um sicher zu sein, dass meine Stimme nicht zittern würde, und antwortete: „Erstens: Sie waren nicht dabei. Die Situation dort war nicht mehr tragbar. Und zweitens: Was bedeutet *So einer wie Sie?*"

Derart heftigen Gegenwind offenbar nicht gewohnt, holte er tief Luft für eine Replik. Da hob der Bauamtsleiter beschwichtigend die Hände.

„Meine Herren, wir sind nicht hier, um uns zu streiten." Er warf seinem Kollegen einen bösen Blick zu und wandte sich an mich. „Können Sie sich vorstellen, beim Land Salzburg zu arbeiten?"

Weil mir klar war, wer in dieser Frage das letzte Wort haben würde, gab es nur eine Antwort: „Jetzt nicht mehr, nein." Ich verabschiedete mich und ging.

Dies war meine letzte Bewerbung für den öffentlichen Dienst, obwohl es in den Annoncen noch immer verlockend heißt: *Berechtigte nach dem Behinderteneinstellungsgesetz werden bevorzugt aufgenommen.* So einer wie ich.

Begegnungen mit Menschen, die ihr Nicht-Wissen hinter einer sturen Maske aus Arroganz versteckten, gab es zuhauf. Dem Chef einer großen Handelsgesellschaft war mangels Intellekt sogar dieser Fluchtweg verbaut. Das Gespräch mit mir verursachte in seinem Gesicht schmerzhafte Muskelzuckungen, so peinlich berührt war er. Der Mann wand sich wie ein Kind, das von der Mutter bei einer Torheit erwischt worden war, diese aber nicht zugeben wollte.

Die Stelle hätte ich sehr gerne bekommen: ganz in der Nähe meiner Wohnung, ein interessantes Aufgabengebiet samt auf den ersten Blick sympathischem Umfeld. Der Abteilungsleiter war bei der ersten Unterhaltung auch durchaus angetan von mir, konnte aber nichts zusagen.

„Solche Entscheidungen trifft der Boss", sagte er, „aber Sie liegen sehr gut im Rennen."

Drei Tage später erkannte ich sofort, dass dieses Rennen für mich wieder bei Null begann. Ein hemdsärmeliger Riese mit gewaltigen Pranken trat auf mich zu. Doch sein Händedruck war wider Erwarten nicht herzhaft, sondern so vorsichtig, als fürchtete er sich davor, mein Porzellanpfötchen zu zerbrechen. Während des Gesprächs schaute er mich kaum einmal an, blätterte unablässig und nervös in den Unterlagen. Ich war an einen einfachen Arbeiter geraten, der mit viel Fleiß und Disziplin ein beeindruckendes Unternehmen geschaffen hatte, doch für das Fach *Menschenkenntnis* war dabei keine Zeit gewesen.

„Warum muss die Personalchefin ausgerechnet heute krank sein?", jammerte der Mann und war knapp davor, mein Mitleid zu erregen. Dann kam allerdings eine Bemerkung aus seinem Mund, die wohl so lange in seinem Kopf gekreist war, bis sich der Ausbruch ins Verbale nicht mehr verhindern ließ: „Ich weiß ja, dass Behinderte sich mehr einsetzen und auch mehr leisten. Aber was machen Sie, wenn Sie einmal aufstehen und zum Fax gehen müssen?"

In Gedanken schlug ich die Hände vors Gesicht und schrie: *Warum ist es nur so schwer, eine einfache Frage zu stellen? „Wie wirkt sich Ihre Krankheit im Beruf aus?" oder „Welche Unterstützung benötigen Sie von uns?"* Die vielen Erlebnisse in den letzten Monaten hatten jedoch mein Bewusstsein gestählt. Deshalb antwortete ich ruhig und bestimmt: „Ich bin weder besser noch schlechter als jemand anderer. Ich bewege mich anders, das ist alles. Dass ich nicht im Rollstuhl sitze, sehen Sie selbst."

Letzten Endes scheiterte eine Anstellung an der Unmöglichkeit, die schmale Wendeltreppe hinauf in den Bürotrakt mit einem für mich hilfreichen Handlauf zu versehen. Als der Abteilungsleiter damit die Absage begründete, war ich knapp davor, ihm Glückwünsche an seinen Boss aufzutragen, weil ihm diese Ausrede gerade noch rechtzeitig eingefallen war.

Meine Hilflosigkeit in solchen Situationen nagte mehr an mir als die eineinhalb Jahre ohne Job. Ich konnte noch so aufrichtig in den Gesprächen sein, noch so brillant bei den Aufnahmetests – gegen die breit gefächerten Vorurteile von Arbeitgebern, die aus dem Hinterkopf ins Gedankenzentrum springen, sobald sie sich einem körperlich beeinträchtigten Bewerber gegenüber sehen, hatte ich keine Chance.

- *Er leistet nicht so viel wie ein Gesunder.* Wenn ich an der richtigen Stelle eingesetzt werde, leiste ich nicht weniger als ein Gesunder. Besteht dennoch ein Defizit – nicht immer kann man langsamere Bewegungen durch schnelleres Denken ausgleichen – gibt es finanzielle Unterstützung für den Arbeitgeber.
- *Er ist öfter krank als ein Gesunder.* Meine Krankenstandstage bewegten sich bisher stets im Durchschnitt. Ausgenommen ist eine spezielle Therapiewoche im Jahr, die auch den Sinn hat, für die Arbeit fit zu bleiben.
- *Er ist unkündbar, ich werde ihn nicht mehr los.* Für den Anfang gibt es die Probezeit, für die spätere Trennung ein Schiedsgericht, das in den meisten Fällen eine einvernehmliche Lösung erreicht. Ich habe bisher weder das eine noch das andere gebraucht, sondern bin immer selbst gegangen. Die Zeit ist viel zu schade, um sich nur aufgrund eines Rechts darauf an einen Posten zu klammern.

Diese Liste ließe sich noch fortsetzen, was ich jedoch zwecks Seelenhygiene auch in der Rückschau bleiben lasse. Tatsache ist, dass ein Arbeitssuchender mit Handicap nicht viel mehr braucht als einer ohne: den Einsatz auf einer passenden Position und die Chance, sich dort ein paar Wochen oder Monate zu bewähren; vielleicht noch eine Prise Menschenkenntnis beim Chancengeber und ein paar Löffel Geduld auf beiden Seiten, wenn es anfangs nicht gleich rund läuft. Mit diesen Zutaten lässt sich das schale Nicht-Wissen vielleicht in ein neugieriges *Das möchte ich ausprobieren* verwandeln. Und schon besteht Aussicht auf Erfolg.

Das Philosophieren über den idealen Chef und einen ebensolchen Angestellten half mir im Herbst 2004 aber nicht weiter. Mein Kontostand zwang mich humorlos zur Auseinandersetzung mit profanen Dingen, zumal ich meine Eltern nach ihrer großartigen Unterstützung nicht wieder um Geld anpumpen wollte.

In dieser Zeit langsam wachsender Verzweiflung – an die immer offene Option einer Rückkehr nach Feldbach wollte ich trotzdem nicht denken – gab mir meine Betreuerin beim Arbeitsamt den einzigen guten Rat.

„Es gibt in Salzburg eine Einrichtung, die sich *Arbeitsassistenz* nennt", sagte sie. „Dort ist man spezialisiert auf Härtefälle." Sie schob einen Folder über ihren Schreibtisch. „Machen Sie einen Termin aus und sprechen Sie mit der Leiterin, Frau Seltsam. Vielleicht weiß sie einen Rat."

Seltsam, dass ihr das nicht schon früher eingefallen war.

„Dass ich Ihnen nicht beibringen muss, wie man Bewerbungen schreibt, sehe ich", sagte Anita Seltsam nach Durchsicht meiner Unterlagen. Ich saß in ihrem Büro in der Sterneckstraße und konzentrierte mich darauf, nicht zu viel von dem Kaffee zu verschütten, der die kleine Tasse bis an den Rand ausfüllte. Bei der Milch hatte es die Sekretärin ein bisschen zu gut gemeint.

„Dann bin ich wohl überqualifiziert", erwiderte ich mit einer Mischung aus schwarzem Humor und lichter Verzweiflung. „Wenn ich bei der Tür hereinkomme, vergisst jeder Personalchef schlagartig meine Referenzen, weil er bei meinem Anblick eh schon alles über mich weiß."

In Stichworten schilderte ich der großen, kräftigen Frau die Highlights aus meinen zahlreichen Vorstellungsgesprächen und verschwieg auch nicht die mangelhafte Betreuung durch das Arbeitsamt.

„Bei Menschen mit besonderen Bedürfnissen tut man sich dort ein bisschen schwer, das ist wahr." Ihr gutmütiger Blick und das freundliche Lächeln richteten mich ein wenig auf – Frau Seltsam nahm mich ernst wie kaum jemand in den vergangenen eineinhalb Jahren, dem ich auf meiner Arbeitssuche begegnet war.

„Die Dame in der Bank muss ich allerdings ein wenig in Schutz nehmen", fuhr sie fort. „Dort nutzt eine Angestellte ihren Status als Begünstigte dermaßen schamlos aus, dass Sie selbst als Alchimist, der Blei in Gold verwandelt, keine Chance hätten. Wenn die Personalchefin arbeitsrechtliche Probleme auch nur im Entferntesten für möglich hält, ist die Sache für sie erledigt. Ich habe schon mehrmals versucht, dort jemanden unterzubringen, kann ihr diese Haltung aber nicht verdenken."

„Das erklärt einiges", sah ich ein, „aber es ändert nichts an meiner Lage."

„Ich möchte Sie nur vor weiteren Enttäuschungen warnen. Der Leiter einer großen Druckerei mit fünfhundert Leuten sagte einmal klipp und klar zu mir, er habe mit seinen zwei Beeinträchtigten mehr Troubles als mit den übrigen 498 zusammen. Schwarze Schafe gibt es immer wieder, und Menschen wie Sie, die leistungswillig sind, zahlen dabei drauf."

Vorsichtig schob ich die volle Kaffeetasse von mir weg, nur um nicht aus Ärger einen hellbraunen See auf ihrem Schreibtisch entstehen zu lassen.

„Können Sie mir einen Tipp geben?"

„Bleiben Sie dran, Herr Glanz, geben Sie nicht auf. Ihre Bewerbung ist gut formuliert, und wer Ihnen aufmerksam begegnet, erkennt Ihr Potenzial."

„Haben Sie zufällig seine Adresse?" Endlich brachte auch ich ein Lächeln zustande.

„Bald wird es so weit sein, ich bin sicher", schloss Frau Seltsam das Gespräch und verabschiedete sich mit einem kräftigen Händedruck, der meine Zuversicht wieder ein kleines Stück wachsen ließ.

Wenige Tage später rief Anita Seltsam mich an. Die Nennung ihres Namens ließ in meinem Kopf einen höchst kuriosen Gedanken rotieren: *Hat sie etwa die Banktussi davon überzeugt, ein weißes Schaf zum Ausgleich für das schwarze anzustellen?* Was sie tatsächlich sagte, wäre mir bis ans Ende meiner Salzburger Tage nicht in den Sinn gekommen.

„Ich habe keine Ahnung, warum mir das bei unserem Termin nicht eingefallen ist, aber haben Sie sich bei den *Geschützten Werkstätten* auch beworben? Mein Mann arbeitet dort als EDV-Verantwortlicher. Deshalb weiß ich, dass clevere Leute wie Sie für die GWS immer interessant sind."

Eine recht deutliche Erinnerung an die „Ausländerregelung" bei diesem halböffentlichen Unternehmen stieg in mir hoch. Diese absurde Ausrede war eine bleibende Erinnerung, deshalb sagte ich nur:

„Das hätte eigentlich mein erster Arbeitsplatz in Salzburg sein sollen. Nachdem wir uns geeinigt hatten, wollten sie plötzlich keinen Steirer anstellen."

Vermutlich hat sie auch dafür eine plausible Erklärung, dachte ich, doch Frau Seltsam lachte herzlich und meinte: „Jetzt sind Sie aber Salzburger, oder?"

Wenn Menschen im Leben an eine Wegkreuzung kommen und sich für eine Richtung entscheiden müssen, sprechen sie nachher gerne vom richtigen Zeitpunkt, egal ob sie ihn erwischt oder verpasst haben. Dass meine Arbeitslosigkeit ausgerechnet bei jener Firma endete, deren Angebot vor über neun Jahren mich überhaupt erst an einen Wohnortswechsel denken ließ, war nicht frei von Ironie. Ich sah darin einen Wink des Schicksals, dass meine Zukunft in Salzburg lag. Mehrmals in dieser Zeit erinnerte ich mich an meine Überzeugung, einen neuen Platz – oder auch eine Rückkehr nach Feldbach – nicht aus äußeren Zwängen, sondern einzig als Schritt nach vorne in Betracht zu ziehen.

An meine Zeit als Klient des Arbeitsmarktservice denke ich heute ambivalent zurück. Ich nehme die Erfahrung mit, möchte aber diese Gefühle der Wertlosigkeit von Argumenten und des Den-Vorurteilen-fremder-Leute-Ausgeliefert-Seins als Teil meiner Vergangenheit sehen, mit dem ich mir keine Begegnung mehr wünsche. Durch diese Periode verlängerte sich aber immerhin meine Zeit als „hauptberuflicher" Schriftsteller auf gute drei Jahre, wofür ich ungeheuer dankbar bin. Wie auch für den Umstand, dass ich nicht in die Zukunft schauen kann. Wären mir in meinen Träumen, im Horoskop oder von der alten Zigeunerin am Rummelplatz glaubhaft achtzehn Monate ohne Job geweissagt worden, hätte ich die Stelle in der Oberbank trotz allem Ungemach dort wohl nicht gekündigt. In logischer Konsequenz wäre ich nie für mehrere Wochen nach Italien gereist, was mich wiederum der Freude beraubt hätte, Sie, meine geschätzten Leserinnen und Leser, im nächsten Kapitel dorthin mitzunehmen.

Bevor wir jedoch gemeinsam die Reise durch das Kanaltal bis nach Feltre am Südrand der Bellunesischen Dolomiten antreten, begleiten Sie mich noch kurz zu den *Geschützten Werkstätten* in Salzburg und an meinen derzeitigen Arbeitsplatz, die Winkhaus Austria GmbH in Grödig.

Aktuell beschäftigt die GWS GmbH an drei Standorten rund 450 Arbeiter und Angestellte, wovon etwa 80 % eine körperliche oder mentale Beeinträchtigung haben. Während meiner Zeit dort waren es deutlich über fünfhundert, doch die Abwanderung des umsatzstärksten Kunden aus Österreich, einer großen Produktionsfirma in der automobilen Zulieferindustrie, konnte nicht vollständig kompensiert werden.

Wenn die Begriffe *Industrie* und *Geschützte Werkstätten* in Ihren Gedanken nun einen Leitungsknoten verursacht haben, seien Sie versichert, dass es mir am Anfang ganz ähnlich ergangen war. Ich merkte aber sehr schnell, dass hier nicht Besen gebunden oder Körbe geflochten wurden, sondern eine Produktion auf hohem industriellem Niveau und mit breiter Angebotspalette abläuft. Neben einer Druckerei, der Erzeugung von Souveniers und dem bereits genannten automotiven Bereich gibt es auch einen Montagebetrieb unter Reinraumbedingungen, wo sensible Artikel wie Infusionshähne und Abnahmesysteme für den Blutspendedienst zusammengebaut werden.

Ich begann im Einkauf der Industriemontagen in der Fürbergstraße, wo ich mich mit dem zeit- und mengengerechten Nachschub der Einzelteile zur Vorproduktion von Sicherheitsgurtkomponenten beschäftigte. Diese wurden in halb Europa eingekauft, weshalb meine Position bei Bedacht von Verfügbarkeit und Transportweg neben Zahlengespür auch einiges an Kaltschnäuzigkeit am Telefon verlangte, um nicht zwischen zu geringer Lagerfläche und gebundenem Kapital einerseits sowie plötzlichen Sonderbestellungen unseres Kunden zerrieben zu werden.

Weil ich jedoch nicht auf Dauer Bestellformulare ausfüllen und Lieferanmahnungen verschicken wollte, wechselte ich, als das Angebot meines Vorgesetzten kam, ins Controlling. Dort lernte ich einen außergewöhnlichen Menschen kennen: Rudolf Wolkerseder.

Bevor ich in sein Büro übersiedelte, teilte ich die Meinung vieler Kollegen über ihn. Wolkerseder galt als arrogant, unnahbar und über die Maßen zynisch. Zudem behielt er seine Meinung über andere selten für sich, was dazu führte, dass die Damen im Verkauf alles lieber taten als ihn um Rat zu fragen. Seine äußere Erscheinung verstärkte diesen Ruf noch. Er war groß, kugelrund, meistens unrasiert und sprach sehr laut. Sein erster Blick, wenn Leute durch die offene Tür auf ihn zusteuerten, konnte nur als abweisend interpretiert werden, wobei er gerechterweise keinen Unterschied zwischen einer Reinigungsdame und einem Mitglied der Geschäftsführung machte.

Beurteile niemanden, ehe du drei Monate in seinen Schuhen gegangen bist. Es ist schon fast ein Klischee, weil dieser Spruch auf seiner endlosen Reise durchs Internet allen möglichen Urhebern zugeschrieben wird, vom Dalai Lama bis zum Großen Häuptling Schlafendes Erdhörnchen. Aber er ist gültig; mehr noch für Menschen, die aufgrund einer Beeinträchtigung außerhalb gesellschaftlich akzeptierter Normen stehen und für die aus diesem Grund ein bisschen mehr Aufmerksamkeit wie auch Zeit nötig ist, um sie einschätzen zu können. Wolkerseder wich, abgesehen von seiner enormen Körperfülle, nicht von dieser Norm ab, und trotzdem sah ich mich nach ein paar Wochen einem völlig anderen Menschen gegenüber, als ich es bei der Entscheidung für diesen Wechsel erwartet hatte.

Bis heute ist Rudolf Wolkerseder die kompetenteste Person geblieben, mit der ich je ein Büro teilen durfte. Sein Wissen geht weit über den angestammten Bereich der Betriebswirtschaft hinaus, umfasst EDV, Technik, Naturwissenschaften und wohl noch viele andere Dinge, über die wir in den gemeinsamen Jahren nicht gesprochen haben. Trotz seiner oft zur Schau gestellten Misanthropie war er gerne bereit, seine Kenntnisse mit anderen zu teilen. Überfallsartig mit Fragen bestürmt zu werden mochte er aber nicht, was allerdings viele Kolleginnen und Kollegen taten, um rasch wieder aus seinem Büro verschwinden zu können. Darauf reagierte Wolkerseder schroff; dies schuf wohl seinen Nimbus der Unnahbarkeit.

Seine Kenntnis gängiger Computerprogramme und Betriebssysteme war dermaßen detailliert, dass es mir leichtfiel, davon zu profitieren. Er neckte mich auf Fragen zwar gerne mit dem Hinweis, im Handbuch nachzuschlagen, doch nach meiner logischen Replik, das Handbuch sitze gegenüber, gab er bereitwillig Auskunft zu einer Formelberechnung oder half bei der Fehlersuche, wenn ein Rechnungsdrucker nicht korrekt angesteuert wurde. Mit der Zeit entwickelten wir ein Spiel: Tauchte irgendwo ein uns unbekannter Begriff auf, oder kam eine Neuigkeit in den Nachrichten, suchten wir nach dem Startsignal „Wiki!" im Internet Informationen dazu. Meistens war Wolkerseder schneller als ich, was er gerne mit einem dröhnenden „Sieg!" verkündete.

Mein Aufgabengebiet umfasste die Kalkulation verschiedener Endprodukte sowie die Auswertung von Arbeitszeitmessungen, die von den Gruppenleitern der Produktion erfasst wurden. Zudem unterstützte ich die Kollegen im Lager bei Bestandskorrekturen und lektorierte manchen Artikel für die Betriebszeitung. Wolkerseder kümmerte sich um die Gesamtauswertungen und Zielplanungen für Umsatz und Gewinn. Als Löser von Computerproblemen war er meist rascher erfolgreich als die zuständigen Leute in der Zentrale.

In meinen dreieinhalb Jahren bei den *Geschützten Werkstätten* erkannte ich, was den wichtigsten Faktor bei der Beschäftigung von gesundheitlich beeinträchtigten Menschen darstellt: Es ist die Kunst, die richtige Tätigkeit für sie zu finden. Entspricht der Arbeitsplatz ihren Talenten, so ist ihr Einsatz nicht geringer als jener von Leuten ohne Krankheitsbescheinigung, und sie bringen auch die gleiche, hundertprozentige Leistung.

Als Beispiel dafür möchte ich Gerhard nennen, einen riesenhaften, taubstummen Kollegen, der im automotiven Bereich arbeitete. Er legte Einzelteile in eine Maschine und betätigte dann einen Hebel, um diese mittels einer Stanze zu verpressen. Gerhard tat dies sicher und mit einer derart atemberaubenden Geschwindigkeit, dass mir vom Zuschauen schwindlig wurde. Zudem war er in einem Judoklub aktiv und kam einmal sogar zu Zeitungsehren, weil er eine Passantin nach einem Sturz unter einem Bus hervorzog, ehe sie überfahren wurde. Einen Beweis für Gerhards schnelle Reflexe erlebte ich selbst auf dem Rückweg vom Mittagessen im Zentralgebäude. Wie in Salzburg üblich, hatte es einige Tage hindurch geregnet und war danach sehr plötzlich kalt geworden. Schon fast beim Eingang angelangt, unterhielt ich mich mit Gerald aus dem Qualitätsmanagement über seine kleine Tochter, als er auf einer eisigen Stelle ins Straucheln geriet. Ich sah ihn bereits fallen, da schoss

Gerhards linker Arm blitzschnell nach vorne und fing ihn auf. Wir alle kamen aus dem Staunen nicht heraus. Gerhard aber lachte nur und rief etwas, das sich nach „Besser aufpassen!" anhörte.

Die große Freude, von Rudolf Wolkerseder zu lernen, mit ihm zu diskutieren und auch zu lachen (seinen Zynismus hatte ich längst auf gutmütige Ironie zurückgestuft, die von vielen jedoch nicht verstanden und deshalb abgelehnt wurde), endete abrupt, als mich der Abteilungsleiter zurück in den Einkauf versetzte. Gemäß seiner autoritären Art – der Kontakt zwischen uns war nicht nur deshalb problematisch – verzichtete er darauf, mich nach meiner Meinung zu fragen. Mir selbst fehlten außer meinem Widerwillen schlüssige Gegenargumente. Die Kündigung meines Nachfolgers in der Warenbeschaffung war überfällig gewesen, und ich war der Einzige, der nahtlos wieder dort einsteigen konnte. Also siedelte ich schweren Herzens zurück in den ersten Stock, hatte aber jeden Spaß an der Arbeit verloren.

Die Erinnerung, wohin diese Situation in meinem Seelenleben führen konnte, ließ mich wieder öfter die Stellenanzeigen in den Tageszeitungen durchblättern. Für das Ausstrecken meiner Fühler gab es noch einen zweiten Grund: Die Zentrale der GWS an der Sterneckkreuzung platzte aus allen Nähten. Auch bei den Industriemontagen wurde es eng, zudem war unser Standort nur angemietet. Also hatte die Firmenleitung mit allen öffentlichen und privaten Geldgebern die Umsiedlung in ein modernes Gebäude beschlossen, die rund um den Jahresbeginn 2009 erfolgen sollte. Beide Salzburger Niederlassungen würden bald in die Warwitzstraße im Norden der Stadt verlegt werden, was für mich einen noch weiteren Anfahrtsweg bedeutete. Schon jetzt verbrachte ich arbeitstäglich rund fünfzig Minuten als Pendler im Auto – die Aussicht auf Verlängerung verursachte keine allzu hohen Begeisterungswellen in meinem Glückszentrum. Trotzdem hatte ich nicht vor, mich wieder in die Kundenkartei des AMS einzuschreiben. Also füllte ich Bestellformulare aus, verschickte Lieferanmahnungen durch halb Europa und wartete auf eine passende Gelegenheit zum Absprung. Diese kam Mitte Mai 2008 durch eine Anzeige der Winkhaus Austria GmbH in Grödig, wo ein Mitarbeiter für den Vertriebsinnendienst gesucht wurde.

Wie Menschen wirklich sind, erkennt man oft erst nach jahrelangem Umgang mit ihnen – und an ihrer Reaktion auf Enttäuschungen. Alle Freunde, die ich bei den GWS gewonnen hatte, freuten sich mit mir, als ich von meiner erfolgreichen Bewerbung berichtete. Mit einigen von ihnen stehe ich noch in Kontakt. So auch mit Rudi, dessen Wertschätzung deutlich wurde, als er mir an meinem letzten Arbeitstag das Du anbot. Der Abteilungsleiter hingegen verweigerte den persönlichen Abschied, indem er sich in einer „wichtigen Sitzung" verschanzte.

„Ich habe nur eine Frage, Herr Glanz: Wieviel Arbeitszeit müssen Sie für medizinische Behandlungen aufwenden?"

Kaum hatte ich diese Worte von Clemens Mörs, dem Geschäftsführer der Winkhaus Austria GmbH, vernommen, schaute ich ihn erstaunt an. Nie zuvor hatte ein Arbeitgeber auf so sachliche Weise meine Krankheit angesprochen; genau auf jenen Bereich abzielend, wo sich beide Hauptinteressen – Arbeitsleistung und Gesundheit – überschneiden. Kurz blitzte das unsägliche *Aber was machen Sie, wenn Sie einmal aufstehen und zum Fax gehen müssen?* in meinem Kopf auf. Dann lächelte ich in dem Wissen, endlich an den Richtigen geraten zu sein.

„Ich fahre einmal im Jahr zu einer speziellen Therapiewoche nach Deutschland", erwiderte ich. „Alles andere erledige ich nach Dienstschluss."

Mörs nickte zufrieden. „Das ist weniger, als ich dachte." Er erhob sich. „Dann darf ich mich hier verabschieden. Den Rest erledigen die beiden hier", fügte er mit einem Seitenblick an und streckte mir eine große Hand entgegen.

Mit dem Leiter des Verkaufsinnendienstes und der Chefsekretärin sprach ich noch über die Eckpunkte einer möglichen Tätigkeit. Danach führte mich die kleine Dame mit den zahllosen Lachfältchen, durch die Abteilung, wo ich bei positivem Entscheid arbeiten würde. In jedem Büro wurde ich trotz des sehr geschäftigen Treibens freundlich begrüßt, ohne Zögern oder einen zweifelnden Blick. Mit jeder Begegnung vernahm ich deutlicher eine innere Stimme, die bald zur Überzeugung wurde: *Es liegt allein an dir, daraus etwas zu machen!*

Am 29. Mai 2008 erhielt ich per Mail die Einladung zur zweiten Gesprächsrunde. „Vielleicht kommt es heute schon zu einem Abschluss", stand darin. „Können Sie um 13 Uhr hier sein?"

Obwohl ich diese Nachricht sehnsüchtig erwartet hatte, wollte ich niemanden in der GWS anlügen. Deshalb schrieb ich zurück „Für 13 Uhr müsste ich erklären, welcher Termin sich so plötzlich ergeben hat. 17 Uhr wäre aber günstig."

Fünf Minuten später hatte ich die Antwort auf dem Bildschirm: „Wir schätzen diese Loyalität. Also bis um fünf!"

Wie zwei Wochen davor legte ich bei der Shell-Tankstelle in Anif einen kurzen Zwischenstopp ein, um mich mittels Sakko und Krawatte vorstellungsgesprächsfertig (oder gar verhandlungsabschlussfertig?) zu machen. Als sich die automatische Tür des Firmengebäudes in Grödig vor mir öffnete, schnaufte ich ein paarmal konzentriert durch und trat ein. Die blonde Empfangsdame begleitete mich in den Besprechungsraum und bat um ein bisschen Geduld. Gleich darauf kamen Walpurga Hundsamer und Rainer Eckert herein. Die Chefsekretärin legte mir einen unterschriftsreifen Anstellungsvertrag vor.

„Wir wollen, dass Sie bei uns arbeiten", sagte der Abteilungsleiter nach der Begrüßung. Er war groß, sehr schlank und hatte graumeliertes, kurz geschnittenes Haar. Durch die lebendig blitzenden Augen hinter seiner Brille wirkte er jugendlicher, als er vermutlich war.

Obwohl ich am liebsten laut aufgelacht hätte, gelang es mir, diese unpassende Entgleisung zu verhindern.

„Das sind große Vorschusslorbeeren", sagte ich stattdessen ruhig. „Ich werde mich bemühen, das Vertrauen zu rechtfertigen."

„Wir sind überzeugt, dass Sie gut zu uns passen", schloss sich die Chefsekretärin an. „Wenn der Vertrag alles enthält, was wir besprochen haben, bringen Sie ihn am 1. Juli unterfertigt mit."

„Wann soll ich da sein?"

„9 Uhr ist früh genug am ersten Tag", meinte mein künftiger Vorgesetzter.

Fünf Minuten später lag die Ausfahrt hinter mir, und ich öffnete die Seitenscheibe meines GolfPlus bis zum Anschlag. Außer Sicht- und Hörweite stieß ich einen triumphierenden Schrei aus, den ich bis zur ersten Ampel in allen möglichen Tonlagen und Phrasierungen wiederholte. Verstummen ließ mich nicht etwa ein plötzlicher Stimmbandknoten, sondern der befremdliche Blick einer Frau im Wagen links von mir. Ich grinste sie übers ganze Gesicht an, bis die Ampel so grün leuchtete wie meine berufliche Zukunft.

Von der kuriosen Begründung, warum ich bei Winkhaus wohl um 9 Uhr, jedoch erst am 7. Juli antrat, berichtet die Satire *Urlaub vom Staat*. Trotz dieser ungeplanten Verzögerung erkannte ich rasch, dass mich mein gutes Gefühl aus den Vorstellungsgesprächen nicht getrogen hatte. Ich war angekommen – bei Vorgesetzten und Kollegen, die mir auf Augenhöhe begegnen; bei einer Aufgabe, die interessant ist, mich fordert und durch den telefonischen Kundenkontakt immer neue Wendungen nimmt. Seit meiner Einführung in die neue Tätigkeit durch Renate Ramsauer, von der ich ein Jahr später die Region Ostösterreich als Betreuer im Verkaufsinnendienst übernahm, habe ich somit täglich Schlüsselerlebnisse. Die meisten Gespräche laufen in ruhiger Sachlichkeit ab, nur selten wird jemand unfreundlich oder grob. In diesen Fällen kommt mir meine rhetorische Gewandtheit zu Hilfe – so schnell lasse ich mir den Schneid am Telefon nicht abkaufen.

Weil ich mich im Sommer 2010 bei einem Firmenabendessen mit Corrado Ruggeri, meinem italienischen Außendienstkollegen, in seiner Sprache über das schlechte Abschneiden der *Squadra Azzura* bei der gerade laufenden Fußballweltmeisterschaft unterhielt, ergriff der daneben sitzende Leiter der Exportabteilung sofort die Gelegenheit und sagte: „Da haben wir ja den nächsten Innendienstmann für Italien!"

Also übernahm ich Anfang 2011 die Kunden unseres südlichen Nachbarlandes und konnte damit meine aus Freude an der Sprache erworbenen Italienisch-Kenntnisse erstmals beruflich anwenden. Um wieder sattelfest zu werden – mein letzter Aufenthalt in Feltre lag bereits acht Jahre zurück – absolvierte ich dort im darauf folgenden Sommer erneut einen Intensivkurs. Besonders in den Telefonaten mit Corrado und den Kunden fühle ich mich seither sicherer.

Bei Winkhaus herrschten von Anfang an die nötige Offenheit und das Vertrauen der Vorgesetzten in meine Arbeit. So gelingt es mir, auch schwierige Situationen wie in der nachfolgenden Episode zu meistern, wo ich eine aus Nicht-Wissen und verständlichem Ärger geschehene Beleidigung in große Freundlichkeit verwandeln konnte.

Was mir hilft

Manche Menschen unterschätzen die Wichtigkeit, den passenden Arbeitsplatz für sich zu finden. Schon der Gedanke daran, wie viel Lebenszeit man dort verbringt, sollte uns den hohen Stellenwert der Entscheidung für oder gegen eine Anstellung bewusst machen. Natürlich besteht die Möglichkeit, sich von Wochenende zu Wochenende und von einem Urlaub zum nächsten zu hangeln, doch die Gefahr ist groß, in einer Rückschau solche Jahre als freudlos und verloren zu betrachten.

Bei Personen mit körperlicher Beeinträchtigung kommt diesem Punkt noch größere Bedeutung zu. Nach der Ausbildung, beim Einstieg in den Arbeitsprozess, spricht deshalb nichts gegen eine intensive Suche und das Ausprobieren verschiedener Tätigkeiten. Nur die richtige Aufgabe in einem positiven Umfeld gibt ihnen die Möglichkeit, sich gebraucht und angenommen zu fühlen. Daraus ziehen sie Energie und Selbstbewusstsein für eine Leistung, die im Idealfall den gleichen Wert hat wie jene ihrer gesunden Kollegenschaft.

Damit dieses Ziel erreicht werden kann, sind zwei Voraussetzungen unabdingbar: Wer besondere Gesundheitsbedürfnisse hat, muss umso genauer wissen, was er will und kann. Ein Arbeitgeber lässt sich mit dem Ehrgeiz überzeugen, neben den sichtbaren Nachteilen auch noch andere Herausforderungen meistern zu wollen, nicht aber mit dem Hundeblick und einem Appell ans soziale Gewissen, doch bitteschön einem armen Kerl das tägliche Brot zu verschaffen. Dazu bedarf es vom ersten Bewerbungsschreiben an klarer Aussagen, was geht und was nicht. Nur wer ein sachliches Bild von sich selbst hat, kann es seinem Gegenüber auf die gleiche Art vermitteln.

Verbale Aggression kontra Sachlichkeit

Beschwerdemanagement am Telefon kann schwierig sein, besonders wenn der Anrufer seinem Ärger auf der emotional-persönlichen Ebene Luft macht. Umso erstaunlicher war kürzlich das Ergebnis, als es mir gelang, in der Diskussion sachlich und ruhig zu bleiben.

Durch einen Verpackungsfehler unsererseits fiel einem Wiener Kunden die undankbare Aufgabe zu, jeden Schließzylinder einzeln auf die richtige Nummer zu prüfen, um die für den Einbau in einer großen Wohnanlage notwendige Ordnung wieder herzustellen. Seine Laune war den Umständen entsprechend schlecht, als er mich von der Baustelle anrief und sofort ohne Einleitung loslegte.

„I steh do in an winzign Kammerl ohne Liacht und ohne Plotz und leicht' jeden Zylinda mit ana Toschnlaumpn aun, weu irgendwer bei eich des foisch in die Schochtl gramt hot! An ärgern Hund hätts ma net autuan kenna! I waß goar net, obs iwahaupt ois gschickt hobts. In zwa Tog soi i des Zeig eibaut hobn, und waunn i draufkumm, dass irgendwos föhlt, krocht's urntlich, des kaunn i Ihna vasprechn!"

„Ich entschuldige mich für das Versehen", beeilte ich mich zu sagen, damit er wenigstens für Sekunden seinen Redefluss unterbrach. „Wir mussten die Anlage teilen, und bei der Wiederverpackung dürfte etwas schiefgelaufen sein."

„Wos schiefgaungan?", schnaufte er erregt. „Hobts an Behindertn, der des Zeig mit aner Schaufl in die Schochtl gramt hot, oda wos?"

Hier überschritt der Mann eine unsichtbare Grenze. Es passierte wohl aus Unwissenheit, denn ich gehe mit meiner Krankheit nicht bei den Kunden hausieren, aber alles muss ich mir auch nicht gefallen lassen. Obwohl es nun an mir gewesen wäre auszuzucken („Sie aufgeblasener, primitiver, präpotenter ...!"), fiel meine Erwiderung ruhig und bestimmt aus. Eine Gesellschaft, die dich glauben machen will, dass du dich ständig für dein Anderssein entschuldigen musst, und die irgendwann doch eintretende Erkenntnis, dass dies nicht so ist, sind die beste Lebensschule dafür.

„Das nehme ich jetzt persönlich, weil ich selbst eine Behinderung habe. Ich werde mit meinem Kollegen sprechen, dem der Fehler passiert ist, damit es nicht mehr vorkommt."

Er grummelte noch etwas Unverständliches auf Wienerisch und unterbrach die Verbindung.

Zwei Tage später rief der Kunde wieder an. Ich erkannte die Nummer auf dem Display und gönnte mir einen Seufzer, ehe ich abnahm und mich mit der gewohnten Grußformel meldete.

Er fragte, ob ich seine vor fünf Minuten geschickte Faxbestellung erhalten hätte – reine Rhetorik, die aufgrund eingespielter Abläufe und gespeicherter Rufnummern nicht der Rede wert war. Ich bestätigte und hörte dann, wie er tief Luft holte – geistiger Anlauf für einen Satz, der ihm offenbar schwer fiel, aber dennoch am Herzen lag.

„Herr Glanz, ich möchte mich in aller Form für meine Aussage bei Ihnen entschuldigen."

Jetzt war es an mir, überrascht zu sein; in geringerem Maße auch darüber, wie rasch sich dieser Mann eine zweite lebende Fremdsprache – Hochdeutsch – angeeignet hatte.

„Ich bin nicht empfindlich. Ist schon in Ordnung."

„Wenn ich einen Fehler gemacht habe, stehe ich auch dazu, so korrekt bin ich", setzte er fort. „Trotz meines Ärgers wollte ich Sie nicht beleidigen."

„Vielen Dank."

Es ist unwichtig, wie der Mann zu seiner Einsicht gekommen war (die Vermutung, dass er sich bei meinem Außendienstkollegen vor Ort erkundigt hatte, „ob da Herr Glanz wirklich a Behindarung hot", dürfte der Wahrheit recht nahe kommen): Seine Initiative, ein durch vorschnelle Emotionen entstandenes Zerwürfnis mit den geeigneten Worten anzusprechen und aus der Welt zu schaffen, rechnete ich ihm hoch an.

So errang die Sachlichkeit wieder einen kleinen Sieg. Vor allem Menschen mit Beeinträchtigung sollten dafür sorgen, dass sie ins Spiel kommt. Von Überzeugung getragen, ist sie der verbalen Aggression um Längen voraus.

Sie trauen sich allein ins Ausland?

Mein Italien

„Entweder fahren wir am 11. Juni nach Triest. Oder wir scheißen uns gar nix und fahren am 7. Juni nach Mailand."

Manche Träume beginnen mit einer kleinen Verrücktheit. Damit sie auch wahr werden, antwortet man am besten: „Ich bin dabei – Mailand!"

Und so saß ich an einem lauen Frühsommerabend mit meinem Freund Martin im ersten Rang des bummvollen Giuseppe-Meazza-Stadions im Mailänder Stadtteil San Siro und erwartete mit rund sechzigtausend Fans den Auftritt von Bruce Springsteen. Der Boss nahm uns alle mit auf seine *Thunder Road,* legte das zweitlängste Konzert seiner über drei Jahrzehnte dauernden Karriere hin und ließ auch den ausgedehnten Fußmarsch danach vergessen, weil es unmöglich war, ein Taxi zum Hotel zu bekommen. Welch magisches, energiegeladenes Erlebnis!

„Warum magst du Italienisch nicht?"

In der Stimme meiner Professorin Ingrid Zollner schwang eine persönliche Beleidigung mit, die sie angesichts meiner unverhohlenen Abneigung gegen ihr Unterrichtsfach empfand. Wir gingen nebeneinander die Treppe in den ersten Stock der Handelsakademie Grazbachgasse hinauf.

„Ich kann fast nichts, und auch mein Latein aus dem Gymnasium ist wenig hilfreich", erwiderte ich. Was mich aber am meisten wurmte, behielt ich für mich: Jene Klassenkollegen, die mit einer auch noch so miesen Italienisch-Zeugnisnote ins Kolleg gekommen waren, hatten einen jahrelangen Vorsprung und durften montags, weil eine Doppelstunde den Schultag eröffnete, sogar ganz offiziell länger schlafen.

„Aber es ist doch so eine schöne Sprache", versuchte mich die elegante Dame zu überzeugen, an der von der Brille bis zu den Pumps alles italienisch war. Selbst wenn sie Englisch sprach – mit ihrem zweiten Unterrichtsfach beglückte sie uns nicht –, hatte sie einen deutlichen Akzent. „Im Herbst fahren wir eine Woche nach Florenz, das gefällt dir sicher."

Obwohl ich ihren Enthusiasmus in jenem Gespräch nicht teilen konnte (Schulausflüge bedeuteten für mich trotz allseitiger Hilfe eine große körperliche Anstrengung), sollte *la Professoressa* recht behalten.

Die Septemberwoche in der toskanischen Hauptstadt, vollgestopft mit Unterricht, Museumsbesuchen – die dreistündige Tour durch die Uffizien durfte ich dank der mich begleitenden Tante nach einer Stunde abbrechen – und Ausflügen, veränderte nicht nur meine Einstellung zum Unterrichtsfach, sondern mein ganzes Leben. Herrliche Städte und Landschaften, Kultur, Essen, die Lebensart und Freundlichkeit der Menschen – alles durchdrang mich so intensiv, dass mir schon nach wenigen Tagen klar war, eine neue Liebe entdeckt zu haben. Und tatsächlich wurde ich auf jeder meiner späteren Reisen ins Bel paese mit Magie, Freude und wundervollen Begegnungen beschenkt.

Als ich im Sommer 2003 von Osten über die lange, leicht abfallende Einfahrtsstraße nach Feltre kam, war auf Höhe der Ortstafel ein Transparent gespannt. *Città da scoprire* las ich dort: *Stadt zu entdecken.* Ein plötzliches Gefühl von Heimat durchflutete mich warm, wurde vom Widerspruch des Denkens, dass dies hier – in einem fremden Land! – doch gar nicht sein dürfte, noch verstärkt. Ich lachte hell auf, denn dieses Paradoxon hatte sich schon vor über einem Jahr aufgelöst.

Intensive Grammatik- und Konversationseinheiten bei *Dante Alighieri* lagen hinter mir, als ich im April 2002 zu meinem ersten Kurs nach Italien aufgebrochen war. Das Feltriner Institut *Eurostudi Veneto* war mir eindringlich von Ingrid Mayerhofer, meiner Lehrerin bei *Dante,* ans Herz gelegt worden: „Ich kann dir Prospekte von hundert Schulen geben, aber du fährst zu Gianni nach Feltre!"

Und so folgte ich an einem wolkenverhangenen Sonntag der A23 durch die vielen Tunnel des Kanaltales, wechselte danach auf die A4 bis zum Autobahnkreuz vor Venedig und auf die A28 in Richtung Conegliano. Dieses Verbindungsstück war noch nicht fertiggestellt, und so ging es bei Sacile zurück auf die Bundesstraße, wobei ich aber stets die grünen Hinweisschilder *Zur Autobahn A27* im Auge behielt. Einen Monat zuvor, als ich mit meinen Eltern für ein Erkundungswochenende in Feltre gewesen war, hatten wir die entscheidende (aber auch recht versteckte) Abbiegung mitten in einem Dorf übersehen und waren im Tal auf engen, gewundenen Straßen einer Autobahn gefolgt, die sich hoch über unseren Köpfen die Berge entlang schlängelte.

Von Conegliano bis Ponte nelle Alpi hatte ich das moderne Betonband beinahe für mich allein. Nach der letzten Mautstelle erreichte ich bald die Bezirkshauptstadt Belluno und schließlich, immer die südlichen Dolomiten als Begleiter, das historische Städtchen Feltre.

„Ah, ciao Hannes!"

Giovanni Camata, groß, mit Brille und breitem Grinsen, stand hinter dem Papierdurcheinander auf seinem Schreibtisch und schüttelte mir herzlich die Hand. Schon bei meinem ersten Besuch in dem kleinen Büro hatte ich mich gefragt, wie er hier arbeiten konnte, aber Gianni – so wurde er von allen Lehrern, Schülern und wohl auch Einwohnern Feltres gerufen – fand immer irgendwie den richtigen Zettel. Während er mich, ganz redseliger Italiener, nach dem Verlauf der Reise und dem Befinden meiner Eltern fragte, kramte er in einer Lade, aus der er schließlich einen Schlüsselbund hervorzog. Dann ließ er mich noch die Anmeldung unterschreiben und war mit drei Schritten schon aus der Tür. Ich beeilte mich, ihm zu folgen.

„Wie weit ist die Wohnung von Feltre entfernt?", fragte ich auf dem Weg zu meinem Auto.

„Fünf Kilometer, aber leicht zu finden." Gianni deutete auf einen Peugeot-Kleinbus, der vor der Schule geparkt war. „Fahr mir einfach nach."

Bereits in meiner ersten Anfrage hatte ich darauf hingewiesen, dass es zu beschwerlich für mich wäre, drei Wochen lang mehrmals täglich über die Treppe in den vierten Stock eines Mietshauses zu klettern. Die Antwort des Schulleiters machte gleich klar, dass er gewohnt war, unkomplizierte Lösungen zu finden: *Hast du ein eigenes Auto? Wenn ja, haben wir eine passende Wohnung und freuen uns auf dein Kommen!*

Ich folgte dem Bus nach Norden. Wir kamen durch das Dörfchen Foen und bogen an einer Weggabelung nach rechts ab. Gleich darauf setzte Gianni den linken Blinker und erklomm eine Bergstraße, die sich in mehreren engen Kehren nach oben wand. Nach einem Waldstück, das mich schon vermuten ließ, er hätte sich verfahren, tat sich plötzlich eine Hochebene auf, und wir passierten das Ortsschild von Vignui. Gleich danach hielt Gianni vor einem zweistöckigen Haus an der linken Straßenseite und stieg aus. Er führte mich in eine großzügige Drei-Zimmer-Wohnung und übergab mir nach einem kurzen Rundgang den Schlüssel.

„Die Besitzer wohnen im ersten Stock und werden sich sicher bald vorstellen", sagte Gianni, schon wieder hinter dem Lenkrad sitzend. „Wenn du etwas brauchst, helfen sie dir gerne. Ich muss jetzt die anderen Schüler mit Betten versorgen." Er lachte verschmitzt und drehte den Zündschlüssel. „Vergiss nicht, Treffpunkt für das Abendessen ist um acht vor der Schule. *A dopo!"* Und weg war er.

Geh, wohin dein Herz dich trägt. Ohne es bewusst zu wollen, hatte ich den Rat des so berühmten wie berührenden Buches der italienischen Autorin Susanna Tamaro befolgt und erkannte schon nach wenigen Tagen das Glück, nach der Steiermark und Salzburg eine neue, dritte Heimat gefunden zu haben. Ich war angekommen, in meiner Sprachschule, meiner Stadt und – vor allem – bei meiner Gastfamilie.

Bereits am zweiten Abend war ich bei Primo und Luisa zum Essen eingeladen. Nach fünf Minuten Konversation mit dem Hausherren war ich davon überzeugt, irgendetwas in meiner Vorbereitung auf die drei Kurswochen falsch gemacht zu haben: Er sprach so schnell und laut, dass ich ihn kaum verstand. Luisa sprang mir hilfreich mit einer Erklärung bei: „Du musst meinem Mann verzeihen, Hannes. Er hat vierzig Jahre in einem Aluminiumwerk gearbeitet, wo es ein Sport war, sich gegenseitig zu überschreien." Und an ihn gewandt, setzte sie hinzu: „Sprich italienisch mit unserem Gast, nicht venezianisch!"

Meist hielt sich Primo an diese Aufforderung seiner besseren Hälfte, und schon nach zehn Tagen konnte ich über fast alles mit ihm reden – auch durch eine glückliche Fügung im Unterricht, von der ich ein bisschen später erzählen werde.

Luisa, eine kleine, dunkelhaarige Frau mit zahllosen Lachfältchen um die meist strahlenden Augen, klopfte nach dem Essen an meine Tür. Erst dachte ich, in ihrer Wohnung etwas vergessen zu haben, doch dann fiel mein Blick auf das Bild in ihrer Hand. Eine junge Frau im Rollstuhl war darauf zu sehen.

„Das ist unsere Tochter Christina. Sie starb mit 22 Jahren und hatte die gleiche Krankheit wie du."

Schmerzvolle Wehmut stand in ihrem Gesicht, aber auch große Zuneigung. Ich erkannte sofort, dass diese auch mir galt. Behutsam nahm ich das Bild und betrachtete es genauer. Eine Stütze bewahrte den Kopf der jungen Frau davor, zur Seite zu fallen. Ihre Züge waren verzerrt, typisches Zeichen für eine schwere Spastik, bei der auch das Gesicht betroffen ist. Aber Christina lachte.

„Woran ist sie gestorben?", fragte ich.

„An einer Lungenentzündung." Ich sah Tränen in Luisas Augen schimmern. „Durch ihre schwache Muskulatur konnte sie nicht lange dagegen ankämpfen."

„Sie war hübsch."

„Das war sie, *veramente.*" Luisa räusperte sich und schaute ein wenig verschämt zur Seite, wohl aus Verlegenheit, mich mit ihrem Gefühlsausbruch so plötzlich überfallen zu haben. Doch nach Sekunden brachte ihre Herzlichkeit wieder ein Lächeln zustande, und sie sagte: „Ich koche jeden Tag für Peppino, Giannis kleinen Sohn. Ich möchte dich gerne einladen, während deiner Zeit hier mit uns zu essen. Auch Primo würde sich freuen."

Von diesem Moment an war ich adoptiert.

Der offizielle Kurs begann am Montag mit einer Vorstellungsrunde und dem Test für die Einteilung der Unterrichtsgruppen.

„Erlaubt ist nur ein Stift, keine Bücher oder sonstige Hilfsmittel. Ihr habt zwei Stunden Zeit", gab Gianni die Regeln bekannt. Launig fügte er hinzu: „Wer früher abgibt, hat natürlich eine längere Pause für einen Espresso im Café Roma oder eine Torte in der Pasticceria Garbujo."

Dank meiner Vorbereitung bei *Dante Alighieri* in Salzburg und etlicher Mußestunden mit dem ironisch betitelten Büchlein *Grammatik – kurz und schmerzlos* fühlte ich mich für den Test gut gerüstet. Zügig arbeitete ich mich durch die Fragen und legte tatsächlich als Erster meinen Stift zur Seite. Als Belohnung dafür entdeckte ich Minuten später bereits meinen dritten Lieblingsort, nach meiner Unterkunft in Vignui und der Schule: die Konditorei Garbujo.

Gleich beim Eintreten wurde mein Blick von einer imposanten Vitrine angezogen, die eine unglaubliche Auswahl an Konfekt und kleinen Süßspeisen bot. Nach längerem Gustieren entschied ich mich für ein *Cestino di frutta*, ein mit Vanilliepudding und Obst gefülltes Mürbteigkörbchen. Dazu trank ich an der Bar den ersten echten italienischen Cappuccino meines Lebens. Alles war so, wie ich es mir von meiner Reise ins Bel paese erhofft hatte.

Am Dienstag erlebte ich die nächste positive Überraschung. Als ich in die Schule kam, waren die Gruppen für den Grammatikunterricht eingeteilt – und auf einer Tür stand nur mein Name. Sohin würde ich zwei Wochen lang einen Lehrer ganz für mich allein haben – Einzelunterricht zum Gruppenpreis. Ich setzte mich, und nach wenigen Minuten kam Gianluca Valerio herein, ein freundlicher junger Mann mit runden, randlosen Augengläsern, den ich schon vom gemeinsamen Essen am Sonntagabend kannte. Sein ruhig und kompetent vorgetragener Unterricht half mir dabei, bis in die Tiefen dieser wunderschönen Sprache vorzudringen. Ich zog großen Nutzen aus der gemeinsamen Zeit.

Bei den Konversationsstunden mit Giannis Frau Annalisa nach der Pause – im Garbujo hatte ich mit sizilianischen *Cannoli,* kleinen Waffelröllchen mit himmlischer Weintraubencreme, wieder einen Volltreffer gelandet – leistete mir Inge aus Kapfenberg Gesellschaft. Mit ihrem deutschen Ehemann Armin machte sie immer wieder Sprachreisen nach Italien; beide waren der Genussfreude und der Lebensart in dem Land zugetan. Mit den übrigen drei Paaren aus Deutschland und Österreich waren wir eine fröhliche Runde, die bald Pausentreffen und gemeinsame Abendessen vereinbarte.

So vergingen die Tage rasch mit Lernen, Lachen und leichtem Leben. Die Stadtführung in Feltre, der Gang durch den Wochenmarkt, die Fahrt nach Bassano del Grappa – alles wurde von Gianni mit großer Geste zelebriert und dadurch zum Erlebnis. Seine Ausführungen zu Geschichte, Kultur und Besonderheiten der Region machten sogar den beständigen Regen erträglich; nur von der durch das Wetter noch bedrückenderen *Straße der Märtyrer* in Bassano flüchteten wir bald in eine der vielen Grappa-Brennereien, um uns außen wie innen aufzuwärmen.

Mein Italienisch besserte sich täglich. Bald fand ich mich in den Geschäften und Cafés problemlos zurecht und hatte auch keine Scheu mehr, einen Passanten auf der Straße nach dem Weg zu fragen. Solcherart mit großem Selbstvertrauen in meine Fähigkeiten ausgestattet, stand ich mit einem Stapel CDs an der Kasse eines Geschäfts in Bassano und erklärte der jungen Dame hinter der Budel voll Begeisterung, wie toll ich die Auswahl hier fände.

„Bei mir zuhause ist die Suche nach guter italienischer Musik meist erfolglos, denn ich komme aus Österreich ..." –

„Das hört man", fiel mir die Blondine ins Wort. Daraufhin muss ich ihr einen konsternierten Blick zugeworfen haben, denn plötzlich drehten sich die Rädchen hinter ihrer Stirn merkbar schneller, und sie beeilte sich anzufügen: „Aber Sie sprechen sehr gut Italienisch!"

Die meisten Einheimischen freuten sich, in ihrer Sprache angeredet zu werden. Als ich Feltre nach drei Wochen und vielen guten Wünschen von Lehrern, Mitschülern und dem Besitzer der Pasticceria Garbujo verließ, nahm ich all ihre Freundlichkeit und Lebensfreude mit auf den Weg. Besonders schwer trennte ich mich von Primo und Luisa, die mich wie einen Sohn in ihrem Haus aufgenommen und bewirtet hatten. Neben der herzlichen Stimmung und Kompetenz in der Schule waren sie wohl der Grund dafür, warum ich bis heute drei weitere Kurse in Feltre absolviert habe.

Auf der Heimfahrt von meiner ersten Einheit erlebte ich noch ein besonders schönes Beispiel italienischer Offenheit gegenüber Fremden. Ich war früh unterwegs und hielt an einer Tankstelle nahe Sacile. Schon während der *Benzinaio,* ein rundlicher kleiner Mann, meinen Tank füllte, schaute er immer wieder auf die Nummerntafel meines Wagens. Ich spürte, dass er etwas sagen wollte, sich aber nicht traute. Also sprach ich ihn an – auf ein Thema, mit dem man bei italienischen Männern meist auf Gehör stößt.

„Wer wird heuer Fußballmeister, was glauben Sie?"

Schlagartig hellte sich sein Gesicht auf, und er legte los.

„Juventus muss den *Scudetto* in diesem Jahr holen! Inter und Roma sind zu schwach, also mit Sicherheit Juventus."

„Und was ist mit dem AC Milan?"

„Auf keinen Fall, denn die gehören der Mafia!"

Während ich bezahlte, fragte ich den Mann noch, wo es einen guten Kaffee gäbe.

„Hier ist leider kein Lokal, aber ich kann Ihnen aus meiner Thermoskanne eine Tasse spendieren, wenn Sie möchten."

Diese ihm wohl von seiner Frau mitgegebene Tagesration wollte ich trotz des großzügigen Angebotes nicht beanspruchen. Ich bedankte mich mit einem Handschlag und fuhr weiter – entlang der italienischen Autobahn ist das nächste *Autogrill* ohnehin nicht weit.

Mein Italien erfüllte mir noch viele andere Wünsche. Eine Woche in Rom mit meinen Eltern schenkte ebenso beeindruckende Momente wie das schon erwähnte Konzert von Bruce Springsteen im Giuseppe-Meazza-Stadion in Mailand. Ein besonderer Traum verwirklichte sich bei meinem bisher letzten Aufenthalt in Feltre, als ich von dort aus mit Hilfe meiner amerikanischen Mitschülerin Caitlin endlich Venedig besuchen konnte. Obwohl neben meiner Sprachkenntnis auch meine physische Konstitution immer besser geworden war, traute ich mir den Besuch einer von Touristen überfluteten Stadt, deren Hauptverkehrs-mittel aus schwankenden *Vaporetti* besteht, allein nicht zu. Mit Caitlin als Begleiterin klappte alles problemlos. Wir genossen den Spaziergang durch die engen Gassen ebenso wie den Besuch der Markuskirche und einen heftig überteuerten Cappuccino auf dem Platz gleichen Namens.

Was mir hilft

Eine Reise ins Ausland ohne Begleitung ist eine besondere Herausfor-derung. Wer den Wunsch (oder noch besser: die Begeisterung) in sich ver-spürt, soll sich unbedingt auf den Weg machen. Wichtig ist, sich nicht von Sorgenfalten und Kommentaren wie „Das schaffst du nicht" und „Was machst du, wenn es Probleme gibt?" abhalten zu lassen. Mit Aufmerksam-keit und Selbstvertrauen sind alle Verkehrswege zu meistern. Und überall findet sich eine helfende Hand oder ein Ratschlag. Wer von sich aus mit einer Bitte oder Frage auf die Leute zugeht, wird Unterstützung finden.

Reisen sind eine wunderbare Möglichkeit, den eigenen Horizont zu erweitern. Bei eingeschränkter Beweglichkeit schenkt das Unterwegs-Sein bald eine weitere, wunderschöne Erkenntnis: „Mein Lebenskreis ist viel größer, als die anderen immer geglaubt haben!"

Kennst du das Land, wo die Zitronen blühen? fragte Goethe schon im 18. Jahrhundert. Ich durfte es kennen- und lieben lernen. Diese Liebe weckt in mir Gefühle wie Salzburg oder Feldbach und ist doch ganz anders. Beseelt davon ist auch das wohl schönste Gedicht, das mir in Italienisch gelungen ist.

Danach kehren wir noch einmal nach Feltre ins *EuroStudi Veneto* zurück, die Schule von Dottore Gianni Camata. Nachdem ich dort schon vier Einstufungstests dank *Grammatik – kurz und schmerzlos* erfolgreich hinter mich gebracht hatte, ließ ich meinen ironischen Überlegungen freien Lauf, was wohl einem Schüler widerfahren würde, der sich dieser Prüfung unvorbereitet stellt.

Italia

Italia è una poesia
Le parole son doni di Dio
Italia è una fantasia
Nessun sogno vola come il mio

Italia è un musicista
Un pianoforte suona passione
È come un vecchio artista
Che dorme nelle sue poltrone

Italia è un grande amore
L'ho trovato per tutta la vita
In Italia batte il mio cuore
Un'emozione non mai sentita!

Italien

Italien ist ein Gedicht
Worte sind göttliche Gaben
Italien ist eine Fantasie
Kein Traum schwebt wie der meine

Italien ist ein Musiker
Das Klavier spielt Leidenschaft
Es ist wie ein alter Künstler
Der in seinem Sessel schläft

Italien ist eine große Liebe
Gefunden fürs ganze Leben
In Italien schlägt mein Herz
Ein niemals erlebtes Gefühl!

Der Test

Drama in einem sehr kurzen Akt

Ein neuer Kursteilnehmer betritt ein Klassenzimmer, etwa die *Aula verde*, mit der angenehmen Erinnerung an das gestrige Abendessen im Gesicht.

„Bontschorno!"

Ein wenig zu spät gekommen, setzt er sich auf den letzten freien Platz direkt in die Zugluft und kramt erwartungsvoll Wörterbuch, Verbtabellen, College-Block und Schreibzeug aus einem Seesack hervor, der offensichtlich aus seiner eigenen Schulzeit stammt. Er möchte seinem Sitznachbarn zuraunen, wie viele Grappa er gestern noch gekippt hat, aber in diesem Augenblick erscheint Gianni und beginnt sogleich mit dem Austeilen der Testbögen, je vier Seiten stark. Er gibt den Anwesenden zwei Stunden zum Ausfüllen und verspricht danach eine halbstündige Pause, ohne auf den süffisanten Hinweis zu vergessen, dass jene, die früher abgeben, entsprechend länger pausieren können.

Obwohl er kaum etwas verstanden hat, nickt der neue Schüler eifrig und greift nach seinem Test. Sein Lächeln erstirbt erst, als ihm Gianni die Verwendung von Wörterbuch und Verbtabellen so deutlich untersagt, dass er es auch bar aller Italienisch-Kenntnisse begriffen hätte. Er seufzt leise, nickt aber gehorsam und studiert fortan die gestellten Aufgaben.

Nach etwa fünf Minuten – der Schüler hat noch keinen Strich gesetzt – nehmen seine Augen einen leicht ungläubigen Ausdruck an, und seine Stirn beginnt sich zu kräuseln. Endlich hat er eine Entscheidung getroffen, führt den Kugelschreiber entschlossen zur Leerstelle in einem Satz, der ihm der Vervollständigung wert erscheint – und zuckt dann doch zurück, ohne etwas von der blauen Farbe auf dem Papier hinterlassen zu haben. Heftiges Kopfschütteln folgt.

„Das ist aber verdammt schwer!"

Andere Schüler quittieren diesen Ausbruch bahnbrechender Erkenntnis mit einem nach Mitleid heischenden „Echt wahr!", die zwei

Streber in Türnähe zischen „Schscht!", sind aber ebenso erfolglos wie der Titelheld des Stücks. Nur die Wiederholungstäter – laut Gianni sind es bis zu 35 % pro Kurs, was nach den Erfahrungen beim Test ein bisschen hochgegriffen erscheint (wahrscheinlich hat er sich bei der Kommastelle vertan) – werken eifrig vor sich hin. Sie wussten ja, was sie erwartete, und haben eine der zahlreichen Möglichkeiten zur Vorbereitung genutzt, um das Dantesche Inferno eines verhauten Einstufungstests zu umschiffen.

Befinden sich nur noch wenige Körner der zweistündigen Frist in der Sanduhr, müssen alle Teilnehmer eine letzte Entscheidung treffen: Unser Exemplar wählt das Ende mit Schrecken. Er gibt schon lang vor Ablauf der Zeit ab, überzeugt, dass nun ohnehin alles egal ist. Ohne ein Wort, sei es in Italienisch oder sonst einer Sprache, stapft er aus der *Aula verde* in Richtung *Pasticceria Garbujo* oder *Café Roma* zu einem Espresso und einem Grappa, den er nun schon dringend nötig hat.

Gänzlich anders verhalten sich all jene, die nicht glauben wollen, dass sie vorher zu wenig gelernt haben oder einfach noch nicht über das Stadium des begeisterten Italophilen hinausgekommen sind. Sie kämpfen bis zur letzten Sekunde, zermartern sich das Hirn, ob es nun *disfacile* oder doch *dificile* heißt und müssen zum Schluss oft gewaltsam von ihren Testbögen getrennt werden. Sie verlassen die Schule zumindest mit dem guten Gewissen, alles gegeben zu haben, und so bleibt auch ihnen die Freude auf Einkehr zu Kaffee und Kuchen unbenommen.

Vor der Zensurenverteilung braucht sich niemand zu fürchten, denn die Testergebnisse verschwinden in den dunklen Kellern des Schularchivs. Wie gut – oder besser: wie schlecht – unser Held abgeschnitten hat, erschließt sich nur aus der Unterrichtsgruppe, in der er sich am nächsten Morgen wiederfindet. Es steht jedoch zu befürchten, dass er bei Ilena mit der Konjugation des Verbs „sein" im Präsens vertraut gemacht wird: *io sono, tu sei....* Ende des Dramas.

Haben Sie Sex?

Mein Liebesleben

Ich liege in den Armen der wundervollsten Frau, die mir jemals begegnet ist. Wir küssen und streicheln einander, und danach strahlen mich ihre blauen Augen an, als wäre ich der einzige Mann und wichtigste Mensch in ihrem Leben.

Diese Begegnung klingt wie ein Traum. Im Moment, wo ich dies schreibe, bin ich endlos dankbar, dass sie Wirklichkeit war, und zugleich furchtbar traurig, weil es sie nicht mehr geben wird. In einigen Jahren, wenn alle Erinnerung daran vom Lebensstrom auf eine ferne Sandbank gespült worden sein wird, werde ich diese Stunden reinen Glücks vielleicht selbst für eine Fantasie halten.

„Du hast dich lange nicht gemeldet", sagt die Frau leise zu mir. „Ich war sicher, du bist längst verheiratet und hast Kinder."

Wir liegen Seite an Seite, unsere Finger sind ineinander verschränkt, ihr blondes Haar kitzelt die empfindliche Haut meiner rechten Armbeuge.

„Ich bin genauso weit entfernt von Frau und Kindern wie vor drei Jahren", antworte ich.

„Das verstehe ich nicht. Du bist ein wunderbarer Mensch."

Sie rückt noch näher zu mir, legt ihren Kopf auf meine Brust. Ihr Duft nach Himmel deckt alles Wichtige und Unwichtige zu. Ich wünsche mir nichts sehnlicher, als ihn in einem kleinen Fläschchen einfangen zu können. In dunklen Stunden würde ich daran riechen und mir vorlügen, sie wäre da – wie jetzt, in diesen leuchtend hellen Augenblicken meines Seins.

Warum lebe ich allein? Keine andere Frage habe ich mir als Erwachsener öfter gestellt. Und es gibt darauf ebenso wenig eine befriedigende Antwort wie auf den Favoriten meiner Kindheit: Warum muss ich mich mit einer blöden Krankheit herumschlagen?

Weil es derzeit so ist! poltert die Ratio durch mein Denken und planiert dabei meine tiefe Sehnsucht nach Zweisamkeit. *Du darfst dir aussuchen, für welche der zwei Fragen du das als Antwort endlich akzeptierst. Ich würde vorschlagen, für beide.*

Ich habe den Rat befolgt, aber nur für das Thema Krankheit. Mit meinem Umzug nach Graz, als ich begann, die Verantwortung für meine Therapien zu übernehmen, wurde mir klar, dass ich die Spastische Lähmung nicht wegzaubern kann. Es gibt Möglichkeiten, aktiv etwas für die Verbesserung meines körperlichen Zustandes zu tun. Seit damals klopft dieses *Warum?* nur noch ganz selten an die Tür meiner Gedanken.

Der Wunsch nach einer Beziehung lässt sich jedoch nicht mit Hilfe einer To-do-Liste erfüllen. Es existiert keine Step-by-step-Betriebsanleitung mit eingebauter Erfolgsgarantie. Was der eine Mensch anziehend findet, kann den nächsten abstoßen, und sei es nur aufgrund einer schlechten Erfahrung, die vielleicht schon Jahre zurückliegt. Selbst wenn es für das beinah unendliche Feld der Emotion nur je einen männlichen und einen weiblichen Bauplan gäbe, läge die Chance auf einen Erfolg beim anderen Geschlecht nach dieser These bei maximal fünfzig Prozent.

Doch nicht nur Emotionen – sie sind ein wichtiger Bestandteil individueller Persönlichkeit – behindern uns auf dem Weg zueinander. Physische und soziale Voraussetzungen spielen in der modernen Zeit eine ähnlich große Rolle wie der eigene Anspruch an ein gelungenes Leben zu zweit. Männlein und Weiblein stehen nicht nebeneinander aufgereiht an der gleichen Startrampe, von der sie rund um den zwanzigsten Geburtstag abspringen und fortan durchs Leben fliegen in der Erwartung, der/die Richtige werde früher oder später in sie hineindonnern. Sie schweben nach dem so heftig ersehnten Einschlag auch nicht an einem aus magischen Momenten gesponnenen Fallschirm namens *Große Liebe* zur Erde und wandeln danach Hand in Hand durchs Leben, bis dass der Tod sie scheidet.

In Wahrheit steht jeder von uns auf seiner eigenen Rampe, die in einer ganz bestimmten Höhe angebracht ist. Wer von weiter oben startet, hat einen besseren Überblick und damit auch mehr Auswahl, weil es den Menschen von Natur aus leichter fällt, nach unten zu schauen. Hollywood-Komödien machen uns immer wieder glauben, dass große Standesunterschiede mit Leichtigkeit überwunden werden können, etwa in den Klassikern *Pretty Woman* und *Hitch – Der Date-Doktor*. Das kommt sympathisch daher und lässt uns zwei Stunden von Prinzen und Prinzessinnen träumen, hat aber mit dem wirklichen Leben nicht sehr viel zu tun.

Manchmal scheint es mir, meine eigene Beziehungsrampe war nur ein wackeliges Stockerl auf dem absoluten Tiefpunkt. Wie viele andere Jugendliche benutzte ich den ersten pubertären Schub, um mich in ein wenigstens für meine Augen öfter greifbares weibliches Wesen zu verknallen. Sie war im elterlichen Schuhgeschäft als Lehrling angestellt und hatte die bedeutungsvolle Aufgabe, mich in die Schule zu begleiten. So fand für mich der Höhepunkt eines jeden Tages schon sehr früh statt, wenn sie an der Treppe meine Hand nahm und an meiner Seite in den zweiten Stock hinaufging. Dies nützte weit weniger einem stabilen Gang als meiner Sehnsucht, sie zu berühren. Als ein Jahr später ein Außenaufzug das Schulgebäude zierte, hatte ich kein Argument mehr, das ihre Unterstützung notwendig erscheinen ließ, und radelte jeden Tag einsam los. Über das Wagnis, ihr meine Zuneigung zu gestehen, dachte ich kein einziges Mal nach.

Ähnlich erfolglos waren spätere Verliebtheiten in eine deutlich ältere Nachbarin und drei Physiotherapeutinnen. Wunderschöne Gedichte entstanden in jener Zeit, doch mein Herz blieb einsam wie eh und je. Diese Frauen nahmen mich als Mensch durchaus wahr, hüteten sich jedoch davor, ein Näherkommen in der von mir erhofften Weise auch nur anzudeuten. Als ich bei einer von ihnen all meinen Mut zusammennahm und meine tiefe Zuneigung offenbarte, kassierte ich als Antwort in aller Öffentlichkeit die Höchststrafe: „Ich will, dass wir Freunde bleiben."

Um nicht für alle Zeiten der Depression anheim zu fallen, schrieb ich im Anschluss an jenen denkwürdigen Abend, den ich bis ins Detail durchgeplant hatte und an dem ich dennoch von einer peinlichen Katastrophe in die nächste gestolpert war, eine bissige Satire zum Thema: *Romantik verzweifelt gesucht.*

Markus, ein Nachbar und Berater in vielen Lebenslagen, hatte längst das Muster hinter meinen immer gleichen Geschichten des Scheiterns erkannt, die ich ihm von Zeit zu Zeit vorjammerte, wobei ich mich ebenso verzweifelt wie hoffnungslos an meinem Glas Chardonnay festhielt. Ich sprach auch mit anderen über mein Liebesleid, doch außer wohlmeinendem Trost erntete ich nur den stets gleichen Satz, den ich längst nicht mehr hören konnte: „Nein, deine Krankheit ist *bestimmt* nicht der Grund dafür. Du musst nur auf die richtige Frau warten, dann wird es passen."

Eines Abends wischte Markus diese Umschreibung für *Ich weiß auch nicht, was ich dir dazu sagen soll* mit einer Handbewegung beiseite, während er uns beiden nachschenkte.

„Vielleicht bin ich weniger nett als deine anderen Freunde, aber ich meine es ehrlich: Du suchst dir immer Frauen aus, bei denen von vornherein klar ist, dass nichts passieren wird."

Ich schaute ihn groß an. „Was passieren?"

„Du weißt genau, wovon ich rede."

„Aber ich habe noch nie ..."–

„Genau das ist der Punkt, mein Freund: Du hast Angst, weil du nicht weißt, wie du dich verhalten sollst, wenn Sex ins Spiel kommt. Deshalb sucht dein Kopf sofort Vermeidungsstrategien."

„Also brauche ich eine, die mich ansatzlos unter dem Türstock verräumt." Ich seufzte tief. „Du bist nicht der Erste, der mir das sagt."

„Diese Erkenntnis ist besser als gar nichts." Markus lachte mit dem vollen Klang des ausgebildeten Sängers. „Und darauf sollte Erfahrung folgen. Es gibt nämlich eine Möglichkeit, deine Angst zu überwinden."

„Du meinst Prostitution?", fragte ich mit wenig Begeisterung.

Er nickte.

„Eine Frau, die mich nicht kennt und nur an Geld interessiert ist?" Das war von meinen romantisch-naiven Sehnsüchten viel zu weit entfernt, als dass ich es bisher in Betracht gezogen hätte. „Was soll die mir geben können?"

„Wenn du an die Richtige gerätst, wird sie dir etwas *nehmen*, das ist viel wichtiger im Moment: die Befürchtung, etwas falsch zu machen." Markus trat an die Spüle, um den Wasserkrug nachzufüllen.

„Gut, ich werde es mir überlegen."

„Nicht überlegen – tun!" Er blinzelte bedeutungsvoll und hob sein Weinglas. „Darauf trinken wir."

Die Zahl an vergangenen Jahren, bis es wirklich dazu kam, kann ich heute nicht mehr nennen, doch ich war nicht mehr weit von meinem 30. Geburtstag entfernt. Anstatt endlich einmal meinem Bauchgefühl nachzugeben oder dem Drängen noch ein Stückchen weiter unten, redete ich es mir – typisch Kopfmensch – mit allen möglichen Argumenten aus: *So einer bin ich nicht ... wenn es mir gefällt, wird es teuer, wenn nicht, nur eine weitere Enttäuschung ... ich will mich verlieben, nicht bloß hirnlos schnackseln ... das habe ich nicht nötig.*

All diese Ausreden waren klassische Themenverfehlungen, besonders die letzte. *Wie nötig* ich es tatsächlich hatte, bewies die Einladung einer Kundin zum Abendessen in ihrer Wohnung. Ich hatte ihr aus einer Verlegenheit geholfen, und sie bestand darauf, sich dafür zu bedanken.

Das Essen war hervorragend, ebenso der Wein. Ich kannte sie kaum, doch sie war mir sympathisch. Die Zeit verging, und als der Moment kam, zu gehen oder zu bleiben, sagte sie: „Ich bin erst vor kurzem hier eingezogen. Möchtest du die Wohnung sehen?"

Endlose Augenblicke standen wir an der Schlafzimmertür und schauten auf das frisch bezogene Bett. Trotz ihrer so deutlichen Aufforderung hatte ich nicht den Mut, sie einfach bei der Hand zu nehmen und alles andere geschehen zu lassen. Ich war starr vor Angst und wusste zugleich, dass die erste Erfüllung in meinem Leben als Mann in greifbarer Nähe lag.

Mit ein bisschen Aufmerksamkeit hätte sie meinen furchtbaren Zwiespalt bemerken und nachhelfen können, doch das schmälert nicht die Peinlichkeit meines eigenen Zauderns. *Warum tut der Trottel neben mir jetzt nicht weiter?* dachte sie wohl, wartete noch ein paar Sekunden und wandte sich schließlich ab. Der magische Moment war vorüber, ebenso unsere Bekanntschaft.

Mein Ärger über mich selbst hielt wochenlang an. Erst als sich dieser zähe Nebel langsam hob, wurde mein Blick frei für eine Erkenntnis, die den wahren Ursprung meiner Angst offenlegte. Bis zur Schlafzimmertür hatte meine Spastik keine Rolle gespielt – und das wäre auch so geblieben. Aber der für mich nahezu mathematische Schluss *Unvollkommenheit bedingt Ablehnung* war so tief in meinem Hirn verankert, dass ich mir einfach keinen anderen Ausgang des Abends hatte vorstellen können.

Auch meine Hemmung, eine Prostituierte aufzusuchen, war darin begründet. Obwohl ich wusste, dass es nichts anderes sein würde als ein Geschäft Geld gegen Dienstleistung, obwohl ich als Kunde die freie Wahl hatte und vorab den Preis festlegen konnte, fürchtete ich mich davor, sie würde angewidert die Augen verdrehen, sobald sie meine krummen Beine sähe. Wenn mich aber eine Frau aus freien Stücken wollte, brauchte ich mir darüber bei einer anderen, die mit Sex ihr Geld verdiente, nicht wirklich Sorgen zu machen.

Und noch etwas wurde mir klar: Da keine Frau vor Bewunderung über meine männliche Ausstrahlung in Ohnmacht fällt, sobald sie mich sieht, würde ich nicht so viele Chancen bekommen wie manch anderer Geschlechtsgenosse. Somit galt es in Hinkunft, die wenigen Gelegenheiten eiskalt und trocken zu verwandeln, worauf auch ORF-Experte und Fußball-Legende Herbert Prohaska in seiner Analyse der Schlafzimmertürszene hinwies: *Er hat gut begonnen und auch dem richtigen Drang verspürt. Leider ist ihm im entscheidenden Moment die Angst vor den Torschuss in die Quere gekommen. Er muss aber die wenigen Angriffe erfolgreich abschließen, als Außenseiter sowieso. Gute Nacht.*

Dank Herbert wusste ich endlich, was zu tun war: Auf ins Trainingslager!

Ich hatte tatsächlich Glück: Die Frau, die ich ein paar Wochen nach meinem schmachvollen Versagen an der Pforte der Weiblichkeit aufsuchte, war herzlich, aufmerksam und erfahren genug, um mir die Scheu vor dem großen *Ersten Mal* zu nehmen. In meiner Nervosität redete ich ohne Pause, bis sie mir die Hand auf den Mund legte und sagte: „Nicht denken, nur genießen."

Ein paar Minuten später gab es nichts mehr, wovor ich mich fürchten musste.

Kein Vorurteil, keine negative Folge, die ich zuvor mit diesem Schritt verbunden hatte, bewahrheitete sich. Weder verfiel ich der Sexsucht und musste deshalb Privatkonkurs anmelden noch verachtete ich die Frauen fortan, weil es welche gab, die sich verkauften. Ich vergrub mich auch nicht in Selbstmitleid, weil es für mich vielleicht niemals eine andere Möglichkeit geben würde, meine Sexualität zu leben. Meine Existenz hatte eine weitere Facette dazugewonnen, war um ein Angebot bereichert worden, das ich bei Bedarf und Gelegenheit nutzen konnte.

Wie alle Erlebnisse deckten auch meine Treffen mit Damen des Gewerbes ein weites Spektrum der Menschlichkeit ab. Ich machte gute und schlechte Erfahrungen, wäre bei der einen gerne länger geblieben und hätte bei der anderen am liebsten noch an der Tür umgedreht. Einmal wäre das auch ratsam gewesen, aber dann wäre die Satire am Ende dieses Kapitels niemals geschrieben worden.

Etwas hat mich bei diesen Begegnungen stets geschützt: Ich wusste von Anfang an, es ist ein klar definiertes, zeitlich begrenztes Geschäft, und ich bekomme nur, was ich auch bezahle. Deshalb verliebte ich mich niemals – auch nicht in die wunderbarste von ihnen, die nicht bloß mein körperliches Bedürfnis befriedigte, sondern die gemeinsame Zeit über ganz nah bei mir war, mit all ihrem Wesen. So ist sie die Einzige geblieben, die ich öfter als einmal aufgesucht habe. Meine Bilder von ihr sind nicht nur ein kostbarer Schatz meiner Erinnerung, sie wirkten auch jedes Mal weit über die gemeinsam in zarter Intimität und Nähe verbrachten Stunden hinaus. Hatten wir ein Treffen vereinbart, waren die Tage bis dahin von großer Vorfreude erfüllt. Noch viel länger trug ich danach jeden Kuss und die zahllosen Zärtlichkeiten in mir. Sie machte meine Umgebung hell und die Menschen freundlich, füllte meine Energiereserven wieder auf. Mein Glücksgefühl war so stark, dass auch ihr geflüstertes „Du musst jetzt gehen" keine Traurigkeit zuließ.

Doch es blieb gekauftes Glück – wie ein Platz im besten Restaurant, eine Kinokarte für die süßeste Liebesschnulze aller Zeiten. Ich sehnte mich nach einer Frau an meiner Seite, nach richtigem Ineinander-verliebt-Sein.

„Gib doch ein Inserat auf", sagte Freund Günther an einem Abend zu mir, als mein Lamento über die für alle Ewigkeit zementierte Einsamkeit bereits erschreckend lange andauerte. „Ich kenne viele tolle Leute, die damit erfolgreich waren."

Es gibt nichts Gutes, außer man tut es. Dieses von meiner Mutter übernommenen Spruchs eingedenk, machte ich mich enthusiastisch ans Werk und verfasste *Zu zweit*-Anzeigen für Internet und Printmedien. Der Aufwand, den ich auf dem weiten Feld des Geschäfts mit der Liebe im Laufe der Jahre immer wieder trieb, stand in keinem Verhältnis zu den Ergebnissen. Hier die gnadenlos kurze Liste meiner Erfolge in taxativer Aufzählung.

- 2 Freundschaften (für die ich trotz anders lautender Zielsetzung sehr dankbar bin)
- 1 One-Night-Stand (so überraschend plötzlich sie mich in ihr Bett holte, stieß sie mich auch wieder von der Kante)
- manche Kaffeehausbegegnung (die auch ohne das Vorabgeständnis meiner alternativen Fortbewegungsart nicht besser ausgefallen wäre)
- Stoff für ein paar Satiren (die beweisen, dass ich nicht der einzige verzweifelte Single-Mann auf dem Planeten bin, obwohl es sich manchmal so anfühlt)

Wer eine sichtbare Abnormität mit sich herumschleppt, ist bei der Partnersuche benachteiligt. Da hilft es auf der zuvor erwähnten Startrampe kaum, der netteste Soundso auf Gottes weiter Erde zu sein, weil dies weder bei der Geburt noch durch späteren, perfekten Lebenswandel auf die Stirn graviert wird.

Wir Menschen sind auf Äußerlichkeiten konditioniert und urteilen dabei viel zu schnell, mit wem wir uns länger beschäftigen wollen. Auch mir fällt das Bemühen um den zweiten Blick nicht immer leicht, aber wenn es gelingt, werde ich mit tieferem, echtem Sehen belohnt. Bei einem Spaziergang durch die Salzburger Altstadt habe ich folgendes Spiel entwickelt: Ich schaue die Leute, denen ich begegne, aufmerksam an. Statt meinem ersten Urteil zu folgen – *der ist viel zu dick, die kann sich nicht anziehen, die zwei gegenüber sind nicht viel gescheiter als Stan und Ollie* –, versuche ich nur zu denken: *Aha, so ist das.* Nichts weiter – damit bleiben die Schubladen einer voreiligen Kategorisierung geschlossen. Viel öfter erkenne ich dadurch ein freundliches Gesicht, höre das glückliche Lachen über einen schönen Tag.

Probieren Sie es aus, es funktioniert tatsächlich!

2015 definiere ich meinen Beziehungsstatus mit *zufriedener Single*. Ich habe mich aus einer langen unglücklichen Verliebtheit gelöst (wunderbarer literarischer Stoff, den ich noch ein bisschen auf Rosamunde Pilcher trimmen muss) und genieße dankbar alle Freiheiten eines ungebundenen Lebens. Beobachtungen der verschiedenen Lebensformen in meinem Umfeld haben mich gelehrt, dass es weder besser noch schlechter ist, in einer Beziehung oder allein zu leben. Es ist anders. Sehnsüchte streben immer nur nach den schönen Seiten der Verliebtheit, aber die rosa Brille verdeckt auch oft den Blick auf die Wirklichkeit.

Dennoch habe ich festgestellt, dass ich im Umgang mit Frauen, die mich anziehen, gehemmt bin. Ich bin einigermaßen wortgewandt (wenn Sie bis hierher durchgehalten haben, darf ich annehmen, Sie stimmen dieser These zu) und habe auch genug Selbstbewusstsein, um diese Frauen anzusprechen. Aber seltsamerweise kommt dabei nie das aus meinem Mund, was ich eigentlich zu ihnen sagen will. Erst eine halbe Stunde später, wenn sie längst außer Reichweite sind, fällt es mir ein.

„Du hattest bisher keine Erfolgserlebnisse", sagte Freundin Karin kürzlich zu diesem Thema. „Dir fehlen positive Erfahrungen, auf denen du aufbauen könntest."

„Oder ich habe einfach genug davon, ständig einzufahren."

„Wenn die Richtige vor dir steht, wirst du es trotzdem wieder probieren", antwortete sie mit Überzeugung. „Mir selbst geht es nicht anders. Das Pflichtprogramm, nach unserer besseren Hälfte zu suchen, startet ganz automatisch."

Die Richtige ... Ich wünsche mir, dass Frauen mit der gleichen Offenheit auf mich zugehen, wie ich es bei anderen Menschen tue. Dass sie öfter einen zweiten Blick riskieren, anstatt mich von unten nach oben anzuschauen und mich danach sofort als uninteressant auszusortieren. Bisher hat mir dazu die innere Ruhe gefehlt, aber bald werde ich zu einer von denen sagen: „Du denkst jetzt sicher, was du alles mit mir *nicht* machen kannst. Ich aber sage dir, es ist viel weniger, als du glaubst."

Hilfreich könnte nach ihrem unverhohlenen Blick auf meine Beine auch sein, mit zwei Fingern auf meine Augen zu deuten und gut vernehmlich zu sagen: „Hey, ich bin hier oben!"

Die Medien präsentieren uns rund um die Uhr den perfekten Menschen als Ziel unserer Träume: jung, schön, gesund, reich. Wir projizieren diesen Wunsch auf uns selbst und unser Gegenüber. In dieser Welt ist mein äußeres Erscheinungsbild ein Nachteil, keine Frage. Aber davon lasse ich mir meine Lust auf neue Begegnungen nicht nehmen. Und schon gar nicht meine Lebensfreude.

„Warum ist es so schwer, jemanden zu finden?", frage ich die wundervollste Frau in meinen Armen.

„Weil wir egoistisch sind." Sie küsst meinen Hals, liebkost meine Brust. „Wir wollen zwei Männer: einen schönen, starken zum Ausgehen und einen mit inneren Werten für zuhause."

„Männer sind genauso", erwidere ich leise und fahre mit den Fingern durch ihr Haar. „Wir wollen eine Frau, die uns in der Nacht leidenschaftlich liebt und eine zweite, die uns morgens die richtige Krawatte herauslegt."

„Schön gesagt, Herr Schriftsteller." Ihr Gesicht erstrahlt in einem Lächeln, das mein Innerstes in kalten Momenten wärmen wird. Sie schiebt sich auf mich, und bald sind ihre Bewegungen, ihre Lippen und ihr Atem all meine Erfüllung.

In den letzten, kostbaren Minuten liegen wir nah und still beieinander, bis ich jene Frage, die mich nach so langer Zeit wieder zu ihr geführt hat, doch noch ausspreche.

„Wieso hörst du auf?"

„Zehn Jahre in diesem Job sind genug." Ihre blauen Augen fixieren voll Nachdenklichkeit einen Punkt in der Ferne, an den ich ihr nicht folgen kann. Und plötzlich bricht eine Sehnsucht aus ihr hervor, die sie für mich innerhalb einer Sekunde verwandelt: von der Liebhaberin auf Zeit in einen geschätzten Menschen, in den ich mich aus tiefstem Herzen gerne verliebt hätte.

„Ich möchte ein Kind. Das ist wichtiger als alle schönen Reisen, die ich gemacht habe, und alle reichen Männer, denen ich begegnet bin."

„Du wirst eine wunderbare Mutter sein."

„Ich danke dir."

Wir tauschen einen langen, letzten Kuss. Dann sagt sie leise: „Du musst jetzt gehen."

Nur ein Herzschlag

Dein Gesicht
In meinen Händen
Sie berühr'n ein Glück auf Zeit
Deine Augen
Leuchten, blenden
Doch träum' ich nicht von Ewigkeit

Steht geschrieben
Buch des Lebens
Dass mein Wandern einsam ist?
Mehr zu hoffen
Scheint vergebens
Als auf Gunst des Augenblicks

Nur ein Herzschlag
Kann ermessen
Wie kostbar die Momente sind
Wenn dein Gesicht
Niemals vergessen
Freudvoll hell in mir erklingt

Sex mit Herz

Manchmal kommt mir mein Leben wie eine von mir selbst geschriebene Satire vor. Das ist im Nachhinein ganz lustig, weil ich nie befürchten muss, mir könnten die Themen ausgehen. Mitten in der Szene aber, wenn als Regieanweisung nur *Dauer und Ausgang unklar* vermerkt ist, wünsche ich mir sehnlichst ein tiefes Loch, ein startbereites Flugzeug oder einen lauten Gong, der mich aufweckt.

Neulich geriet ich in eine solche Tragikomödie. Die Skurrilität wurde durch Komprimierung des Geschehens auf ein paar lächerliche Stunden noch gesteigert. Ohne weiteres hätte mich also ein Kamerateam begleiten und das Ganze als Live-Reality-Show fürs deutsche Privatfernsehen dokumentieren können.

Zum besseren Verständnis (und damit Sie noch herzlicher über mich lachen können) sind zwei Dinge wichtig: Zum einen plagt mich seit dem Kindesalter hin und wieder eine winzige Herzrhythmus-Störung, in Fachkreisen WPW-Syndrom genannt. Dabei erhöht meine Pumpe aus meist unerfindlichen Gründen die Schlagzahl plötzlich um das Vierfache. Das ist ungefährlicher, als es sich anhört, muss jedoch, wenn ich die Raserei nicht selbst unterbrechen kann, intravenos gestoppt werden.

Zweitens möchte ich anmerken, dass ich genau damals grundsätzlich einen herrlichen Tag erleben durfte. Ich war voll Energie aufgestanden, der halbe Arbeitsfreitag verging wie im Flug, und anschließend erledigte ich auch noch Tanken, Einkaufen, Kochen und Geschirrspüler-Ausräumen mit links. Im Postfach fand sich zudem die angenehme Nachricht über eine stattliche Betriebskostenrückvergütung. Die übliche Stunde mit der Tageszeitung nach dem Essen empfand ich als langweilig (langsam war ich über mich selbst beunruhigt), also machte ich einen Winterspaziergang. Das hilft meist, um seltene überschüssige Kräfte loszuwerden. Natürlich geriet ich wieder in eine Unterhaltung der Marke *Alter gebrechlicher Mann tröstet jungen gebrechlichen Mann* (Originalzitat: „Es gib' so vü Leit', dei im Ruistui sitz'n und a z'fried'n san'!"), doch selbst das konnte meine heitere Stimmung nicht trüben.

Ich erreichte meine Wohnung ohne die erwartete Müdigkeit, badete ausgiebig und kam in der Wanne immer mehr zur Gewissheit, dass ich heute noch etwas anstellen musste – etwas Schräges, Spätpubertäres, Männliches – kurz: Ich hatte Lust auf Sex.

Hätte ich auch nur den geringsten Anflug einer Idee gehabt, welche bizarren Folgen die Befriedigung eines Urtriebs zeitigen kann … Glauben Sie mir, ich wäre brav zuhause geblieben und hätte die Zeitung ein zweites Mal gelesen.

Die sexuelle Dienstleistung steht mit keiner anderen Form zwischenmenschlicher Beziehungen in Zusammenhang. Dies beweist schon die Tatsache, dass die von manchen für nobler gehaltene Umschreibung *käufliche Liebe* keinerlei Realitätsbezug hat. Gleiches gilt beispielsweise für *schöne Schlachten* oder *niveauvoller Musikantenstadl*. Es geht nicht um Liebe, sondern um Erfahrung und Selbstbestätigung. Man erfährt schnell, dass man nur das bekommt, was man bezahlt, aber nicht immer das erlebt, was man erwartet hat. Und bis zur Bestätigung, alles war nur eine blöde Idee, die auch noch Geld gekostet hat, braucht es kaum länger.

Doch wenn das Hirn einmal in die Hose gerutscht ist, bleibt keine Zeit für philosophische Überlegungen. In meiner anhaltend euphorischen Stimmung schlug ich die einschlägige Seite der *Salzburger Nachrichten* auf (aber nur kurz), schaute mir eine Internetseite an und fuhr zu der auf einem Telefontonband mit wirklich süßer Stimme genannten Adresse.

Zwischen dem Foto am Bildschirm und der Dame, die mir öffnete, bestand eine erstaunliche Differenz. Noch immer positiv gestimmt, schob ich es auf die schlechte Qualität der Homepage, aber es lag wohl mehr am Aufnahmedatum. Egal, mir ging es nur ums Geschäft, und ihr vermutlich ebenso.

Süß war nicht nur ihre Stimme, sondern auch das Aroma, das mich gleich nach dem Eintreten umhüllte. Es roch penetrant nach Nuttendiesel (an dieser Örtlichkeit bekam die wenig freundliche Umschreibung für schlechtes Parfüm eine erstaunliche Doppelfunktion), und dazu war es so heiß, dass ich instinktiv nach Luft schnappte … –

Da passierte es. Ich weiß immer sofort, wenn es passiert, auch wenn der letzte Anfall einer Rhythmusstörung schon Jahre zurückliegt. Ich fühlte mich, als würde ein schwerer Stein auf meine Brust gedrückt, und gleich darauf begann mein Herz so schnell zu schlagen, dass bloßes Mitzählen nicht mehr möglich war. Aus einer früheren Stoppung kannte ich aber noch den Schnitt: zirka 4 Schläge pro Sekunde.

Je mehr mir meine prekäre Lage bewusst wurde, desto umständlicher nestelte ich am Verschluss meiner Jacke. Zwar hatte keiner der letzten Anfälle länger als ein paar Minuten gedauert, aber für das in Kürze stattfindende Vorhaben gab es noch keinerlei Erfahrungswerte. Verschwinden wollte ich hingegen auch nicht, denn das hätte die Frau als Ablehnung ihrer Person auffassen können, was ja nicht der Fall war.

Um Zeit zu schinden, verdrückte ich mich ins Bad und schaute ganz tief in die Augen meines Alibert-Spiegelbildes. Sogleich ergab sich eine spannende Diskussion zwischen uns.

Du weißt, was du tust?

Nein, keine Ahnung, aber ich will es durchziehen!

Bringst du es überhaupt, mit deiner schwachen Pumpe?

Keine Frechheiten bitte!

Ich meine, hast du dir die Folgen überlegt, wenn du dabei draufgehst?

Richtig – dieses Problem war nicht von der Hand zu weisen. Ich bin zwar nicht so berühmt, dass ich Schlagzeilen wie *Schriftsteller erleidet tödlichen Herzanfall im Bett einer Liebesdienerin* befürchten musste, aber der Schock wäre für meine Familie schwer zu verdauen gewesen und würde zudem langfristig an meiner Integrität rütteln. Andererseits: Wem nützt posthum Integrität?

Dann hoffe ich, trotzdem in den Himmel zu kommen!, gab ich so stumm wie trotzig zur Antwort.

Bist du sicher?

Von draußen kam ein süßlich-piepsiges Hilfsangebot, was mich die Diskussion mit dem Spiegel abrupt beenden ließ. Mein Herz schlug zwar um keinen Deut langsamer, aber ich hatte mich – siehe oben – entschieden, es durchzuziehen.

Ohne Einzelheiten zu nennen: Die Sache an sich wurde von der überhöhten Blutzirkulation nicht wirklich beeinträchtigt. Neben dem

Herzrhythmus gibt es noch einen anderen, und den hatten wir, einmal in der Horizontalen, rasch gefunden. Ich bekam, was ich wollte, inklusive der Bestätigung, dass alles nur eine blöde Idee gewesen war. Das Geschäft hatte ich hinter mir, nicht aber die innere Raserei. Ich wollte ans Tageslicht, an die frische Luft, weg aus dieser Süßlichkeit, auch weil die Dame abseits ihrer Profession so ungewöhnlich redselig war.

Meine Hoffnung, das Herz würde draußen nach den ersten tiefen Atemzügen wieder zu Ruhe und gewohnter Tätigkeit kommen, erfüllte sich nicht. Der Anfall dauerte nun schon eine knappe Stunde, was seit meinem sechzehnten Lebensjahr nicht mehr vorgekommen und daher doch einigermaßen beunruhigend war. Im Auto fasste ich daher einen weiteren Entschluss – nachdem ich den ersten überlebt hatte, würde dieser nun hoffentlich mein Schicksal gnädig stimmen: Ich machte mich auf den Weg ins Landeskrankenhaus. Sollte es bis dorthin aufgehört haben, konnte ich einfach heimfahren. Sollte ich unterwegs abbankeln, war es auch nicht zu ändern. In diesem Fall würden die kompromittierenden Umstände der Herzattacke für immer im Dunkeln bleiben. Als dritte Option erwartete mich die Freude des Kardiologen, so etwas endlich einmal live auf dem EKG zu sehen.

Es kam nicht so gut wie erhofft, aber auch nicht so schlimm wie befürchtet; kein Chronist der Welt könnte Ihnen sonst jemals von dieser Farce erzählen. Ich landete, nachdem ich mich quer durch die Stadt gestaut hatte, mit rasendem Herzen im St.-Johanns-Spital. Dort war ich noch nie gewesen, was den Kennern meiner Lebensumstände seltsam erscheinen mag, aber leicht zu erklären ist. Für mein Gangbild ist eine Grazer Gesundheitseinrichtung zuständig, für die Herzensangelegenheiten (wirklich eine herrliche Bedeutungsverdrehung!) das Krankenhaus Wels, weil ich dort einen Arzt kenne. Um die restlichen Kleinigkeiten kümmern sich Hausarzt, Physiotherapeut und Masseurin. Bislang bestand also kein Grund, in den weitläufigen Dschungel der hiesigen Landeskliniken einzutauchen.

Dies schuf ein neues Problem (und es sollte nicht das letzte sein): Wo musste ich überhaupt hin? Die Brust tat mir bereits weh, doch ich schaffte es noch, auf gut leserliche Hinweisschilder zu setzen. Zielsicher folgte ich der ersten Tafel, auf der *Ambulanz* vermerkt war.

„Wen suchen Sie denn?", fragte mich eine hilfsbereite Dame gleich am Eingang.

„Einen Arzt."

„Hier in der Frauenambulanz?"

Oh Gott, mein schlechter Orientierungssinn! Vielleicht hätte ich das Schild doch genauer lesen sollen ...

„Lieber einen Kardiologen."

Der Blick, den sie mir zuwarf, war leicht mitleidig.

„Fahren Sie den Hauptweg geradeaus weiter, dann nach dem Torbogen links. Dort ist die 2. Medizinische, die haben heute Nacht-Aufnahme."

Die nächste Schwierigkeit bedachte ich erst, als ich sicher war, das richtige Gebäude gefunden zu haben. Wie sollte ich die Ursache meines misslichen Zustandes verständlich machen? Die Wahrheit schien angesichts des vorwiegend weiblichen Krankenhauspersonals wohl kaum dafür geeignet, Sympathiepunkte zu gewinnen. Auf dem Weg hinein versuchte ich so schnell zu denken, wie mein Herz schlug, doch ich hatte keinen Einfall.

„Was fehlt Ihnen?"

Endlich einmal Glück – die mit raschen Schritten auf mich zukommende Frau war keine zarte, in Ausbildung befindliche Praktikantin, sondern eher der Typ *resolute Oberschwester*. Sie nahm mich, nachdem sie meine Angabe durch Pulsfühlung bestätigt fand, sofort an die Reihe und verkabelte mich mit einem EKG-Apparat. Dann verfrachtete sie mich in einen anderen Raum und erschien gleich darauf mit dem diensthabenden Arzt.

„Hallo, Herr Glanz! Ich höre, Sie haben ein bisschen erhöhten Puls? Woran merken Sie das?"

An den eingewachsenen Zehennägeln! hätte ich beinahe geantwortet. Da war er, der erste Comedy-Doktor meiner Patientenkarriere; seltsamerweise ohne rote Nase, dafür aber mit einem umso breiteren Grinsen.

„Mein Herz schlägt ziemlich schnell."

„Aber geh! Das schauen wir uns einmal an, o.k.?" Er warf einen prüfenden Blick auf das EKG und murmelte: „Spannend, spannend."

Auf einmal schaute er mich direkt an, wies auf die anwesenden Schwestern und sagte mit ernster Stimme: „Stellen Sie sich vor, die beiden Damen da wollen mir doch tatsächlich weismachen, ich hätte eine Anti-Falten-Creme nötig." Danach studierte er neuerlich das EKG. „Wirklich spannend. Anita, bereite bitte eine Venenleitung vor."

Meine Meinung, ob er nun etwas für sein Gesicht tun sollte oder für mein Herz, interessierte ihn offenbar nicht sonderlich, also sparte ich mir einen Kommentar.

„Ich spritze Ihnen nun ein Mittel, um die genaue Art der Krankheit festzustellen", redete der Arzt im Plauderton weiter. Ehe ich Einspruch erheben konnte, landete die Nadel in meinem linken Handrücken. Das tat zwar mehr weh, ersparte ihm jedoch die lästige Venensuche in der Armbeuge. Nun, man hilft gerne mit. Drei Ampullen Blut waren rasch abgezapft, und er wollte schon die Ampulle an die Leitung docken, fragte aber noch vorher: „Ist irgendwann in Ihrem Leben der Begriff *WPW-Syndrom* gefallen?"

Bingo! „Das wurde mir als Krankheit immer genannt, ja."

„Dann brauchen wir das nicht." Er legte die Spritze beiseite und griff ansatzlos zu einer anderen, als hätte er sich spontan für eine Birne und gegen einen Apfel entschieden. „Sie haben also WPW und keine übergangene Grippe. 5 Milligramm Isoptin, und die Sache ist erledigt."

Die etwas schrullige Art des jungen Doktors passte hervorragend zu den bisherigen Geschehnissen. Aber er strahlte Vertrauen aus und stellte auch keine unnötige … –

„Frage: Wie ist das eigentlich passiert?"

Um meine Erschöpfung noch dramatischer darzustellen, seufzte ich tief und erzählte, was mir gerade so in den Sinn kam.

„Ich war in der Stadt spazieren … wollte was trinken … aber die Luft in dem Lokal war so schlecht, so stickig … und plötzlich hat es angefangen."

„Keine Angst, es ist gleich vorbei", beruhigte er mich, wohl wegen der tiefen Sorgenfalten, die sich auf meinem Gesicht gebildet hatten. Dagegen half aber – was zum Glück außer mir niemand wusste – keine Anti-Falten-Creme, sondern nur ein Wahrheitsserum, wie es Ben Stiller in dem Film *Meet the Fockers* von Robert De Niro verpasst bekommt.

„Woher stammt Ihre Behinderung?"

In meinem ganzen Leben habe ich mich noch nie so sehr über diese Frage gefreut! Zurück auf sicherem Terrain, erklärte ich es ihm gewohnt weltmännisch.

„Haben Sie sich einmal elektrophysiologisch untersuchen lassen?"

Neuerliche Verwirrung meinerseits. „Zu welchem Zweck?"

„Das kann man veröden lassen."

„Die Spastik?!"

„Nein, die Herzkrankheit." Er grinste mich an. „Entschuldigen Sie meine Sprunghaftigkeit."

Nach diesem x-ten Schreck innerhalb weniger Stunden schloss ich die Augen und wünschte mir nur, mein Herz möge es doch endlich schaffen, von der kurzen außerplanmäßigen auf die lange normale Leitung umzuspringen.

Eine Viertelstunde später saß ich mit schmerzendem Handrücken – die Nadel steckte noch immer in mir, laut Arzt eine Vorsichtsmaßnahme für den Fall eines Rückfalls – im Warteraum und vertrieb mir die Zeit bis zum Eintreffen des Laborbefundes mangels aufliegender Zeitungen mit Anrufen bei Freunden. Dabei vermied ich es, den aktuellen Ort meines Aufenthaltes wie auch den Grund meines Verweilens zu nennen. Einerseits wollte ich niemandem unnötige Sorgen bereiten, andererseits musste ich mir selbst, nachdem ich offenkundig überlebt hatte, um meine Integrität nun doch wieder Sorgen machen. Die Gespräche verliefen daher eher eintönig, so nach dem Schema „Nein, ich mach' gerade nichts Besonderes ... ich bin in der Stadt und warte auf jemanden ... morgen gehe ich zu einer Kabarettveranstaltung, Sonntag vielleicht ins Kino ... gesundheitlich alles bestens, danke ... war heute schon sehr sportlich unterwegs ...“ Als mein Name aufgerufen wurde, beendete ich das letzte Gespräch („Du, meine Verabredung kommt, ich muss aufhören!“) und schaltete ab.

Der Doktor grinste. „Wider Erwarten haben wir nichts in Ihrem Blut gefunden, das uns veranlassen könnte, Sie hierzubehalten.“

Da war ich aber froh! *Vom Liebesnest ins Krankenbett* wäre nur für Außenstehende der absolute Heuler gewesen.

„Was raten Sie mir?“, fragte ich pflichtschuldig.

„Dass Sie sich auf der Kardiologie untersuchen lassen, ob die Verödung der kurzen Leitung Sinn macht. Ich habe bereits einen Termin in einem Vierteljahr eingetragen.“

Er war nicht nur schrullig, auch geschäftstüchtig.

„Wenn die Störung bis dahin ähnlich massiv auftritt, sollten Sie den Eingriff in Erwägung ziehen.“ Der Arzt drückte mir den Befund in die Hand und sagte aufmunternd: „Glauben Sie mir, das ist heute reine Routine für uns.“

Ich versprach, es mir zu überlegen, um endlich von dieser Hochschaubahn in die Routine meines Flachlandlebens zurückkehren zu können.

Mein Magen knurrte wie zehn hungrige Wölfe, ich war müde und wollte nach Hause, doch offenbar hatte der Lenker meines Schicksals

Gefallen an dieser bizarren Inszenierung gefunden. Also schickte er mir noch rasch ein allerletztes Problem in Form einer widerspenstigen Ausfahrtsschranke. Parkgebühr musste ich aufgrund meines §29b-Ausweises gnädigerweise nicht bezahlen, doch das vom Portier ausgehändigte Ticket funktionierte nicht, in welcher Richtung ich es auch in den Schlitz steckte.

Widerwillig stapfte der dicke Mann aus seinem Kabäuschen und schnauzte mich an: „Die Karte ist genau beschriftet, da kann man gar nichts falsch machen!"

Er hob selbst zur Demonstration an, scheiterte aber ebenfalls.

ÄTSCH!!! – nur gedacht, dafür umso zynischer. Als es mit der Ersatzkarte endlich klappte, war der allerletzte Rest meiner Beherrschung verbraucht: „Erstens: Danke. Und zweitens, zu Ihrer Beruhigung: Ich kann lesen."

Sein empörtes Schnaufen hörte ich noch, nicht aber seinen Kommentar. Ich stieg aufs Gas, fuhr bei Dunkelgelb über die erste Ampel und erreichte meine Wohnung um 21 Uhr. Viereinhalb Stunden waren vergangen, und dabei hatte ich sie ursprünglich nur für einen Quickie verlassen.

Was lerne ich nun daraus? Kein Sex mehr in meinem biblischen Alter von 32? War es ein zarter Hinweis, überschüssige Energien künftig besser anderweitig abzubauen? Oder sollte ich mir den genauen Weg zur Kardiologischen Ambulanz des Salzburger Landeskrankenhauses sorgfältig einprägen?

Ein Freund, dem ich spät abends wahrheitsgetreu von diesem Erlebnis berichtete, hatte einen launig-treffenden Kommentar parat: „Das Leben nimmt die seltsamsten Wege, um uns in Geschichten stolpern zu lassen."

Diese Geschichte hatte ein letztes Erinnerungsgeschenk parat: Beim nächtlichen Ausziehen klebten die EKG-Kontaktplättchen noch an meiner Brust.

Wird das irgendwann wieder gut?

Meine Therapie

Vor einigen Jahren stand ich am Empfang der Kinderorthopädie-Ambulanz im LKH Graz und wartete auf die Anmeldung zur Ganganalyse. So nennt sich ein kraftraubender Vorgang, der hin und wieder quasi offiziell meine physischen Fortschritte bestätigt und nahezu einen ganzen Tag in Anspruch nimmt.

Die Angestellte hinter der Glaswand murmelte genervt: „Nicht schon wieder ein PC-Absturz", und ich begann mich nach einer Sitzgelegenheit umzuschauen. Plötzlich rief eine Frau, mit der ich beim Umdrehen wohl zusammengestoßen wäre, über meine Schulter: „Entschuldigung, ist Frau Tießenhausen noch in der Klinik?"

Dieser Name katapultierte meine Erinnerung innerhalb einer Sekunde ins Vorschulalter zurück. In eine Zeit, als Therapie noch Spiel war, gleichbedeutend mit dem Abenteuer eines Ausflugs nach Graz und dem Glück, von liebevollen Eltern umsorgt zu sein.

Als wenig später meine Daten von der zuständigen Dame in den wieder laufenden Rechner eingetippt wurden, musste ich die Frage einfach stellen: „Ist Frau Tießenhausen wirklich noch im Dienst? Oder hat die Frau vorhin schon von ihrer Tochter gesprochen?"

„Nein, die Karin ist unser Urgestein", erwiderte die Angestellte mit einem freundlichen Lächeln. „Sie hat ihr ganzes Berufsleben im LKH verbracht." Sie legte mir einige Papiere zur Unterschrift vor. „Ihre Anmeldung ist vollständig, Herr Glanz. Sie können nun in den Keller zum Ganglabor gehen. Man erwartet Sie dort schon."

Mein Kopf nickte etwas fahrig, denn er war ganz woanders. Ich sah einen langen, fensterlosen Gang, zweiflügelige, irgendwie furchteinflößende Türen und einen großen Turnsaal, in dem graue Matten auf dem Boden lagen. Meine Mutter begrüßte eine schöne junge Frau mit langen braunen Haaren, wechselte ein paar Worte mit ihr und setzte sich schließlich an den Rand einer dieser Matten, um uns zuzusehen. Zur Art der Übungen und Spiele von damals fiel mir nichts mehr ein. Wohl aber wusste ich noch, dass die junge Frau damals in den Pausen vom *Windsurfen* erzählte, ihrem neuen und sehr modernen Hobby. Ich hatte nicht die geringste Ahnung, was das sein sollte.

„Falls Frau Tießenhausen in der Mittagspause Zeit hat: Richten Sie ihr bitte aus, dass ich in der Cafeteria auf sie warte?"

Und dann saß sie mir wirklich gegenüber: kleiner als erwartet, auch die kurzen blonden Haare und die Brille wollten nicht recht zu meinen Gedankenbildern passen. Aber ihre flinken Augen und ihr Lächeln waren unverkennbar.

„Dass Sie überhaupt noch meinen Namen kennen, ist erstaunlich", meinte die Therapeutin. „Wie alt waren Sie damals?"

„Ungefähr sechs. Die Turnstunden, wie meine Mutter sie nannte, gehören zu meinen frühesten Erinnerungen." Der plötzliche Ansturm vieler Bilder ließ mich staunend den Kopf schütteln. „Bitte machen Sie dem Kind in mir die Freude, mich zu duzen."

„Ich bin Karin", nahm sie das Angebot an und reichte mir die Hand. „Du bist mir schon bei der letzten Ganganalyse vor einem Jahr aufgefallen, hast mich aber nicht erkannt. Und ich war mir nicht ganz sicher. Dein Gangbild hat sich sehr verbessert, vor allem dein Rumpf ist völlig aufrecht."

Ich freute mich über ihr Lob, doch es entlockte mir nur ein erschöpftes Seufzen. Der Vormittag war anstrengend gewesen: Stundenlanges Barfußgehen mit verkabelter Beinmuskulatur lässt die markierte Strecke im Labor bei jeder Runde länger werden.

„Viel Arbeit, ich weiß."

Karins Worte taten in den Beinen und in der Seele gut. Die Begegnung mit einem Menschen, der statt hohlem Mitleid echtes Verstehen schenkt, ist wie das Glitzern eines seltenen Diamanten. Die allerliebste Mitleidsfrage von alten Leuten – „Wird das irgendwann wieder gut?" – klingt dagegen dumpf wie ein auf die Erde fallender Stein.

„Und trotzdem habe ich hin und wieder das Gefühl, zu wenig zu machen."

„Mehr geht immer", räumte sie ein, „aber bei deinem sichtbaren Erfolg kann ich mir das fast nicht vorstellen. Du arbeitest?"

„Ein Bürojob. Vollzeit, aber nichts Aufregendes. Manchmal fehlt mir abends dennoch die Kraft für die Gymnastik." Ich trank einen Schluck Wasser und schaute auf die Uhr. Die zweite Schicht im Ganglabor nahte. „Was ist mit dir? Hat dich die Arbeit mit Kindern nie genug genervt, um etwas anderes zu machen?"

„Die Kinderabteilung hier ist um mich herum gewachsen und

ich mit ihr." Karin machte mit beiden Armen eine weit ausholende Bewegung. „Das hier war immer mein Zuhause. Aber nächstes Jahr ist Schluss, da gehe ich endgültig in Pension."

„Hast du Angst vor dem Pensionsschock?"

„Kaum." Sie grinste, holte so für Augenblicke die junge Frau zurück. „Windsurfen kann ich nicht mehr, aber der Bewegungsdrang ist geblieben."

Wie seltsam Erinnerung ist, dachte ich ein letztes Mal und stand auf.

„Ich wünsche dir alles Gute, Karin. Dieses Wiedersehen ist eine schöne Überraschung und große Freude für mich."

Eine kurze Umarmung, und die Reise in meine Vergangenheit war zu Ende.

Mehr geht immer... Ich denke oft darüber nach, ob eine Steigerung meiner Trainingsintensität möglich ist, und wenn ja, ob sie sinnvoll ist. Noch im Kindesalter war aus dem Spiel echte Anstrengung geworden, besonders nach der Erkenntnis, dass die Gegebenheiten meines Körpers eine Benachteiligung gegenüber Gleichaltrigen darstellten. Trotzdem musste meine Mutter mich zu den gemeinsamen Turnstunden beinahe zwingen, denn ich hatte irgendwo im Hinterkopf die Überzeugung gespeichert, ich würde das ihr zuliebe machen, nicht für mich. Dass es sich in Wahrheit genau umgekehrt verhielt, verstand ich erst viel später.

Das größte Glück meiner Zeit als Heranwachsender war ohne Zweifel der immense Einsatz meiner Eltern, die alle ihnen zur Verfügung stehenden Mittel darauf verwendeten, mich medizinisch bestmöglich versorgen zu lassen. Dahinter stand eine unausgesprochene Hoffnung und wohl auch Angst, sie könnte sich nicht erfüllen: ein weitgehend selbstbestimmtes, unabhängiges Leben für mich, das Kind.

Als meine Übersiedlung nach Graz feststand, wurde es notwendig, nach einer neuen Physiotherapeutin zu suchen, denn eine Rückkehr an die Kinderklinik des Landeskrankenhauses war nicht möglich. Ich landete in der Praxis von Beate und erkannte erst viel später in Salzburg, welches Glück es bedeutete, schon beim ersten Anlauf die Richtige gefunden zu haben. Beate förderte nicht nur meine körperliche Entwicklung, sie stand mir auch mit Trost zur Seite, wenn mich die ungewohnten Lebensumstände und die Einsamkeit der großen Stadt zu sehr bedrückten. Durch sie wurde mir das erste der beiden Qualitätsmerkmale bewusst, das für mich eine gelungene Zusammenarbeit von Patient und Therapeut ermöglicht. Weil sie mich berührt, im wahrsten Sinne des Wortes *angreift,* und dieser Griff auch schmerzhaft sein kann, muss ich diese Person mögen. Das Entstehen einer Freundschaft ist der Idealzustand, und Gespräche über private Dinge sind ein guter Anfang dafür. Ohne diese Basis könnte ich niemanden an eines meiner wichtigsten Lebensthemen heranlassen. *Infantile Cerebralparese* beschreibt nur eine Krankheit, aber sie schließt auch Ängste, Traurigkeit, offenkundige Benachteiligung sowie Ablehnung durch andere mit ein.

Die zweite Qualität zeigte sich besonders schön, als meine Therapeutin Birgitt der Liebe wegen von Salzburg in ihre Vorarlberger Heimat zurückkehrte. Ihre Nachfolgerin in der Gemeinschaftspraxis erwies sich als unerfahren und für meine Statur zu wenig kräftig; schon nach zwei Behandlungen wusste ich, dass daraus keine längere Zusammenarbeit werden würde. Ich rief Birgitt an und bat dringend um eine Empfehlung.

„Du willst von einer Frau behandelt werden, ich weiß", antwortete sie. „Aber ich kenne nur einen Mann, der so intensiv arbeitet, wie du es brauchst. Wir haben gemeinsam ein Praktikum absolviert. Ich kann dir versprechen, er hängt sich voll rein."

Mundpropaganda – oder wie es auf Neudeutsch heißt: Empfehlungsmanagement – wirkt bei Zahnärzten, Restaurants, Kosmetikerinnen und vor allem bei Physiotherapeuten. Dank Birgitt, die ich auch durch einen Tipp gefunden hatte, machte ich die Bekanntschaft von Daniel, der mich bis heute betreut und dabei ordentlich in die Mangel nimmt. Sein Lieblingssatz ist: „Hier hört dich niemand schreien", und meist beendet er mein „Au!" mit dem simplen Vokal „...e!" Damit lenkt er mich vom Schmerz ab und demonstriert zugleich seine Verbundenheit mit der Stadt im Osten Deutschlands, aus der er stammt. Unbestätigten Nachforschungen zufolge ist er in einem früheren Leben als mittelalterlicher Hexer verbrannt worden, was ich mir unter seinem Schraubstockgriff bisweilen recht bildhaft vorstelle.

Durch seine Kompetenz und den von Anfang an großen Einsatz konnte ich Fortschritte erzielen, die von der Schulmedizin, bezogen auf mein Alter, nicht für möglich gehalten wurden. Im August 2012 gelang es ihm erstmals, das seit jeher blockierte untere Sprunggelenk in meinem rechten Bein zu lösen. Dies stärkt in mir die Überzeugung, dass keine Weiterentwicklung auszuschließen ist, und sei sie auch noch so unwahrscheinlich.

Vor einiger Zeit schickte mir eine Freundin den Link zu einem Internetvortrag des deutschen Gehirnforschers Gerald Hüther. Seine These: Kein Gesundheitssystem der Welt, auch nicht das allerbeste, kann einen Menschen heilen, wenn dieser nicht selbst durch seinen Willen dazu beiträgt. Er belegte die Theorie mit beeindruckenden Beispielen, in denen es Menschen trotz schwerster Gehirnverletzungen gelungen ist, sämtliche cerebral zu verrichtenden Aufgaben in den noch gesunden Bereichen zu konzentrieren und vollständig auszuführen.

Als ich selbst die Verantwortung für meine Krankheit übernahm, erkannte ich bald, dass es drei Dinge brauchte, um sie künftig mehr als Begleiter meines Lebens wahrzunehmen denn als Störenfried: Einsatz, Disziplin und Beständigkeit. Zwei, drei Tage ohne zielgerichtete Körperarbeit machen mir durch Schmerzen und geringere Kondition sofort klar, dass ich diese grundlegenden Werte vernachlässigt habe.

Ich versuche, jeden Tag etwas für meine Gesundheit zu tun. Das ist angenehm, wenn alle zwei Wochen die medizinische Massage bei Heidi ansteht, ansonsten jedoch bei einem Vollzeitjob nicht immer einfach – besonders wenn ich einen schlechten Tag im Büro hinter mir habe und zuhause nichts anderes wartet als eine knallrote Turnmatte, die vorwurfsvoll schmollend in der Ecke steht, bis ich sie mit einem ergebenen Seufzer doch ausrolle. Hilfreich ist dabei ein fixer Zeitpunkt fürs Training. Meine Stunde ist meist zwischen 6 und 7 Uhr abends, denn da steht auf Ö1 das *Abendjournal* auf dem Programm. Auch am Wochenende orientiere ich mich lose an Radiosendungen, die mich interessieren, oder ich wähle ein Hörbuch als akustischen Begleiter.

Die Gymnastikeinheiten ergänze ich durch Spaziergänge unterschiedlicher Intensität. Seit einigen Jahren absolviere ich diese mit normalen Sportschuhen, die mein ganzer Stolz sind und besonders deutlich die positive Entwicklung meiner Physis zeigen. Auch tagsüber trage ich handelsübliche Halbschuhe mit orthopädischer Einlage. Die furchtbar schweren Spezialanfertigungen, knöchelhoch und ständig fest gebunden, sind nicht mehr notwendig, worüber meine Füße besonders in den Sommermonaten jubilieren. Mein langjähriger Schuhmacher Josef Stachl in Bad Gastein beherrscht glücklicherweise die Kunst, auf jede neue Veränderung mit perfekt angepasstem Schuhwerk zu reagieren.

Die Stunden auf dem Fahrrad habe ich in letzter Zeit stark reduziert. Dieses Training ist zu sehr von der Witterung abhängig und es dauert auch lange, bis ich auf dem Rad sitze. Als sommerliches Krafttraining für die Beine bleibt es aber weiter eine Option, obwohl mich manche auf meinem Kinderrad für Erwachsene – es hat zwei Stützräder – wohl als Verkehrshindernis sehen.

Wenn ich mich abends nach Training, Duschen, Kochen und Essen noch vor den Fernseher setze – was wegen der späten Stunde und meist akuter Müdigkeit selten vorkommt –, mache ich verschiedene Dehnungsübungen.

Meine Art der Gymnastik ist kein Kindergeburtstag und weit davon entfernt, was mir vor Jahren unter dem Namen *Bobath* als sinnvoll verkauft wurde. Ich betreibe Biokinematik nach Dr. Walter Packi, die vor allem – eine genauere Erklärung finden Sie in der nachfolgenden Geschichte – aus intensivem Muskeltraining besteht. Die Anstrengung dabei ist so groß, dass die von mir produzierte Schweißmenge im Sommer gefühlt reichen würde, um als Wasseräquivalent einen afrikanischen Kleinstaat grundzuversorgen. Zudem gehe ich ohne Rücksicht auf Verluste in den Schmerz hinein, wenn ich meinen Oberkörper im Kniestand weiter als 45 Grad nach hinten beuge oder, an der Sprossenwand stehend, die gleiche Übung mit so weit wie möglich gespreizten Beinen wiederhole. Die zeitweise nach oben drängende Frage, was ich in all meinen früheren Leben wohl verbrochen haben mag, das diese gewaltige Schinderei notwendig macht, lasse ich unbeantwortet – lieber erfreue ich mich an Schokolade, als mit dem Schicksal über die Existenz derselben zu diskutieren. Es wird jedoch nicht mehr lange dauern, bis mir selbst meine wohlmeinende Wohnungsnachbarin die Sittenpolizei an den Hals hetzt: Dem lauten Stöhnen zufolge müssen sich in meinem Schlafzimmer schon über Jahre die wildesten Orgien abspielen.

Ein wichtige Punkt ist auch die ständige Suche nach neuen Ideen, Therapiemethoden, Behandlungsmöglichkeiten. Dieser Drang entsteht nicht aus ständiger Unzufriedenheit. Ähnlich wie bei der Wahl des richtigen Therapeuten geht es um die Frage, welche Art der Behandlung wirklich zu mir passt.

Im Kinder- und Jugendalter war für mich als Spastiker das Bobath-Konzept maßgeblich. Die Behandlungen wurden damals an den öffentlichen Krankenhäusern durchgeführt, es gab keine niedergelassenen Therapeuten. Und weil es zudem auch kein Internet gab und niemand in meinem Umfeld die Anweisungen von Ärzten hinterfragte, kam ich auch nicht auf die Idee anzunehmen, es gebe außer Bobath noch andere Methoden, die vielleicht zielführender wären.

Mittlerweile habe ich vieles ausprobiert, war bei einem Chiropraktiker in der Ukraine, der auf Spastiker spezialisiert ist, und auch bei einer Homöopathin in Norddeutschland, die einen seit der Geburt bestehenden Vitamin-D-Mangel als Ursache meiner Krankheit definierte.

Schließlich landete ich durch einen unglaublichen Zufall in der Klinik für Biokinematik von Walter Packi in der Nähe von Freiburg im Breisgau. Dort wurde ich innerhalb von sechs Tagen von drei Jahre andauernden Rückenschmerzen befreit. Da sich seine Methode auf die gesamte Körpermuskulatur anwenden lässt, bin ich ihr bis heute treu geblieben und konnte meinen physischen Zustand immens verbessern. Die in Packis Haus für mich zuständig gewesene Therapeutin Judith hat mittlerweile in Bregenz eine eigene Praxis eröffnet, wohin ich ihr sehr gerne gefolgt bin, nicht nur wegen der um fünfzig Prozent kürzeren Fahrdistanz. Die jährliche Intensivtrainingswoche bei ihr ist

schmerzhaft, anstrengend und ermüdend, aber auch voll Freude an der gemeinsamen Arbeit und am Erfolg.

Der folgende Satz klingt dermaßen eingebildet, dass ich dabei rot werden müsste, aber ich stehe dazu: Hauptgrund für die Fortschritte bei jeder Art Therapie war und ist mein eigener Beitrag. Jede Übung die ich mache, jeder Schritt, den ich gehe, verbessert meine Gesundheit. Ärzte, Masseure und vor allem Therapeuten sind wichtig für mich, doch sie schaffen nur die Voraussetzungen für die nächste Entwicklungsstufe, geben mir das Rüstzeug mit, um einen noch höheren Berg zu besteigen. Hinaufkraxeln muss ich selbst. Diesen Weg kann niemand sonst für mich gehen.

Der Wunsch meiner Eltern ist in Erfüllung gegangen: Ich lebe selbstbestimmt und unabhängig. Meine Dankbarkeit für diese Tatsache gilt allen, die dabei mitgeholfen haben und steht weit jenseits dessen, was ich mit Worten zum Ausdruck bringen kann. Im Bewusstsein, dass die Erhaltung dieses Wirklichkeit gewordenen Traums die bedeutendste Aufgabe der mir verbleibenden Jahre darstellt, werde ich alles in meiner Macht Stehende dafür tun.

Meine Antwort auf die allerliebste Mitleidsfrage?

„Nein, das wird nicht irgendwann wieder gut. *Es ist gut.*"

Was mir hilft

Im Glückwunsch zu meinem 40. Geburtstag schrieb mein Therapeut Daniel: „Ein Sportler und du haben eines gemeinsam: das Ziel, sich ständig zu verbessern!"

Ein größeres Kompliment hätte er mir nicht machen können. Darin steckt mein Antrieb, der mich befähigt, die Schmerzen zu ertragen, aber auch jeden Erfolg stolz und dankbar anzunehmen. Die Überzeugung, es für mich – und nur für mich – zu tun, liefert ebenfalls Energie.

Das Forschen nach neuen Methoden, Therapien und Behandlungsmöglichkeiten bleibt ein ständiger Begleiter. Ich genieße das Privileg, in Daniel und Judith zwei Menschen um mich zu haben, die in ihrem Beruf eine Berufung sehen und selbst darauf bedacht sind, ihr Wissen und ihre Fähigkeiten stets weiterzuentwickeln.

Wenn Sie nach Therapien suchen, hören Sie auf die Mundpropaganda in der Umgebung. Am wichtigsten ist aber Ihr eigenes Bauchgefühl. Die Behandlung beim besten Therapeuten ist Verschwendung von Zeit und Geld, wenn der Mensch und/oder seine Arbeit nicht zu Ihnen passt.

Entwickeln Sie den Ehrgeiz, gesünder, beweglicher, lebendiger zu werden. Dann werden Sie von selbst jenen Weg einschlagen, der Sie diesen Zielen näher bringt.

Groß und aufrecht

Voller Freude ist mein Leben
Voll hellem Leuchten meine Zeit
Tausend Dinge darf ich sehen
Zu Abenteuern stets bereit

Voller Lachen ist mein Wesen
Seit ich groß und aufrecht steh'
Gebeugte Angst ist fern, vergessen
Jeden Tag kann ich besteh'n

Ganz nah halte ich all jene
Die mich bis hierher geführt
Sage Dank für alles Schöne
Mein Herz auf immer euch berührt

Der Baumstamm und das Glück
Ein Therapie-Tagebuch

Mein Alltagsleben verläuft in den geregelten Bahnen eines Angestellten, der meist zwischen 8 und 17 Uhr im Büro ist. Außerhalb davon genieße ich die zeitliche Unabhängigkeit eines städtischen, knapp 40-jährigen Singles.

Gänzlich aus dem Rahmen dieser Beschaulichkeit fällt eine Woche im Jahr, die ich meiner physischen Grundausstattung mit Infantiler Cerebralparese verdanke. Diese spastische Lähmung führte mich bereits sieben Mal nach Bad Krozingen, einen Kurort im südlichen Schwarzwald nahe Freiburg. Die Tage in der dort beheimateten Klinik für Biokinematik sind in ihren körperlichen Anforderungen mit nichts vergleichbar. Sie bringen mich und die anderen Patienten an die Grenzen unserer körperlichen Belastbarkeit und über jene hinaus, die wir irrtümlich dafür gehalten haben.

Doch diese Woche bedeutet viel mehr als Schmerzen und in Litern messbare Schweißabsonderung. Alle Emotionen sind in den beiden Übungsräumen der Klinik versammelt, von tränenreicher Enttäuschung über mangelnde Fortschritte bis hin zu unbändiger Freude darüber, sich nach Jahren wieder ohne Einschränkung bewegen zu können. Hilfe wird geboten und angenommen, das gegenseitige Anfeuern setzt immer neue Energien frei, Freundschaften entstehen. Und kein Gefühl ist schöner, als wenn ich morgens mit den Worten „Du gehst viel aufrechter als gestern!" begrüßt werde – völlig gleichgültig, ob sie von einem Patienten oder meiner Therapeutin kommen.

Folgen Sie mir nun in eine Woche voll Muskelkater, Begegnung und Erkenntnis!

Samstag: große Erwartungen und eine neue Hose

Mit einem zufriedenen Schnaufen beende ich die letzte Gymnastikeinheit, bevor ich am nächsten Morgen die sechshundert Kilometer lange Fahrt nach Bad Krozingen antreten würde. Nach einer ausgiebigen Dusche muss ich nur noch meinen exorbitanten Bedarf an Trainingskleidung in zwei Wäschekörbe verstauen. Wer beim Wort *Wäschekörbe* soeben indigniert die Augenbraue gehoben hat, mag es mir ruhig glauben: Es ist die einfachste Art, um mit dem Auto Klamotten zu transportieren – und wo man mich bereits kennt, ist mein Ruf ohnehin längst ruiniert.

Angesichts mehrerer trotz höchster Anstrengung nicht mehr zu übersehender Löcher im Kniebereich eines Jogginganzugs bleiben mir die Investition in eine neue Hose und die zu diesem Zwecke notwendige Fahrt in die Stadt Salzburg nicht erspart. Meiner seit Wochen anhaltenden Heiterkeit folgend, verbinde ich in Gedanken gleich das Nützliche mit dem Angenehmen und plane eine Abschiedsmelange in meiner geliebten Altstadt ein. Auf diesen Genuss werde ich in der kommenden Woche verzichten müssen, denn was in jener Region Deutschlands als Kaffee serviert wird, verursacht akute Fingerstarre beim Chronisten und bleibt sohin unkommentiert.

Der Ursprung meiner guten Laune liegt in erstaunlichen Gesundheitsfortschritten in der jüngsten Vergangenheit, die ich mit Hilfe meines Physiotherapeuten Daniel habe erreichen können. Plötzlich lösten sich hartnäckige Verspannungen in Knöchel, Hüfte und Bauch – dankbar empfangener Lohn für jahrelange, intensive Bemühungen von uns beiden. Als die Salzburger Gebietskrankenkasse ihre Bereitschaft zur Unterstützung einer zweiten Therapiewoche in diesem Jahr erklärte, steigerte ich in den Tagen bis zum anvisierten Termin die Schlagzahl an meiner Sprossenwand noch einmal, um die mich erwartenden Strapazen nicht nur zu überleben, sondern auch mit spür- und sichtbaren Fortschritten im Gepäck heimzukehren.

Und ich fühle mich großartig, als ich durch den Eingang des Servas-die-Wadln-Tempels in der Alpenstraße schreite – mit federndem Gang, kerzengeraden Beinen und einer Kraft in der Körpermitte zum Nüsseknacken. (Das Schlüpfrige an diesem Bild wird mir in der Sekunde des Schreibens bewusst, aber die Strafe dafür – und für meine Überheblichkeit – folgt auf dem Fuße, wie Sie gleich lesen werden.)

„Trainingsbekleidung 3. Stock." Ohne mich anzuschauen, weist mir der in Kundenbetreuung und Kommunikation perfekt geschulte Fachverkäufer den Weg. Für Augenblicke bin ich versucht, die Treppe im Sprint zu nehmen, aber der Liftschalter liegt schon in Griffweite.

Im Aufzug stehe ich plötzlich neben mir und erkenne, dass diese Phrase mehrfach gedeutet werden kann. Das Spiegelbild zu meiner Rechten zeigt mich im Profil. Von meinem zufriedenen Lächeln wandert mein Blick nach unten – und bleibt an dem überdeutlichen Knick hängen, der meine Ober- und Unterschenkel miteinander verbindet. Schonungslose Millisekunden später ist mein Denken in die Realität zurückgeholt und gibt diese Erkenntnis in aller Offenheit gleich an mein Selbstbewusstsein weiter, das seit Tagen in schwindelnden Höhen campiert. Ein Absturz ist unvermeidlich.

Egal wie hart du trainierst und wie gerade du dich fühlst, der Knick wird immer bleiben!

An dieser wirklich harten Nuss kaue ich erfolglos herum, gestehe mir aber mit einem leisen Seufzer ein, dass ich eine neue Hose brauche, Knick hin oder her. Ich teile der einzigen anwesenden Verkäuferin meinen Wunsch mit und wundere mich zehn Minuten später angesichts meiner in den Keller gerasselten Stimmung gar nicht mehr darüber, dass a) die Dame gleich angeödet wirkt wie ihr Kollege beim Eingang und b) das von mir gewünschte Modell in meiner Größe nicht vorrätig ist.

Das Teufelchen namens Ist-eh-alles-Wurscht, das in meinem Leben zum Glück stets nur Kurzauftritte absolviert, drängt mich dazu, die löchrige Hose in den Reisewäschekorb zu dreschen – mögliche Folgen würden sich ohnehin frühestens in zwei Tagen einstellen. Und seit ich in Salzburg lebe, hat es noch keinen Frust gegeben, der nicht bei einer Melange samt Himbeertorte im Café Tomaselli verduftet wäre. Jedoch weigern sich mein noch immer vorhandener Stolz und vor allem die von Mutterseite in aller Konsequenz durchgezogene Erziehung in Bekleidungsfragen, was absolut nicht geht, einfach so klein beizugeben. Ich entsinne mich des motivierenden Spruchs *get movin'!* und der dafür einstehenden Kärntner Werbe-Ikone. Die Melange muss also noch ein bisschen warten – auf in den nächsten Sportausstattungstempel!

So bemüht wie die junge Dame in der Bekleidungsabteilung ist noch kein Kellner im Tomaselli um mich gewesen; eine Wohltat zu den Nicht-Begegnungen vorhin, die ich gerne mit einem Kaufabschluss belohnen möchte. Das von mir gewünschte Modell hat sie zwar nicht im Angebot, wohl aber eine interessante Alternative: eine Dreiviertelhose, die mir ob der besseren Belüftung von unten für schweißtreibende Tätigkeiten im Schwarzwälder Spätsommer als passend erscheint. Aus später nicht nachvollziehbaren Gründen will ich visuell überprüfen, wie mich das gute Stück kleidet und entscheide mich deshalb für eine Anprobe. „Die Umkleidekabine ist gleich da vorne", weist sie mir mit ausgestreckter Hand den Weg.

Umkleidekabine ist ein bisschen hoch gegriffen, denke ich, als ich den dreiwandigen Holzverschlag auf Rollen samt Vorhang betrete. Das wahre Problem erkenne ich, als ich nach einer Sitzgelegenheit suche. Ein schmales Brett, in dessen Mitte ein Spiegel die Fläche noch einmal halbiert, ist das einzige Angebot. Natürlich könnte ich nach einem Sessel fragen, aber mein plötzlich erwachter Ehrgeiz, es auch so zu schaffen, stellt sich dieser guten Idee in den Weg. Und ein bisschen (ich muss es zerknirscht zugeben) hält mich auch der Stolz davon ab. Dabei sollte auch er wissen, dass es in manchen Situationen schlicht besser ist, auf hilfsbedürftig zu machen. Weil ich diese Möglichkeit aber kaum jemals in Betracht ziehe, bleiben mir auch die Folgen nicht erspart.

Während der nächsten Minuten zwingt mich der Mangel an Bewegungsfreiheit in dem winzigen Kabäuschen zu wildesten Verrenkungen, um den an sich simplen Ablauf *Schuhe und Hose ausziehen – Trainingshose anziehen – alles wieder retour* erfolgreich hinter mich zu bringen. Mein Hintern klammert sich an das schmale Brett, meine Füße rutschen auf Socken dauernd weg, und zwischendurch fragt die Verkäuferin auch noch freundlich durch den Vorhang: „Wie passt Ihnen die Hose?" – „Bei mir dauert das etwas länger", gebe ich ächzend zurück und verrenke mich weiter. Schließlich sitzt das Stück Polyester an mir, wie es soll und wird gekauft; nicht weil ich meine sichtbaren Unterschenkel darin so erotisch finde, sondern als Belohnung für die eben vollbrachte Anstrengung.

Diesen Laden verlasse ich weit weniger schwungvoll, als ich den ersten betreten habe. Auch in die Altstadt zieht es mich nicht mehr, Tomaselli-Melange hin oder her. Der Knick im Spiegel und die beinahe gescheiterte Mission *Changing Cubicle Storm* haben mich auf den Boden meiner körperlichen Realität zurückgeholt. Ich bin um eine Dreiviertelhose reicher, aber um große Erwartungen bezüglich des künftigen Trainingserfolges ärmer.

Vielleicht besser so, sinniere ich auf dem Heimweg und beschließe, die Woche in Bad Krozingen wie alle bisherigen dort in Angriff zu nehmen: positiv, motiviert und darauf vertrauend, dass mir Gutes widerfahren wird.

Sonntag: Frau Becker macht, was sie will, und Frau Menz schenkt mir eine Erkenntnis

Jenes Talent, das bei der Zuteilung vor vierzig Jahren den weitesten Bogen um mich gemacht hat, war zweifelsohne der Orientierungssinn. An den Genen kann es nicht liegen: Mein Vater findet nach einem kurzen Blick auf den Stadtplan jeden beliebigen Punkt in Wien. Ich dagegen habe auf der verzweifelten Suche nach dem richtigen Weg schon so viel Benzin verfahren, dass die OMV ernsthaft in Erwägung zog, das große Pipeline-Projekt nach mir zu benennen statt nach der Oper eines toten italienischen Komponisten.

Seit einigen Jahren gibt es für alle, die mit der schweren Bürde der geografischen Planlosigkeit geschlagen sind, ein technisches Wunderwerk: das GPS-Navigationssystem, kurz Navi. Satelliten bestimmen den Standort des Geräts und errechnen mit Hilfe gespeicherter Straßenkarten den schnellsten Weg zum vom Fahrer eingegebenen Zielort. Das Studieren von Karten auf Papier wird obsolet, sowohl vor der Fahrt (in meinem Fall aufgrund mangelnder räumlicher Vorstellungskraft ohnehin zwecklos) als auch unterwegs, wodurch eine nicht zu unterschätzende Gefahrenquelle eliminiert ist, sofern man allein im Auto sitzt und nicht alle zehn Kilometer zwecks Neuorientierung stehenbleiben will. In meinem Auto sorgt Frau Becker für den richtigen Weg.

Ihren Vornamen hat sie mir noch nicht verraten, mich aber verlässlich ans Ziel gebracht, auch wenn sie mich zwischendurch mit einem strengen „Wenn möglich, bitte jetzt wenden!" zurechtweisen musste.

Zu den wichtigsten Reisevorbereitungen zählt daher, Frau Becker online mit aktuellem Kartenmaterial zu versorgen. Ich tue dies so gewissenhaft, wie ich auch die Musik für die gut sechsstündige Fahrt auswähle: Schweinsrock aus den 80ern von *Asia* gehört für mich zum guten Reiseton wie feinster amerikanischer Bluegrass von *Alison Krauss* und Bodenständigkeit von meinen italienischen Lieblingen *Nomadi*, die kraftvolle Lebensbejahung von *Rosenstolz* und die treffsichere Ironie der Musikkabarettisten *Pigor & Eichhorn*. Wer nun über meinen Musikgeschmack lästert, tut dies bestimmt auch über die Tatsache, dass ich nach sechs Fahrten immer noch die Hilfe von Frau Becker benötige, um die Klinik für Biokinematik in Bad Krozingen zu finden. Dazu ein Gleichnis, weil heute Sonntag ist: Der Weise überquert eine stark befahrene Straße auch nicht an beliebiger Stelle, nur weil er den Zebrastreifen schon kennt.

Knapp vor 9 Uhr ist es so weit. Frau Becker steht am Start, der Kilometerzähler auf 0 und das Automatikgetriebe auf *Drive*. Ich fühle mich so, wie *Asia* in ihrem ersten Lied *Finger on the Trigger* singen, das aus den Boxen dröhnt: „We got a good thing going on!" Frau Beckers Stimme kann gegen diese machtvoll dargebrachte Überschrift für die kommenden Tage nichts ausrichten, aber selbst ich habe mir die Strecke in ihren Grundzügen gemerkt: Salzburg – München – Ulm – Stuttgart – Karlsruhe – Freiburg – Bad Krozingen, fast alles Autobahn. Und weil auch ein Orientierungsloser in der Lage ist, Straßenschilder zu lesen, kann rein gar nichts schiefgehen.

Kaum habe ich *Asia* auf Mitsinglautstärke zurückgedreht, weist Frau Becker mich noch weit vor München an, die Autobahn zu verlassen. Meine Überzeugung von der Streckenkenntnis erfährt einen leichten Dämpfer, und in meinen Gedanken taucht das Bild von einem Megastau auf, den mich meine elektronische Helferin in weiser Voraussicht umfahren lässt. Da aber auch in Deutschland die meisten LKWs an Sonntagen nicht fahren dürfen und zudem auf den Landstraßen rund um Holzkirchen kaum Verkehr herrscht, scheidet diese Option aus. Ich habe nicht vor, stundenlang durch die bayrische Pampa zu gurken und überstimme sohin Frau Becker, indem ich die nächste Auffahrt zurück auf die A8 in Richtung München nehme. Eine Weile gibt sie sich noch bockig („In einem Kilometer die Autobahn verlassen!"), erkennt aber schließlich mit den Worten „Neuberechnung der Route" die Tatsache an, dass ich es bin, der hinter dem Lenkrad sitzt.

Beim Kreuz München Süd gabelt sich die Straße nach Stuttgart und Garmisch-Partenkirchen, was Frau Becker, plötzlich ganz bayrischer Sturschädel, wieder zum Aufbegehren nutzt. Dreimal fordert sie mich mit ihrem oberstudienrätigen Infinitiv auf, Richtung Garmisch zu fahren. Das will ich definitiv nicht, tue es dann aber doch, ohne zu wissen, warum. Als Frau Becker mich trotz meiner Folgsamkeit nach wenigen Kilometern wieder von der Autobahn verscheuchen will, ist es allerhöchste Zeit für eine erste Pause, um unsere bis dato gelungene Beziehung zu retten – der schwungvolle Wurf des Navi aus dem fahrenden Auto wäre der endgültigen Scheidung gleichgekommen. Damit meine virtuelle Beifahrerin versteht, warum ich nicht ihrer Anweisung, sondern einem McDonald's-Schild folge, sage ich es laut und deutlich: „Ich brauche jetzt einen Kaffee!"

Der starke Espresso beruhigt mein Gemüt, die Erdbeer-Buttermilch-Schnitte meinen Magen. Beides wird durch ein dankbares Lächeln für die asiatische Kellnerin sicht- und ein zufriedenes Grunzen beim Hinausgehen hörbar. Jetzt habe ich wieder die Nerven zur Kontrolle der Daten, mit denen ich Frau Becker in Salzburg gefüttert habe. *Herbert-Hellmann-Allee 29, 79189 Bad Krozingen* leuchtet sie mir entgegen. Stimmt alles. Warum aber will sie partout nicht die Autobahn nehmen? Ein wenig verloren blinzle ich in die warme Spätsommersonne und dann in die bayrische Landschaft. Wie schön es hier ist, denke ich plötzlich, und gleich darauf fällt mir ein, dass ich schon lange nicht mehr so richtig neugierig war.

Hast du gestern nicht beschlossen, alles zu akzeptieren, was diese Woche bringt? Am besten fängst du genau jetzt damit an. Mit einem inneren wie äußeren Ruck setze ich mich in meinem Golf zurecht und übertrage Frau Becker per Tastendruck die völlige Entscheidungsgewalt über die Strecke.

Gut fünf Stunden später weiß ich, dass die schönste aller sieben Fahrten nach Bad Krozingen hinter mir liegt. Nur von kurzen Autobahnabschnitten unterbrochen, glitt ich vorbei an Seen, durch Wälder und kleine Ortschaften. Frau Beckers Anweisungen klangen viel freundlicher, und ich folgte ihr gerne, auch wenn sie mich mitten in einem Marktflecken ohne für mich erkennbaren Grund von der Hauptstraße abbiegen hieß. Durchs Allgäu ging es nach Baden-Württemberg, an Weingärten und am Bodensee entlang – nirgendwo hätte die Mittagspause schöner sein können als in der Altstadt von Meersburg – und schließlich durch die Ravennaschlucht nach Freiburg. Eine Viertelstunde später war ich am Ziel.

Auf dem Parkplatz der Klinik stelle ich überrascht fest, dass ich mir rund 80 Kilometer erspart habe – und zudem den Stress auf einer von allgemeinen Tempolimits befreiten Rennstrecke, mit der nicht wenige Verkehrsteilnehmer das hochrangige Straßennetz Deutschlands verwechseln. Zufrieden schwinge ich mich aus dem Wagen, blicke auf die bekannten Gebäude und bin angekommen.

Danke, Frau Becker!

Einmal hörte ich von der Verleihung der Goldenen Ehrennadel durch den Tourismusverband Wenigzell an ein Wiener Ehepaar für 37 Jahre ununterbrochene Sommerurlaubstreue. Es ist als sicher anzunehmen, dass die beiden auf der Suche nach Landluft nicht nur stets den gleichen Gasthof, sondern dort auch das gleiche Zimmer gebucht haben.

Meine ironischen Bemerkungen dazu fallen mir beim Betreten des vorab gewünschten Zimmers Nummer 27 ein, beim vertrauten Geruch im Speisesaal, beim freundlichen Gruß der Kellnerin. Zufrieden löffle ich die feine Knoblauchcremesuppe und denke ganz ironiefrei, dass das Wissen um gute Rahmenbedingungen etwas für sich hat – ganz gleich, ob man eine Woche über Almwiesen spazieren will oder sich mehrmals täglich rücklings um einen Baumstamm wickeln muss. Diese Königsdisziplin der Therapie, vergleichbar nur mit der Herrenabfahrt auf der Kitzbüheler Streif, erläutere ich später.

Mangels eines Gesprächspartners – auf der Serviettentasche am Platz gegenüber steht ein Name, doch der Herr hat offenbar am Sonntagabend Besseres zu tun, als mir zur Begrüßung von den bereits durchlittenen Schmerzen zu berichten – ziehe ich mich gleich nach dem Dessert auf mein Zimmer zurück. Ich setze mich aufs harte Bett (zwei Zentimeter Futon und darunter Holz sind jedes Mal eine neue Herausforderung) und konzentriere mich mehr auf meine Dehnungsübungen als auf den mit Sozialdepression überladenen *Tatort* im Fernsehen. Meine Müdigkeit und die zu erwartende Intensität des ersten Trainingstages morgen lassen meinen Zeigefinger mehrmals zum *Aus*-Knopf auf der Fernbedienung wandern. Als Freund politischer Gesprächsrunden im deutschen Fernsehen bin ich jedoch neugierig, wie sich Günther Jauch bei seinem ersten Auftritt als Cheftalker in der Nachfolge von Anne Will präsentiert. Auch das Thema verspricht einiges: „10 Jahre nach dem 11. September – waren die beiden Kriege gerechtfertigt?" Jauch wird seinem guten Ruf gerecht und führt geschickt durch eine kurzweilige Diskussion mit Beiträgen für und wider Afghanistan- und Irakinvasion. Am Ende kommt Tanja Menz zu Wort, deren Sohn Konstantin als Soldat der Bundeswehr in Afghanistan war und dort bei einem Anschlag getötet wurde.

Diese Frau wird niemals wissen, wie sehr sie mit nur wenigen Sätzen mein Leben beeinflusst hat. Nach einem solchen Schicksalsschlag hätte kein Mensch auf der Welt ihr den Hass gegen alle an diesem Krieg beteiligten Seiten verdenken können, doch Menz lässt nichts davon erkennen. Dies beeindruckt mich so sehr, dass ich ihren Dialog mit Jauch an dieser Stelle vereinfacht wiedergebe.

GJ: „Warum haben Sie nicht versucht, Ihren Sohn davon abzuhalten nach Afghanistan zu gehen?"

TM: „All seine Freunde sind gegangen. Er hätte es als Verrat an der Freundschaft betrachtet, sie im Stich zu lassen."

GJ: „Was empfinden Sie beim Gedanken an den Attentäter?"

TM: „Das war ein 19-jähriger Bursche. Ich habe oft überlegt, was er wohl schon mitgemacht haben muss, dass er in ein Bundeswehrlager geht und weiß, er wird es nicht lebend verlassen."

GJ: „Wie verarbeiten Sie die Trauer um Ihren Sohn?"

TM: „Mir tut es leid, dass Konstantin erst 23 war und nun so viele Dinge nicht mehr erleben wird. Aber wir sind glücklich und dankbar, dass er in unserer Familie war."

Nie bricht die Stimme dieser Frau. Ihre Augen und ihr Gesicht lächeln, ihr Wesen strahlt Güte und Lebenszuversicht aus. In ihrer positiven Einfachheit lässt sie mich erkennen, dass sich die Größe eines Menschen nicht in den Höhen seines Seins zeigt, sondern im Umgang mit den Tiefen. Ich warte, bis Tanja Menz ein letztes Mal gezeigt wird, und schicke ihr all meine Hochachtung.

Meine letzten Gedanken an diesem Tag kehren zu den Erwartungen für die Therapie zurück und auch zur Angst, enttäuscht zu werden. Ich bin dankbar für alles Gute, das mir bisher widerfahren ist. Durch die Worte von Tanja Menz erkenne ich, dass das wohl größte Geschenk auch dabei war: die persönliche Stärke, alle Gegebenheiten meines Lebens anzunehmen und in gerechter Weise damit umzugehen.

Montag: das immer neue Vertraute und ein spektakuläres Überholmanöver

„Wenn du nicht zu mir kommst, muss ich zu dir hinunterkommen."

Ich vernehme die bekannte Stimme hinter meinem Rücken, denn um 9 Uhr befinde ich mich schon im kleinen Übungsraum der Klinik. Auf einer Turnmatte kniend, bereite ich mich auf die erste Einheit mit meiner Therapeutin Judith Köck vor, die in einer halben Stunde angesetzt ist.

Judith beugt sich zu mir und küsst mich auf beide Wangen – Ausdruck einer Vertrautheit, die sich im Laufe der vergangenen Jahre entwickelt hat und auch für eine ideale Beziehung steht, wie sie zwischen Patient und Therapeut herrschen sollte. Wir arbeiten professionell zusammen und sind auch freundschaftlich verbunden. Obwohl wir einander nur diese eine Woche im Jahr sehen, ist das wichtig für mich. Egal ob Mann oder Frau, Daniel oder Judith: Ein Therapeut berührt mich im wahrsten aller Sinne dieses Wortes. Deshalb muss ich ihn mögen und auch über persönliche Dinge mit ihm sprechen können. Ich habe das große Glück, dass mir beide auf diese Weise begegnen und ich weiß, dass ich bei Problemen auch abseits vereinbarter Therapiestunden auf Hilfe zählen kann.

„Lass es ruhig angehen", sagt Judith noch. „Bis später."

Wüsste ich nicht, mit welcher Kraft und Bestimmtheit die 35-Jährige ihre Hände einzusetzen versteht, würde ich sie für zierlich halten. Ich schaue ihr nach, wie sie mit raschen Schritten in Richtung der Behandlungsräume geht, freue mich auf die gemeinsame Arbeit und setze meine Übungen fort.

Als Judith fünf Minuten nach halb zehn in den Einzeltherapieraum kommt, entschuldigt sie sich für die Verspätung, lässt meine Behandlungsakte mit lautem Klatschen auf das Tischchen in der Ecke fallen und sich selbst in einen Korbsessel. Dieses Ritual gehört zu ihr wie die Kompetenz als Therapeutin und ihr fröhliches Wesen. Sie überreicht mir meinen Stundenplan für die ganze Woche, der mir so vertraut ist wie mein Trainingsanzug: Zwei Einzeltherapien zu je 30 Minuten am Vormittag, dazwischen Übungen am Baumstamm; nach dem Mittagessen nochmals ein bis zwei Intensiveinheiten und zuletzt eine Stunde Training in der Gruppe. Die Zeit dazwischen steht „zur freien Verfügung". Urlauber verbinden diese Floskel wohl mit Einkaufsbummel oder Cocktails an der Poolbar. Beim Studium des Merkheftes, das man in der Klinik für Biokinematik zur Begrüßung in die Hand gedrückt bekommt, wird schnell deutlich, dass hier etwas anderes gemeint ist. Dort sind jene zwei Grundregeln festgehalten, die auch von den Therapeutinnen immer wieder genannt werden:

1. *Sie werden Schmerzen haben, und die müssen Sie aushalten. Der Körper wird von einem falschen auf ein richtiges Bewegungsmuster umgestellt. Dagegen wehrt er sich, und das kann am Beginn weh tun.*

2. *Die Zeit zwischen den Behandlungen dient zur Intensivierung und Vertiefung der erlernten Übungen. Dazu stehen Ihnen die beiden Übungsräume täglich von 6 bis 23 Uhr zur Verfügung. Nutzen Sie diese Zeit.*

Persönlich fasse ich diese Regeln in fünf Worten zusammen. Dazu habe ich nicht sieben Therapiewochen in sechs Jahren gebraucht, die allerersten fünf Tage im Jahr 2006 reichten locker: *Auf Urlaub fahren die anderen.*

Unser Eröffnungsgespräch läuft gleich ab wie im Jahr zuvor. Judith fragt meinen körperlichen Allgemeinzustand ab, ob es Verletzungen oder besondere Entwicklungen im Therapieverlauf mit Daniel gegeben habe. Danach will sie von mir ein Ziel genannt bekommen, das ich in dieser Woche erreichen will. Ich gebe ihr eine Antwort, die sich – davon bin ich überzeugt – bis hin zur letzten Therapiestunde meines Lebens nicht ändern wird: „Ich freue mich über jeden Fortschritt, den ich erreichen kann." Dass sich plötzliche Erwartungen beim simplen Kauf einer Hose recht schnell erledigt haben, behalte ich für mich.

Wie um ein offizielles Startzeichen zu geben, schlägt Judith die Handflächen auf ihre Oberschenkel, steht auf und tritt an die Massageliege. „Dann legen wir los."

In meiner Fantasie ist sie dafür mit schwarzer Stoffmaske und Henkersaxt bestens gerüstet.

Es erscheint mir jedes Mal paradox, dass die Therapien am ersten Tag in Bad Krozingen mehr Schmerzen bereiten, als ich es vom vergangenen Jahr in Erinnerung habe. Ich übe zuhause beinahe täglich und intensiv, doch es macht einen Unterschied, ob diese Intensität bis zum ersten Spüren einer Grenze anhält, oder ich durch die verbale und tatkräftige Autorität einer Therapeutin bewiesen bekomme, dass dahinter noch zwei, drei weitere Grenzsteine stehen, die mit Willen und Durchhaltevermögen durchaus erreichbar sind.

Judith veranschaulicht diese These gleich mit einer Dehnungsübung für meine verkürzten Adduktoren mit gleichzeitiger Muskelgegenspannung. Mit ihren gut 60 Kilogramm stemmt sie sich gegen meine nach außen gedrehten Knie, was sowohl an den Leisten weh tut als auch an den Hüften. Ich wappne mich gegen den Moment, wenn sie loslässt; erfahrungsgemäß ist dies der schmerzhafteste.

„Das schaut ganz gut aus", meint Judith zufrieden. Mein Kommentar erschöpft sich in einem Schnaufen, da bringt sie sich schon wieder in Position: „Auf ein Neues."

Danach folgen die etwas angenehmere Triggerpunktbehandlung („Finger on the Trigger", Sie erinnern sich) und ein paar Probeschritte durch den Raum. Nach zehn Uhr wird Judith bereits vom nächsten Patienten erwartet, und so begebe ich mich wieder in den kleinen Übungsraum, um bis zu meinem nächsten Termin der Grundregel Nummer zwei Genüge zu tun.

All jene, denen ich bisher noch kein Beweisfoto unter die Nase gehalten habe, werden mit Übungen am Baumstamm wenig anfangen können. Dahinter verbirgt sich eine simple Theorie, die Dr. Walter Packi als Erfinder der Biokinematik aufgestellt hat:

1. *Schmerz und Schmerzursache sind räumlich getrennt.*
2. *Das, was weh tut, ist gesund. Das, was nicht weh tut, ist krank.*

Meine persönliche Krankengeschichte verdeutlicht, was damit gemeint ist. Ich kam 2006 wegen starker Rückenschmerzen, die schon drei Jahre lang andauerten und deren Ursache keine Therapie hatte beheben können. Zu meinem Erstaunen behandelten der Arzt und seine Therapeutinnen aber nicht meine Rücken-, sondern meine Bauchmuskulatur. Der logische Hintergrund: Meine Bauchmuskeln waren durch eine Fehlhaltung schon so verkürzt, dass sich der Rücken nur noch unter Schmerzen dagegenstemmen konnte.

„Ganzkörperbaustelle", sagte der Arzt nach einem kurzen Griff in meine rechte Leiste, der höllisch weh tat. Als Aperitif erhielt ich sechzehn krampflösende Injektionen in Bauch und Rücken – die erschreckend langen Nadeln, die ein Arzt mit dem schmeichlerischen Namen Bruder dafür verwendete, sind eine bleibende Erinnerung. Am folgenden Tag begann ein Therapiemarathon, der so kräfteraubend und schmerzhaft war, dass ich mir mehr als einmal schwor, nie mehr herzukommen.

Als ich Dr. Packi am Ende jener Woche wieder zu Gesicht bekam, malträtierte er nicht mehr meine Leiste. Er stellte nur eine Frage: „Was macht der Rücken?"

Noch heute denke ich mit Staunen an meine damalige Antwort.

Zwei Tage früher wäre mir jener Satz niemals auch nur in den Sinn gekommen.

„Tut nicht mehr weh."

Der Arzt nickte zufrieden und sagte: „Wenn Sie wiederkommen, machen wir die Beine."

Seine Worte waren für meine Ohren die süßeste Melodie. Auch wenn mir schon als Jugendlicher die Unmöglichkeit der Heilung von spastischen Lähmungen bewusst war, sah ich durch das beinahe wundersame Verschwinden der Rückenschmerzen erstmals eine Chance auf beständige Verbesserung. Und ich beschloss, die mir zur Verfügung stehende Kraft einzusetzen und alle dafür notwendigen Schmerzen zu ertragen.

Mehr als sechs Jahre und ebenso viele Therapiewochen in Bad Krozingen nach diesem Versprechen sage ich es mit Stolz und Dankbarkeit: Ich habe die Chance genutzt. Die Rückenschmerzen sind nicht zurückgekehrt, und auch meine Beine haben sich in Kraft, Gangbild und Standfestigkeit so stark verbessert, dass zwei Grazer Ärzte, die ich regelmäßig zur Begutachtung konsultiere, keine schulmedizinische Erklärung dafür finden.

Wer zum ersten Mal den großen Übungsraum betritt, dessen Blick fällt sofort auf zwei wuchtige Baumstämme, die parallel zueinander auf stabilen Blöcken ruhen. Ein dritter, dünner Stamm liegt gleich ausgerichtet davor auf dem Boden. Dieser kommt, wie ich als Anfänger 2006 erfuhr, meist nur bei ebensolchen zum Einsatz. Als mir Judith damals in ihrer schwungvollen Art demonstrierte, wofür diese Übungsvorrichtung gedacht war, konnte ich meinen ersten Kommentar nur mit Mühe für mich behalten: *Die spinnt komplett!!!* Als Gentleman der alten Schule formuliere ich es dann doch etwas anders: „Gestatten Sie mir eine Frage: Kann mir das schaden?" Sie schüttelte heiter den Kopf. „Es wird weh tun, schadet aber nicht. Im Gegenteil, es ist sehr effektiv."

Also setzte ich mich auf den großen Baumstamm in der Mitte, stützte meine Füße am Stamm vor mir ab. Judith setzte sich rittlings neben mich, legte ihren rechten Arm um meine Schultern und sagte:

„Die Füße gehören *unter* den Stamm. Aber versuchen Sie es vorerst nur mit einem, das ist leichter." Ich tat wie geheißen. „Und jetzt mit dem Oberkörper nach hinten, in einer Bewegung. Keine Angst, ich lasse Sie nicht fallen."

Es dauerte nur Sekunden, bis der Schmerz wie tausend glühende Nadeln in meinen Rücken fuhr. Ich konnte nicht einmal schreien, so plötzlich drückte es mir die Luft heraus. Sofort hob Judith mich hoch.

„Ganz ruhig atmen, Herr Glanz. Den anderen geht es genau so wie Ihnen, wenn diese Übung neu ist." Sie wartete, konnte aber auf die drei beliebtesten Worte unter Therapeuten nicht verzichten. „Noch ein Versuch."

„Moment", schnaufte ich. „Was passiert dabei in meinem Rücken? Es fühlt sich an, als würde er durchbrechen."

„Alle Patienten empfinden das", bestätigte sie. „In Wahrheit sind die Bauchmuskeln so stark verkürzt, dass sich der Rücken nicht mehr richtig bewegen kann und deshalb weh tut. Genau das müssen wir ändern. Zweiter Durchgang?"

Judiths Blick verdeutlichte mir, dass diese Frage rein rhetorisch gemeint war.

In der Biokinematik ist die Übung am Baumstamm die Königsdisziplin, weil eine Vielzahl von Muskeln gleichzeitig angespannt werden müssen, von den Zehenspitzen bis zum Haaransatz. Immer noch ist es eine Herausforderung für mich, in den Abbruchschmerz zu gehen, aber ich weiß auch, dass es einen Schritt darüber hinaus gibt. Inmitten der Überzeugung, es nicht mehr länger auszuhalten, geben die Bauchmuskeln ihre verzweifelte Anspannung auf und machen sich ungeahnt lang. Das vermindert nicht die Intensität, löst aber andere Muskelketten aus der Verkürzung. Wenn ich mich nach einer Serie am Baumstamm aufrecht stehend im Spiegel anschaue, bin ich jedes Mal erstaunt über meine wahre Größe.

Schon im zweiten Jahr hatte ich die Schulter- und Kopfstütze durch Judith und die anderen Therapeutinnen nicht mehr nötig. Ich war in der Lage, beide Fußrücken unter den zweiten Stamm zu halten und benötigte nur am rechten Bein Stabilisierung. Nach und nach wurde der Schwierigkeitsgrad gesteigert, was auch meinen Ehrgeiz weiter anfachte, es besser zu machen.

Zur Begrüßung lasse ich meine Hand über die raue Oberfläche gleiten und fühle mich wie ein Rennfahrer vor dem Start. Jetzt geht es wirklich los – von 0 auf Schweißausbruch in zehn Sekunden. Ich nicke Therapeutin Yvonne zu, die schon wartend zwischen meinen gespreizten Beinen steht, und lasse mich nach hinten sinken. Der Schmerz kommt, ich kämpfe dagegen an, strecke aber bald meine Hand in die Höhe zum Zeichen, dass es genug ist. Sie zieht mich hoch und meint in breitestem Badisch: „Desch reicht für de Anfang.“

Ich bin nicht zufrieden, weiß aber, dass sie recht hat: Die erste Einheit am Baumstamm lässt kaum für anderes Platz als Schmerzen. Gelegenheiten zur Steigerung sind üppig vorhanden, denn bis zum Ende der Woche stehen gut vierzig Wiederholungen an. Und am Ende sollte es so aussehen:

Beim verdienten Mittagessen lerne ich meinen Tischgenossen kennen. Herbert ist ein freundlicher Schweizer Finanzbeamter, dessen Verhalten kein Klischee auslässt: korrekt, höflich, leise, hilfsbereit, zuvorkommend und ein aufmerksamer Zuhörer. Wir verstehen einander auf Anhieb, und auch die übrigen Patienten der Woche strahlen positive Motivation aus.

Wie in den Jahren zuvor halte ich bis zur nächsten Einzeltherapie Siesta, höre mit am Bett hochgelegten Beinen Musik, döse vor mich hin. Der zarte Sopran von Alison Krauss entspannt mich, doch schon eine Stunde später ist es wieder Zeit für *Finger on the Trigger* – die Jungs von *Asia* haben keinen Schimmer, welche Bedeutung ihrem stampfenden Rocksong in der Klinik für Biokinematik verliehen wird!

Die Gruppenstunde – gedacht zur Vertiefung der Übungen unter Aufsicht, wobei die Therapeutinnen zwischen ihren Patienten hin und her wechseln – ist für mich der offizielle Abschluss des ersten Tages. Ich lege mich wieder über den Baumstamm, mache aber zwischen den Einheiten auf dem Boden und an der Sprossenwand größere Pausen als üblich. Die Woche ist noch lang, und ich möchte zudem verhindern, dass sich der schon mit breitem Grinsen wartende Bauchmuskelkater morgen Früh zu vollster Pracht entfaltet.

Nach über sechs Stunden in Übungs- und Therapieräumen fordern meine Lungen heftiger frische Luft als meine Muskeln Ruhe. Und so verschiebe ich die fällige Dusche und schnüre meine Laufschuhe. Zwar laufe ich nicht, doch weil ich ohne speziellen Umbau darin spazieren gehen kann, tue ich das seit drei Jahren mit viel Freude, sind diese Schuhe doch sichtbarster Erfolg meiner Anstrengungen.

Mein halbstündiger Rundweg führt an Kranken- und Kurhäusern vorbei in einen Park, an einem Bach entlang und zurück zur Herbert-Hellmann-Allee, an der die Klinik liegt. Ich setze meine Schritte langsam und bewusst, konzentriere mich auf die Atmung und genieße die warme Spätsommersonne. Zwischendurch bleibe ich stehen, stütze mich an einem Geländer oder einer Bank ab und strecke meinen Körper. Dies sind willkommene Pausen, die zudem helfen, den Spaziergang aufrechter und damit effizienter fortzusetzen.

Gerade mit diesem Tun beschäftigt, biegt vor mir eine kleine, rundliche Frau von vielleicht 70 Jahren aus einem Hoteleingang auf meinen Weg. Sie schiebt einen Rollator vor sich her, aber auch eine intensive Beobachtung ihrer Bewegungen erschließt mir nicht, wofür sie diesen verwendet. Mag sein, dass der Therapiebehelf ihr Sicherheit gibt, doch die Notwendigkeit liegt für mich auf dem Niveau eines Einkaufswagens für zwei Packungen Taschentücher.

So ein Ding brauche ich nicht und werde es auch nie brauchen!

Die kategorische Feststellung in meinem Kopf schreckt mich aus meiner Gemächlichkeit hoch und gibt so den Startschuss für ein spektakuläres Überholmanöver. Ich verdopple die Frequenz meiner Schritte, hole die Frau noch vor dem Park ein und warte in ihrem Windschatten auf meine Chance. In einer leichten Kurve, Verbindungsstück zwischen einem Parkplatz und dem fein geschotterten Gehweg entlang hoher Laubbäume, schere ich nach rechts aus und ziehe unwiderstehlich an ihr vorbei – tosender Jubel von den Zuschauerrängen und im Boxenfunk!

Mangels Rückspiegel drehe ich mich nach einer Weile um. Sofort wird mir klar, dass von Danica Patricks Uroma kein Gegenangriff zu erwarten ist. Noch immer beide Füße am Gas, verlasse ich den Park an gewohnter Stelle und erkläre diese sogleich zu meiner persönlichen Ziellinie eines erfolgreichen ersten Therapietages.

Durch die offene Tür zur Rezeption strahle ich die Dame hinter dem Schreibtisch so herzlich an, dass sie unwohl auf ihrem Stuhl hin und her rutscht. Um sie nicht vollends zu verwirren, verzichte ich auf das beidhändige Victory-Zeichen und den „Mission accomplished!"-Spruch (der ist nicht von mir, aber im Gegensatz zu George W. Bush hätte es an dieser Stelle wenigstens gestimmt), und nehme in meinem Hochgefühl auch noch die Treppe in den ersten Stock im Laufschritt. Die nun überfällige Dusche werde ich mindestens so genießen wie Sebastian Vettel, wenn auch ohne Champagner.

Ein kühles *Murauer Pils* wäre mir als Siegestrank ohnehin lieber.

Dienstag: Visite zwischen Genie und Wahnsinn

Während der Therapiewoche ist mein Schlaf stets traumlos. Anfangs hat mich das überrascht, denn zuhause träume ich oft intensiv und in so klaren Konturen, dass ich mir am Morgen verwirrt Fragen stelle wie *Wo hast du diese Frau zuletzt gesehen?* oder *Von wem stammt die hohe Überweisung auf mein Konto?* Erst das vertraute Knacken meiner Gelenke beim Aufstehen macht mir wieder klar, es gab keine amouröse Begegnung und auch keinen unerwarteten Geldsegen.

Vermutlich liegt es an der den Anstrengungen des ersten Therapietages geschuldeten Müdigkeit, dass ich wie ein Stein durchschlafe und beim Öffnen der Augen in dem kleinen Hotelzimmer sofort weiß, wo ich bin und was ich hier tue.

„Autsch!"

Das simple Anwinkeln der Knie schickt ein herzhaftes *Guten Morgen!* von den Bauchmuskeln ins Gehirn; offenbar waren sie nicht gewillt, den Gruß der Gelenke abzuwarten. Ich rolle mich mit Schwung zur Seite, was zwar mein Sixpack in Ausbildung überlistet, mir dafür aber heftigen Protest von der rechten Hüfte über die viel zu dünne Matratze einbringt. Da spürt man jeden Knochen – nie war eine billige Floskel wahrer als diese.

Angesichts solch entschiedener Gegenwehr nehme ich drei notwendige Versuche fürs Anziehen der Socken als passabel hin. Weil es heute keine einzige Körperbewegung geben wird, die ohne den deftigen Hinweis auf Bauchmuskelkater auskommt – vom Frisieren bis zum Treppensteigen –, entscheide ich mich für Ignorieren als Idealstrategie und freue mich aufs reichhaltige Frühstück.

„Guten Morgen! Wie geht es dir heute?"

„Mir tut ALLES weh."

„Fein! Dann machen wir jetzt am besten genau da weiter."

„Gibt es irgendein Mittel gegen den Bauchmuskelkater?"

„Ja, üben."

Ich kann nicht sagen, wie oft Judith und ich diesen Dialog am Beginn unserer täglichen Einzeltherapie bereits geführt haben, beiderseits frei von jeglicher Ironie. Wir wissen, dass der eingeschlagene Weg richtig ist, und haben den gleichen Ehrgeiz, die nächsten Schritte zu gehen. Mit meinem Wunsch, alles möge mit weniger Schmerzen vonstatten gehen, stehe ich allein da, aber so steht es nun einmal in der Rolle meines Lebensstücks geschrieben.

„Dr. Packi will dich heute sehen", sagt Judith während der Arbeit. „So gegen 11 Uhr ist er da."

„Muss wohl sein", kommentiere ich mit wenig Begeisterung. „Hoffentlich dauert es nicht zu lange."

Schon unsere erste Begegnung vor sechs Jahren war weit von einem üblichen Arzt-Patient-Gespräch entfernt, doch seit sich sein Gesundheitszustand nach einem Schlaganfall und anderen Problemen merklich verschlimmert hat, nehmen die Visiten beim Erfinder der Biokinematik stets kuriosere Formen an. Einzig Judiths Versicherung, er behandle jeden Patienten wie ein seelenloses Stück Fleisch, hat mich bisher davon abgehalten, einfach aufzustehen und das Arztzimmer ohne ein Wort zu verlassen.

Vor drei oder vier Jahren schlurfte der kleine Mann mit dem ungepflegen Vollbart auf seine typische Art – grußlos und mit finsterer Miene – während unserer Einzeltherapie ins Behandlungszimmer und übernahm sofort das Kommando bei einer Übung. Wie Schraubstöcke legten sich seine Hände um Knie und Fußsohle, und er hieß mich, gegen seinen Druck zu arbeiten. Ich gab alles, doch als mir die Kraft ausging und ich das Bein lockerte, war Packi unzufrieden.

„Sie bemühen sich nicht genug."

Dieser Vorwurf machte mich zornig, weil seit meinem ersten Tag hier in der Klinik das Gegenteil der Fall war. Alle Therapeutinnen wussten das und bestätigten mir immer wieder, dass mein Einsatz weit über dem Patientendurchschnitt lag. Vielleicht hatte der Arzt mit dem Satz, „Wenn Sie wiederkommen, machen wir die Beine", schlicht zu viel versprochen und erkannte nun, dass doch nicht mehr alles einzurenken war. Und dafür schob er mir auf billige Weise die Schuld zu.

„Ich weiß schon, wenn ich im Alter von fünf Jahren zu Ihnen gekommen wäre, könnte ich ganz normal gehen."

Dies sagte ich in der Hoffnung, er möge die Ironie in meiner Stimme hören und die Sache auf sich beruhen lassen. Dr. Packi aber erwiderte seelenruhig: „Zehn hätte auch gereicht."

In der nächsten Sekunde hörte ich Judith, die am Kopfende der Massageliege stand, scharf die Luft einziehen in der Befürchtung, der

Arzt hätte soeben aus bloßer Angeberei den Keim immerwährenden Zweifels in mich gelegt. Kaum hatte er ohne ein weiteres Wort den Raum verlassen, schob sie sich in mein Blickfeld und sagte beinahe streng: „Du vergisst diesen Blödsinn sofort wieder, okay? Es ist einfach nicht wahr. Vor 25 Jahren war er noch nicht so weit mit seiner Entwicklung, dass er dir hätte helfen können." Sie schaute zur Tür und grollte: „Manchmal könnte ich ihn wirklich ..." –

„Keine Angst, Judith, ich gehöre nicht zur Hätti-Wäri-Fraktion. Ich bin dankbar, ihn und dich mit 34 kennengelernt zu haben." Ich lächelte, um ihr zu zeigen, dass nicht nur Worte, sondern Überzeugungen aus meinem Mund kamen. „Meine Eltern haben immer alles Menschenmögliche für mich getan. Ihnen jetzt vorzuwerfen, sie hätten damals von dieser Therapie nichts gewusst, wäre ungerecht. Und noch etwas kommt dazu: Als Erwachsener kann ich den Sinn der Schmerzen einordnen und mich ihnen stellen. Wäre ich auch als Kind dazu in der Lage gewesen?"

Judith nickte, aber noch immer war ihre Stirn vor Ärger krausgezogen, was mir gar nicht gefiel. Also tätschelte ich leicht ihren Arm und fügte noch an: „Ich habe dir oft gesagt, wie glücklich ich über jeden Fortschritt hier bin. Daran wird sich nie etwas ändern, schon gar nicht durch eine plumpe Gedankenlosigkeit. Komm, machen wir weiter."

An dieses Erlebnis erinnere ich mich, als Elvira, das kleine, stets freundliche Organisationsgenie des Hauses, mich mit den Worten „Dr. Packi ist jetzt da" im kleinen Übungsraum aufsucht und mir eines der Arztzimmer nennt, in dem ich mich in drei Minuten einfinden soll. In aller Ruhe schließe ich eine eben begonnene Übung ab und mache mich auf den Weg. Die Tür ist nur angelehnt, also klopfe ich, trete ein und grüße vernehmlich.

Vor dem Erschießungskommando kann es nicht anders sein – gleich werden sie mir die Augen verbinden.

Die Szene ist so unwirklich, dass mir dieser Gedanke näher scheint als alle medizinischen Fragen, die ich Dr. Packi noch zehn Sekunden zuvor stellen wollte. Fünf Personen starren mich an, ohne meinen Gruß zu erwidern oder ein anderes Wort an mich zu richten. Der Arzt sitzt hinter einem Schreibtisch, daneben stehen Therapeutin Heidi und

Elvira. Zwei Damen, die rechts davon mit verschränkten Armen an der Wand lehnen, sind mir völlig unbekannt. Dass die für mich verantwortliche Judith Köck zu diesem konspirativen Treffen nicht geladen wurde, registriere ich als Kuriosum nur mehr am Rande.

Das gegenseitige Schweigen wird unangenehm, also gehe ich zum Schreibtisch und strecke Dr. Packi demonstrativ die rechte Hand entgegen. Sohin bleibt ihm gar nichts anderes übrig, als meine Geste zu erwidern. Er schaut mich an, als ob er mir noch nie begegnet wäre, und fragt: „Warum sind Sie da?"

Endlich wieder eine typische Packi-Frage: unlogisch, leicht verwirrt, altbekannt.

„Aus demselben Grund wie sechsmal zuvor", antworte ich nur und klopfe mit beiden Händen auf meine Oberschenkel.

„Hinlegen, auf den Bauch."

Das klingt in meinen Ohren verdächtig nach *Legt an!* Ich bin froh, mich von den Blicken abwenden zu können und komme der Aufforderung nach. Der Arzt erhebt sich ächzend aus seinem Stuhl und schlurft ans Bettende. Dort ergreift er mit einer Hand kraftvoll mein rechtes Sprunggelenk, beugt das Knie bis zum Anschlag und drückt mit der anderen meine Zehen nach unten.

„Jetzt Oberschenkel anspannen und Zehen gegen meine Hand!"

Wie sehr sich sein Gesundheitszustand auch verschlechtert hat und sein Wesen mit den Jahren stets mit mehr Groll gegen sich und die Welt überzogen wurde: In seinem ureigensten Metier, der Körperarbeit mit dem Patienten, hat Dr. Packi nichts von seinem Genie eingebüßt. Punktgenau aktiviert er die gewünschten Muskelketten, und ich muss alle Kraft aufbieten, um mich gegen seinen eisenharten Griff zu wehren. Als ich nach einer Zeitspanne klein beigebe, die nach meinem Dafürhalten nur knapp vom Ewigkeitsanspruch entfernt ist, macht er aus seinem Missfallen wie gewohnt keinen Hehl.

„Wer hat Ihnen erlaubt aufzuhören?", herrscht er meinen Hinterkopf an.

„Ich mir selbst." Atemlosigkeit ist definitiv kein Flüsterer guter Ausreden.

„Nochmal", befiehlt Packi, „und jetzt hören Sie erst auf, *sobald ich es sage.*"

Wenn das nicht pure Motivationskunst ist! Er bringt meine untere Extremität wieder in Position und gibt das Startsignal: „Los!"

Diesmal baue ich den Druck behutsamer auf, um zum Ende hin Reserven zu haben, mache mir aber über den Erfolg dieses Plans keinerlei Illusionen. Das Blut pocht in meinen Schläfen, die barschen Worte Packis in meinen Ohren.

„Drücken ... drücken, habe ich gesagt! ... Mehr, fester, strengen Sie sich an! ... Ja, gut, weiter so ... weiter ... gut, mehr drücken ... ein bisschen noch, sehr gut ... und aus."

Hat er mich eben gelobt, oder waren das erste Anzeichen eines Deliriums?

Stoßweise entweicht der Atem meinen Lungen, begleitet von einem leichten Stöhnen; ich bin völlig leer. Von Judith würde ich an dieser Stelle wohl ein paar aufmunternde Worte bekommen. Dr. Packi hingegen dreht sich mit selbstzufriedenem Grinsen zu seiner Entourage um und kommentiert die eben vonstatten gegangene Folter trocken als gelungene Beweisführung: „Na, er will ja."

„Natürlich will er!" Mit einem Ruck setze ich mich auf. „Verzeihung, aber er will schon sein ganzes Leben lang!" Dieses ständige Anzweifeln meiner Leistungsbereitschaft und die abgehobene Sprache eines Cäsaren ekeln mich so sehr an, dass ich knapp davor bin, ihn nach einer Rechtfertigung für seinen endlosen Sermon an unpassenden Bemerkungen zu fragen. Doch viele Geschichten, die Judith mir über ihren Chef erzählt hat, offenbaren sein misanthropisches Wesen, also beherrsche ich mich ein allerletztes Mal. Wichtig ist, dass Dr. Packi mir hilft. Wenn er glaubt, bei meiner Anwesenheit in der dritten Person von mir sprechen zu müssen, so will ich ihm diese Anwandlung gerne lassen.

„Welche Therapeutin arbeitet mit ihm?", fragt Packi in die anwesende Damenrunde.

„Die Judith", beeilt sich Heidi zu sagen, mit meiner offenen Patientenakte vor sich wohl als Protokollführerin eingeteilt.

„Diese Übung soll sie machen, aber richtig."

„Sonst noch was?", fragt Heidi, während sie notiert.

„In dieser Woche will ich ihn noch einmal sehen."

Verunsichert durch die eben erlebte Vorstellung mit anschließender Diskussionsrunde schaut Heidi zu mir, aber ich nicke ergeben. Was soll's, meucheln kann er mich ja doch nicht.

Elvira, die gute Seele, setzt den positiven Schlusspunkt. Sie lächelt mich an und sagt: „Danke, Herr Glanz. Sie können jetzt gehen. Genießen Sie das Mittagessen."

Ich wüsste gerne, wer die zwei Damen in der Ecke sind, aber da sie kein einziges Mal den Mund aufgemacht haben, ist ihre Existenz für meine weiteren Tage hier wohl von untergeordneter Bedeutung. Ich nicke Elvira zu und verlasse das Arztzimmer – auf wackeligen Beinen, aber mit dem Kopf am richtigen Platz.

Den Rest des Tages kreise ich in der vertrauten Bahn um den Planeten Biokinematik: Training, Essen, Siesta, Einzeltherapie, wieder Training, Gruppenstunde, Spaziergang. Die Revanche gegen die Rollator-Lady bleibt aus, und es gelingt mir, auf meinem Rundgang die Gedanken an Dr. Packis Visite zwischen Genie und Wahnsinn hinter mir zu lassen.

Das Abendessen ist fein wie stets, und in den vielsprachigen Unterhaltungen, die munter zwischen Schwyzerdütsch, Tirolerisch, Plattdeutsch und – zu meiner großen Freude – Italienisch hin und her wechseln, fühle ich mich wohl. Später als geplant ziehe ich mich auf mein Zimmer zurück, für den letzten großen Selbsttest des Tages: das Ausziehen der Socken. Meine Bauchmuskeln nehmen die gefährlich geraunte Warnung „Wenn ihr nicht spurt, sagt er's dem Packi" zur Kenntnis und verrichten brav ihre Arbeit.

„Na, sie wollen ja."

Mittwoch: ein schlechter Tag und sein gutes Ende

Nirgendwo ist das Spektrum menschlicher Emotionen vielfältiger als im großen Übungsraum. Angestrengtes Stöhnen verkommt neben Freudensprüngen, Tränenausbrüchen, geballten Fäusten und abgrundtiefen Seufzern zu banaler Hintergrundmusik. Eine besondere Hürde für Novizen der Biokinematik ist die Tatsache, dass die Therapeutinnen meisterlich darin sind, falsche Körperhaltungen und damit auch negative Gefühle an die Oberfläche zu holen. Auf diese Weise machen sie den Weg frei, um alles ins Gute zu drehen, aber der Prozess muss vom ersten Triggerpunkt bis zur letzten Übung in Eigenregie durchlebt werden. Es gibt keine Abkürzung und nicht die geringste Chance, schlechte Tage zu umkurven.

Dem mir zugeteilten Vertreter dieser wenig erfreulichen Zeitspanne genügt es nicht, mich bei der Therapie zu erwarten. Als ich aufwache, steht er mitten in meinem Zimmer und teilt mir bei der ersten winzigen Bewegung seine Anwesenheit mit. Ich komme gar nicht dazu, die Bauchmuskeln zu verdammen, denn mein versuchter Gang ins Bad führt nur einen Schritt weit. Ein stechender Schmerz im rechten Oberschenkel zwingt mich zu einer harten Notlandung auf der Bettkante.

„Das kommt von *aufhören, wenn ich es sage*", schimpfe ich laut, während ich den Quadriceps vom oberen Ansatz bis zum Knie massiere. Der zweite Anlauf gelingt, weil meine volle Blase am längeren Hebel sitzt, aber nur unter heftigen Beinprotesten.

Beim Frühstück ist es ungewöhnlich still. Die Italiener sind noch nicht da, Renate aus Frankreich am Tisch hinter mir sieht aus, als hätte sie die halbe Nacht kein Auge zugemacht, und auch Herbert gibt sich wegen unerwartet heftiger Rückmeldungen seines Ischiasnervs wortkarg. Das Messer schneidet nicht, sohin reiße ich das Brötchen mit einer nur halb unterdrückten Wutbezeugung auseinander. Ich erwische zuviel Butter, kaue lustlos, lasse die Hälfte liegen. Meine Gedanken kreisen um die wohl nicht zu vermeidenden Mühsamkeiten des Tages, während ich langsam auf mein Zimmer trotte.

Vor einem Jahr verriss ich mir bei einer ungeschickten Bewegung das Kreuz, was mir am nächsten Tag ein kategorisches „Sofort auf den Baumstamm!" von Judith eintrug. Innert 48 Stunden brachte sie alles wieder ins Lot, aber nie zuvor hatte ich mit größeren Schmerzen für eine solche Reparatur bezahlt. „Sieh es einfach als Glück im Unglück", meinte sie damals leichthin. „Wenn dir das auf der Heimfahrt passiert, kann ich dir nicht mehr helfen."

Im Badezimmerspiegel schaue ich in ein müdes Gesicht und frage mich, wie viel es heute kostet.

„Könntest du mir einen Gefallen tun und nicht so gut drauf sein? Vielen Dank."

Aus ihrem Sessel, in den sie sich wie immer schwungvoll hat fallen lassen, schaut mich Judith mit großen Augen an. Von einem Patienten, mit dem sie sonst stets im Gleichklang positiver Motivation durch eine Behandlungswoche segelt, ist sie einen derart destruktiven Raunzer nicht gewöhnt.

„Was ist denn los?"

„Ach, Packi gestern", fange ich an und berichte ihr von der Visite, die einer Anhörung vor dem Inquisitionsgericht durchaus würdig war. „Als Ergebnis der Quälerei tut mir vom Becken abwärts alles weh, und er grinst blöd dazu."

„Tut mir leid, dass ich nicht dabei war", erwidert sie zerknirscht. „Elvira hat mir nicht gesagt, wann du drankommst."

„Nach sechs Jahren müsste ich wissen, welcher Typ Mensch er ist." Ich schaue Judith an, die inzwischen neben der Massageliege steht, und würde am liebsten losheulen. Ehe das passiert, versuche ich, diese plötzliche innere Überschwemmung mit Traurigkeit in Worte zu fassen. „Mir ist klar, dass seine Übungen Sinn machen, und ich strenge mich auch an dafür. Aber heute fühle ich mich durch die Schmerzen so sehr auf meine Krankheit zurückgeworfen wie schon lange nicht."

Spinnst du?! funkt mich mein Denken böse an. *Ausgerechnet ihr jammerst du etwas vor? Wo du ihr so viel zu verdanken hast?*

Halt die Klappe! raunzt das Gespür zurück. *Die Rationalen haben die Weisheit auch nicht mit dem Löffel gefressen, wenn der Schmerz ganz woanders sitzt als in der Muskulatur.*

Meine Hilflosigkeit inmitten dieses lautlosen Kampfes muss in meinen Augen stehen, denn Judith nickt nur und sagt: „Sprich weiter, ich höre dir zu."

„Manchmal habe ich ganz absurde Wünsche, weißt du. Ich möchte, dass jeder Mensch, der mir auf der Straße entgegen kommt, den Aufwand bemerkt, den ich in der Therapie treibe. Doch sie schauen mich alle nur an und denken: *Der geht aber komisch.* Und damit haben sie schon für meine ganze Persönlichkeit eine Schublade gefunden, aus der ich nicht mehr entkommen kann. Dabei ist die Krankheit nur ein kleiner Teil von mir, der für mich selbst immer unwichtiger wird." Einen Seufzer über dieses Dilemma, mit dem ich schon so lange Zeit kämpfe, kann ich im letzten Moment zurückhalten. „Noch mehr kränkt mich aber, dass kein Übergewichtiger, der viel schlechter beisammen ist als ich und wahrscheinlich zwanzig Jahre früher stirbt, jemals so angeschaut wird."

„Die Sache mit den Dicken kann ich dir erklären", antwortet Judith. „Auch wenn es für dich banal klingt: Von ihrer Sorte gibt es mehr als von deiner. Das ist der einzige Grund, warum Übergewicht nicht als Behinderung wahrgenommen wird. Und was deinen Wunsch angeht…" Sie zögert kurz, und dann bekommt ihre Heiterkeit einen fast zärtlichen Unterton. „Leute, die dich kennen, nehmen deine Anstrengungen wahr und bewundern dich dafür. Alle anderen sind unwichtig."

Mit einem Klaps auf den Oberschenkel, der mir wohl zeigen soll, um welchen Schmerz es in den kommenden Minuten geht, holt mich Judith in die Realität des Behandlungsraumes zurück. „Fangen wir an?"

„Deshalb bin ich da."

Ohne den üblichen Enthusiasmus, aber doch konzentriert absolviere ich die Übungseinheiten dieses Tages. Auch zuhause ist die Sprossenwand der beste Ort, um trübe Gedanken loszuwerden. Ich fülle diese Schwarzen Löcher mit Schweiß, und zuletzt spült eine Dusche alles Negative fort.

Nicht aber heute, wo sich alles gegen mich zu verschwören scheint. Im Übungsraum jammert eine Patientin lautstark über ihre (in meinen Augen) recht bescheidenen Wehwehchen, sitzt dabei aber auf einer Bank, statt aktiv etwas dagegen zu unternehmen. „In einer halben Stunde ist Essen, und Sie üben immer noch", sagt sie zu mir mit einer Mischung aus Staunen und Unverständnis, als ich mich wieder auf der Trainingsmatte in Position bringe. Ich schaffe es, sie ohne den heftig nach oben drängenden Sarkasmus zu ignorieren – *Eine beleidigte Band-scheibe heilt man auch nicht durch Zuschauen der anderen*, halte ich für durchaus angebracht.

Am Nachmittag quäle ich mich stoisch weiter, aber meine Stimmung wird immer schlechter. Ich neide den Therapeutinnen die gerade Haltung und den federnden Gang, dem Schweizer Bankier die Millionen, dem am Fenster vorbeilaufenden Kind das Tüteneis. Die Oberschenkelschmerzen tun ihr Übriges, sodass ich am Ende der Gruppenstunde eine wunderbare Lebensphilosophie finde:

Du wirst immer krumm, einsam und unverstanden sein. Und du musst bis zur Pension schuften, um eine Therapie zu finanzieren, bei der du weiterschuftest, damit nicht alles noch schlechter wird!

In dieser Sekunde ist mein Glas nicht mehr halb leer, sondern bar eines einzigen Tropfens. Ich will nur noch allein sein, mich in meinem Zimmer verkriechen und die Decke über den Kopf ziehen.

Minuten später überrasche ich mich selbst, als ich nach ein paar kalten Wasserspritzern ins Gesicht nicht nach der Decke, sondern nach den Turnschuhen greife. Ist es bloße Gewohnheit, der Drang nach frischer Luft oder doch ein plötzlicher Funken Stolz, der nicht gewillt ist, sich unterkriegen zu lassen? Ich schnüre die Bänder so gewissenhaft wie stets, denke dabei an nichts, mache die vor Beginn meiner Runde übliche Streckungsübung und marschiere los.

Entlang des kleinen Baches knirscht der Kies unter meinen Füßen. In diesem Geräusch suche ich nach Hoffnung, dass jedem Schmerz Sinn, jedem dunklen Gedanken die Möglichkeit innewohnt, ihn ins Licht zu wenden. Doch mein inneres Sehen fällt heute nur auf Wünsche, deren vergangene und immerwährende Vereitelung ich der Krankheit zuschreibe: ein weibliches Wesen an meiner Seite, das ich allein durch mein Menschsein für mich gewinnen kann ... ein bisschen mehr Geschick und weniger Mühen bei alltäglichen Dingen ... Für einen einzigen Gang durch die Stadt ohne argwöhnische Blicke, die an solchen Tagen ekelhaft an meiner Haut kleben wie verschwitzte Unterwäsche, würde ich sehr viel geben.

Irgendwann fällt mir auf, dass ich schon lange auf den Boden starre. Ich hebe den Kopf und sehe in einiger Entfernung ein Paar mit Kinderwagen auf mich zukommen. Ein genauer Blick lässt mich erkennen, dass dieses Gefährt stabiler und breiter gebaut ist – für einen Erwachsenen. Ein schwarzhaariger Mann, vielleicht zehn Jahre jünger als ich, liegt mehr darin als er sitzt. Er ist bis unters Kinn zugedeckt, sein Kopf zur Seite geneigt, der Mund leicht geöffnet. Speichel tropft heraus, und seine Augen sind so stark verdreht, dass ich die Pupillen nur erahnen kann. Der Mann zittert, seine Hände sind krampfhaft ineinander verschränkt.

Du hast die ganze Zeit in die falsche Richtung geschaut.

Im Bruchteil einer Sekunde ist mein Denken und Fühlen von aller Unklarheit und Schwärze leer gefegt. Die Erkenntnis, dass ich an seiner Stelle sein könnte, beschämt mich, doch zugleich bin ich dem Mann im Rollwagen unendlich dankbar, dass er mir mit dieser Begegnung den Kopf zurechtrückt. Ich schicke ihm diese Botschaft, verpackt in ein kräftiges „Grüß Gott!" an das Paar, als wir aneinander vorbeigehen. Die Gesichter der zwei, deren Ähnlichkeit mit dem Mann sie als seine Eltern ausweist, erstrahlen in einem Lächeln, als sie mir danken. Tiefe Wertschätzung liegt darin, die meinen ganzen Körper durchströmt und mich wieder aufrichtet. Die mühevolle Liebe zu ihrem eigenen Kind schafft ein Verständnis für meine Leistung, das keine Erläuterung des Themas von meiner Seite je zuwege bringt, wie umfassend sie auch sein mag. Auf einem schlichten Spazierweg in Bad Krozingen wird mir der sehnliche Wunsch nach Anerkennung erfüllt und ist gleichzeitig Auftrag, stets voll Vertrauen meine Gegenwart zu leben. Ich gehe weiter ohne mich umzudrehen und weiß, dass mich die drei wieder in die Mitte meines Seins gestellt haben – von mir selbst angenommen, von anderen geachtet.

Stunden später, als die Müdigkeit mir schon die Augen zudrückt, denke ich daran, dass heute wieder einmal meine beiden Lebensgrundsätze bestätigt wurden:

Ich werde immer zur richtigen Zeit den richtigen Menschen begegnen.
Ich werde immer von Gott beschützt sein.

Donnerstag: wieder in der Spur und am Abend mit Judith in Freiburg

Am nächsten Morgen ist die oberste Hautschicht meines rechten Oberschenkels – um in der beliebten Diktion der Facebooker zu sprechen – eindeutig offline und völlig taub gegen meine Berührungen. Der Schmerz hingegen hat sich dazu entschlossen, präsent zu bleiben, was er mir bei jedem Schritt mitteilt.

Dank der gestrigen Begegnung gehe ich jedoch in entspannter Heiterkeit zum Frühstück. Als ich Judith bei unserer ersten Einheit davon erzähle und schlussfolgere, dass meine Motivation nun wieder bei hundert Prozent steht, freut sie sich mit mir und meint: „Manchmal fällt es schwer, die eigenen Erfolge anzuerkennen. Dann sind solche Erlebnisse umso schöner." Sie erkundigt sich nach meinem Befinden wie immer am Morgen, tut das Taubheitsgefühl mit einer Handbewegung ab („Das vergeht in ein paar Tagen.") und beginnt mit der Behandlung.

Tatsächlich scheint in mir ein Schalter umgelegt worden zu sein, der mich von der führerlosen Lokalbahn wieder auf die Hochleistungsstrecke katapultiert hat. Mit hoher Schlagzahl und ebensolchem Einsatz absolviere ich Einzeltherapien, Übungen am Baumstamm und die Gruppenstunde, ignoriere dabei die Schmerzen und fahre auch in der Einsamkeit des kleinen Übungsraumes die Intensität nicht herunter. Unterbrochen wird mein Elan nur durch einen kurzen Besuch bei Dr. Packi, der „ihn noch einmal sehen" wollte. Die heutige Visite erschöpft sich in einem dreizeiligen Dialog:

„Wie geht es Ihnen?"

„Mein rechter Oberschenkel brennt wie Feuer."

„Gut! So weitermachen."

Er dreht sich um und hat mich in der gleichen Sekunde wohl schon wieder vergessen, doch mich durchzuckt plötzlich die Erkenntnis, dass dies vermutlich meine letzte Begegnung mit diesem – trotz all seiner Verschrobenheit – genialen Mann ist. Ich kann ihm das aber nicht sagen, und weil ich für ihn ohnehin nie mehr war als eine *Ganzkörperbaustelle,* drängt nichts in mir zu mehr als einem schlichten „Danke."

„Wohin gehen wir heute?", frage ich Judith während unserer Einzelstunde am Nachmittag. Für uns beide ist es zur Tradition geworden, einen Abend während des Therapiezyklus gemeinsam zu verbringen. Bei einem gemütlichen Essen, ohne dass der nächste Termin, die nächste Behandlung schon an die Tür klopft. Diesen Ausflug genieße ich sehr, denn Judith kann wunderbar erzählen.

„Der Spanier vom letzten Mal hat leider Pleite gemacht", antwortet sie. „Aber in der Lorenz-Straße ist es auch nett, oder?"

Strauße ist in dieser Gegend das Äquivalent zu einem österreichischen Heurigen oder einer Buschenschank. Ich erinnere mich an gutes Essen, aber auch an die harte Holzbank, die mit dem Bett in meinem Zimmer zumindest bekannt war; nicht die richtige Lokalität, um leise mit meinem Abschied von hier zu beginnen.

„In all den Jahren war ich noch nie in Freiburg", sage ich deshalb. „Ich würde gerne einmal durch die Altstadt gehen."

„Klar, das machen wir!", stimmt Judith sofort zu. „Ich schreibe dir später eine Adresse auf, wo wir uns treffen. Hast du ein Navi dabei?"

Was heißt Navi? Frau Becker, meine Denkerin und Lenkerin in allen automobil-geografischen Nöten, wäre wohl tödlich beleidigt, hätte sie dieses despektierliche Abkürzen ihrer immensen Bedeutung für mich mitbekommen.

Ein paar Stunden später, nach Spaziergang, Dusche und ausgehfähiger Gewandung meiner Selbst – einfach herrlich, wieder aus der Gefängniskluft vulgo Trainingsanzug herauszukommen! –, tritt sie ohne Murren ihren Dienst an, um mich zu den Drei Zinnen zu leiten, eine Straße am Rand der Freiburger Altstadt. Zufrieden stelle ich fest, dass Judith als kluges Mädchen auch das Vorhandensein von für mich reservierten Parkplätzen (weißes Rollstuhlmännchen auf blauem Grund) einkalkuliert hat. Dies führt wieder einmal den Witz ad absurdum, Frauen müssten nur schön sein, nicht gescheit. Die Begründung, Männer könnten besser schauen als denken, stimmt zwar hin und wieder – das Festlegen von Prozentzahlen in dieser Frage bleibt der holden Weiblichkeit überlassen –, aber wenn ich etwas Schönes anschauen will, das keine eigene Meinung hat und nicht mit mir streitet, kaufe ich mir einen Blumenstock.

„Deine Neuigkeit vor einem Monat hat mich ziemlich geschockt", eröffne ich das Gespräch, während wir gemächlich Seite an Seite durch die belebten Straßen spazieren. „Zum Glück nur eine Minute."

Ich erinnere mich in aller Deutlichkeit an Judiths Ankündigung, noch in diesem Jahr ihren Job in der Klinik für Biokinematik zu kündigen. In plötzlicher Panik war mir darauf nur eine ziemlich egoistische Frage in den Sinn gekommen: „Wie ist meine Versorgung gesichert?" – „Durch mich", hatte sie schlicht erwidert, „denn ich mache mich in Bregenz selbstständig."

„Es ist der richtige Zeitpunkt, etwas Neues anzufangen", sagt sie jetzt neben mir. „Packi wird immer cholerischer, und wenn ich noch länger warte, bin ich zu alt dafür."

„Du hast dir viel vorgenommen: eigene Praxis, Osteopathie-Ausbildung nebenbei, Rückkehr nach Österreich ..."

„Ich weiß."

Ihr strahlendes Gesicht, als Judith mich anschaut, lässt nicht den geringsten Zweifel aufkommen. Schon aus der Überzeugung, das Richtige zu tun, zieht sie so viel Energie, dass keine Angst vor dem Scheitern es wagen wird, sich ihr entgegenzustellen. Auch bei den Zutaten Fleiß, Begeisterung und Optimismus schöpft sie aus dem Vollen.

„Ich freue mich sehr für dich", sage ich und meine es auch so, obwohl ich die zarte Wehmut, dass dieser erste Gang mit Judith durch Freiburg wohl auch mein letzter sein wird, nicht ganz vertreiben kann. So viel ist mir in den vergangenen sechs Jahren hier geschenkt worden: vom Sieg über die chronischen Rückenschmerzen gleich im ersten Jahr bis hin zur Möglichkeit, dauerhaft Halbschuhe zu tragen – eine neue Lebensqualität, für die ich an jedem heißen Tag dankbar bin.

Judith zeigt mir ihre Lieblingsgasse und die wunderbare Architektur der Altstadt. Wir gehen an Fachwerkhäusern und opulent gestalteten Schaufenstern vorbei. Als der Hunger und meine Müdigkeit nach den Anstrengungen des Tages drängender werden, betreten wir das Restaurant *Zum Roten Bären,* wo uns ein freundlicher Herr mit randloser Brille und noblen Gesten einen Tisch in der Nähe des Kachelofens zuweist.

Thema des Abends bleibt Judiths neuer Arbeits- und Lebensmittelpunkt ab kommendem Frühjahr. Ich genieße die Dorade mit Blattspinat und den vorzüglichen Pinot Grigio ebenso wie ihre lebhafte Erzählung von den ersten Gedanken an eine *Praxis am See* in Bregenz. Bald wurde ein konkreter Plan daraus, und die Suche nach geeigneten Räumlichkeiten konnte beginnen.

„Wenn es passt, Hannes, fügen sich die Dinge von selbst", meint Judith zwischen zwei Tortellini. „Schon das erste Gebäude, das wir angeschaut haben, war ideal." Sie grinst breit. „Der Vermieter hat mich zwar wie ein kleines Kind behandelt, aber für perfekte Therapieräume lasse ich ihm das durchgehen."

„Und wann geht es los?" Kaum habe ich diese Frage gestellt, ist mir klar, dass sie eigentlich ohne Belang für mich ist. Einer von Judiths ersten Patienten in ihrer Praxis zu sein, ist für mich längst beschlossene Sache.

„Hoffentlich im April, spätestens aber im Mai."

So bunt wie mein Nachtisch, ein erfrischendes Cassis-Sorbet mit Früchten, sind die Bilder, die Judith den ganzen Abend lang von den Ideen und Erwartungen für ihre Zukunft malt. Ich tauche ein in diesen beinah endlosen Strom guter Laune und bin aus tiefster Seele dankbar dafür, dass ich ihr begegnet bin und sie auch weiterhin ein wichtiger Teil meines Lebens bleiben wird.

Freitag: die perfekte Kür und ein bisschen Wehmut

Ob es an der Leichtigkeit des vergangenen Abends liegt oder an der finalen Einsicht meines Körpers, dass Wille und Konsequenz am längeren Ast sitzen, bleibt an diesem Morgen eine philosophische Frage. Ich bin vollkommen ausgeruht, schmerzfrei und voller Energie. Hatte in den letzten Jahren ab der Wochenmitte meist schon die Müdigkeit dominiert und ich mich aufs Heimfahren gefreut, so kann ich es heute gar nicht erwarten, in den kleinen Übungsraum zu gehen. Am Baumstamm erwartet mich Johanna. Ich lege mich nach hinten, atme ruhig, erreiche sofort die optimale Streckung. Von oben höre ich sie bald „Ist es nicht schon genug?" fragen, was ich mit einem nur leicht gepressten „Geht noch" beantworte. Als ich schließlich mit ihrer Hilfe hochkomme, bin ich außer Atem, aber überglücklich – eben ist mir die perfekte Kür am Baumstamm gelungen.

„So etwas habe ich noch nie gesehen", sagt Johanna ehrlich verblüfft. „Du wickelst dich da herum, wie mancher ohne deine Spastik es niemals schaffen wird."

„Danke ergebenst." Ich strahle sie an – erschöpft, aber glücklich über meine Leistung und ihr Lob.

„Johanna hat mir von deinem Kunststück am Baumstamm erzählt. Sie war völlig baff."

Diese Bestätigung aus berufenem Mund, während Judith an den Triggerpunkten meines rechten Unterschenkels werkt, ist für mich gleichsam das offizielle Siegel auf der Anerkennungsurkunde für meine Bemühungen. Mir fällt unser Gespräch vom Mittwoch ein, und ich erkenne, wie recht sie hat: Die Meinung von Leuten, die mich nur einen Augenblick lang sehen, ist völlig belanglos. Jene von Menschen, zu denen ich in Beziehung stehe, ist der Lebenstreibstoff für Freude und Motivation.

„Am Nachmittag bin ich in der Gruppenstunde", setzt Judith fort. „Das muss ich unbedingt sehen."

„Aber gerne." Ein Klacks für mich, seit ich weiß, wie mein indianischer Name lautet: *Der sich um den Baumstamm wickelt.*

„Kannst du die Übung nicht ein bisschen schwerer machen?", frage ich sie ein paar Stunden später nach erfolgreicher Demonstration. Sechs Jahre Erfahrung genügen, um zu wissen, dass dies zu ihren besonderen Talenten gehört. Weil Judith mich nur anschaut, als zweifle sie gerade an meinem Geisteszustand, mache ich gleich selbst einen Vorschlag: „Was passiert zum Beispiel, wenn ich in Rückenlage auch noch die Arme nach hinten nehme? Das müsste die Spannung noch weiter erhöhen."

„Natürlich gibt es eine Steigerung, aber bevor wir die versuchen, sind zwei Dinge wichtig: Erstens, du befolgst genau, was ich dir sage.

Und zweitens, wenn du vom Baumstamm fällst, bist du selbst schuld. Ich helfe dir nicht hoch, sondern wische nur die Blutspritzer weg."

Nach dieser anspornenden Rede, mit der Judith die Wahl zur Physiotherapeutin des Jahres quasi in der Tasche hat, gibt es kein Zurück mehr. Ich begebe mich in die Ausgangsposition, lasse den Oberkörper mit vor der Brust verschränkten Armen nach hinten sinken und warte auf ihre Anweisungen.

„Jetzt nimmst du zuerst einen Arm hoch. Aber nicht ruckartig, langsam. Fahr mit der Hand am Kopf entlang nach hinten."

Ich tue wie geheißen und lasse dann den zweiten Arm auf gleiche Weise folgen. Die Verlagerung des Schwerpunkts wirkt tatsächlich intensiver als erwartet. Schon nach ein paar Sekunden, in denen ich alles an Kraft aufbieten muss, gebe ich Judith das Zeichen zum Beenden der Übung.

„War gut", sagt sie knapp, aber anerkennend.

„Ist ausbaufähig", kommentiere ich, als ich wieder bei Atem und Stimme bin.

„Wie alles hier. In jedem Fall war es eine hervorragende Woche für dich. Du kannst stolz sein. Ich sehe schon, wir werden eines Tages miteinander tanzen." Judith steht vom Baumstamm auf. „Haben wir noch Einzeltherapie?"

„In einer halben Stunde."

„Mach Pause bis dahin." Sie lächelt auf mich herab. „Du neigst zur Übertreibung, wenn ich dich zu sehr lobe."

„Warum so still?", fragt Judith, während sie mit routinierten Bewegungen meinen rechten Psoas Major, einen wichtigen Hüftgelenksmuskel, lockert.

„Fühlt sich komisch an, dass meine Zeit hier nach sechs Jahren und sieben Behandlungswochen nun zu Ende geht." Es überrascht mich, mit welcher Plötzlichkeit eine fast nostalgische Wehmut über mich kommt. „Manche Dinge werden mir abgehen, etwa die vielen interessanten Menschen, die ich hier getroffen habe."

„Naja, eine davon bleibt dir erhalten."

„Es wird etwas völlig Neues sein", erwidere ich und höre selbst weniger Begeisterung in meiner Stimme als erhofft. „Ich bin sicher, du wirst Erfolg haben."

„Du kommst zur Eröffnungsfeier?"

„Ehrensache."

Die Therapie ist zu Ende, Judith macht den letzten Eintrag in meinem Patientenakt. Diese Momente des Abschieds habe ich nie gemocht, aber heute schmerzt es mich, Lebewohl zu sagen, ohne dass ich den Grund dafür benennen könnte.

Judiths Lächeln macht es mir leichter. „Wir sehen uns in Bregenz", sagt sie und umarmt mich. Ich erwidere diese Geste dankbar und voll Zuneigung.

„Fahr vorsichtig morgen."

„Das werde ich."

In der Vergangenheit war es üblich gewesen, dass ich die Behandlungen am Samstag Vormittag noch mitnahm und dann auf der Heimreise übernachtete. Diesmal habe ich jedoch eine Patientin, die unweit von mir wohnt, zur Mitfahrt eingeladen und werde deshalb Bad Krozingen morgen gleich nach dem Frühstück verlassen.

„Mach's gut", sagt Judith an der Tür noch, dann ist sie unterwegs zur letzten Einheit des Tages. Ein wenig verloren bleibe ich in dem kleinen Behandlungsraum sitzen, den ich wohl nie mehr betreten werde. Erst nach einigen Minuten raffe ich mich auf und schnüre meine Schuhe, um in meinem Zimmer 27 ein letztes Mal meine Sachen zu packen.

In dieser Nacht kann ich lange nicht einschlafen. Meine Gedanken führen von meiner heutigen Galavorstellung am Baumstamm zu jenem Tag, als ich zum ersten Mal darauf saß und es für schlicht unmöglich hielt, die von Judith gewünschte Übung auszuführen; dann noch weiter zurück, als ich von der Existenz der Klinik für Biokinematik erfuhr.

Renate, seit zwanzig Jahren eine Seelenverwandte und Mutter meines besten Freundes Martin, hatte im Spätherbst 2005 Probleme mit ihrer linken Schulter. Als sie einem befreundeten Arzt davon erzählte, riet dieser, sie solle sich bei Fortdauer der Schmerzen an Dr. Walter Packi in der Nähe von Freiburg wenden: „Das ist ein Verrückter, aber er kann Ihnen helfen."

Noch am gleichen Abend meldete sich Renate bei mir und sagte: „Schau dir die Homepage dieser Klinik an. Das könnte etwas für dich sein."

Als ich am nächsten Tag dort anrief, wurde ich mit der Leitenden Physiotherapeutin Judith Köck verbunden. Ich erläuterte ihr meine Grunderkrankung und die Rückenprobleme in der Erwartung, zur Untersuchung eingeladen zu werden.

Klar, dachte ich schon, bevor sie antwortete, *ich fahre 600 Kilometer um zu hören, dass sie mir nicht helfen kann, und wieder 600 Kilometer retour.*

Der in makellosem Hochdeutsch geäußerte Vorschlag der Frau lautete indes völlig anders: „Ich sage Ihnen jetzt eine Übung an, Herr Glanz. Die machen Sie zuhause. Wenn sie gelingt, ist Ihr Besuch bei uns sinnvoll. Dann rufen Sie mich morgen noch einmal an." Der Versuch war erfolgreich, und bei unserem zweiten Telefonat sagte sie nur: „Sie können jederzeit herkommen. Es genügt, wenn Sie sich eine Woche vorher anmelden."

Schneefall wollte ich auf einer so langen Autofahrt nicht riskieren, also wartete ich bis zum Frühling des nächsten Jahres. Im April 2006 machte ich schließlich die Bekanntschaften mit Judith, einem Verrückten und dem Baumstamm.

Wir alle werden von Zeit zu Zeit über den Baumstamm gelegt und spüren Schmerzen dabei. Entscheidend ist aber das Glück, das wir nach dem Aufrichten empfinden: Wir sind größer, stärker und lebendiger als zuvor.

Verlieren Sie manchmal Ihre Zuversicht?

Meine Zweifel

Ein Montag im Spätherbst 2012. Ich stand wie an jedem Beginn einer Arbeitswoche auf, zog mich an, setzte mich zum Frühstück, packte meine Tasche und war bereit, ins Büro zu fahren.

Doch ich konnte nicht. Für Sekunden stand ich da, die Tasche in der Hand, unschlüssig, was mich davon abhielt, das seit Jahren Gewohnte zu tun. Diese kurze Unterbrechung im ansonsten stabilen Strom meines rationalen Denkens nutzte ein Gefühl, um sich mit einer Gewalt Bahn zu brechen, als würde ein heftiger Windstoß in meinem Kopf alles durcheinanderwirbeln.

Mein ganzes Sein war mit einem Mal von Trauer erfüllt. Abgrundtief, dunkel, undurchdringlich. Mein Körper spürte diese Trauer als plötzliche Schwäche – ich musste mich setzen, um nicht aus dem Stand umzufallen.

Der erste klare Gedanke, den ich nach einigen konzentrierten Atemzügen fassen konnte, war zugleich seltsam und erschreckend: *Wenn ich jetzt in die Arbeit fahre, werde ich dort einen Weinkrampf bekommen. Oder es passiert unterwegs ein Unfall. Beides will ich nicht.*

Für ein paar Notwendigkeiten, die auf diese Erkenntnis folgten, kehrte die Rationalität zurück. Ich rief im Büro an und meldete meinen Kreislaufzusammenbruch. Danach bekam ich beim Hausarzt einen kurzfristigen Termin. Der Doktor brauchte nicht lange für die Diagnose meines erschreckend schwachen Allgemeinzustandes und schrieb mich für zwei Wochen krank. Kaum war ich wieder zuhause, wich die letzte Kraft, die mich aufrecht gehalten hatte. Ich ließ mich aufs Bett fallen und weinte – so lange, bis ich vor Müdigkeit einschlief.

Über Tage blieb die Traurigkeit mein Begleiter. Sie umhüllte mich wie ein schwerer Mantel, den ich durch keinerlei körperliche oder geistige Tätigkeit ablegen konnte. Ich probierte es mit Musik, Filmen und Büchern; mit Spaziergängen, die mich aber viel früher erschöpften als gewöhnlich. Unter Leute gehen wollte ich nicht, denn schon der Blick in den Spiegel war mir unerträglich. Der Versuch, selbst etwas zu schreiben, endete erneut in Tränen, als ich erkannte, dass mein Inneres noch leerer war als die Seite auf dem Bildschirm vor mir.

Die Trauer hatte sich aufgestaut in den vergangenen Wochen und

Monaten. Ich hatte nichts davon gemerkt, weil mein Stolz, *es immer geschafft* zu haben, stets stärker gewesen war. Doch an jenem Montag war der Druck so groß geworden, dass diese ungeheuer schwarze Macht in mir explodiert war. Ich konnte keinen Widerstand mehr leisten, ließ zu, dass sie meinen Stolz und alles andere unter sich begrub.

Am meisten erschreckte mich, dass die Trauer vollkommen namenlos war. Ich zermarterte mir den Kopf über die Gründe dafür, fand jedoch nichts. Schaute ich auf mein Leben, fand sich nur Positives: Ich lebte unabhängig, verfügte über ein sicheres Einkommen und war mit meiner Tätigkeit dafür zufrieden. Mein Freundeskreis bestand aus wenigen, aber verlässlichen Menschen, meine Interessen waren vielfältig. Mit meiner Krankheit hatte ich ebenso Frieden geschlossen wie mit meinem Leben als Single – beides war durch die gleiche Erkenntnis geschehen: Ein anderes Leben wäre nicht zwangsläufig besser, sondern eben anders.

Doch in jenen zwei Wochen gelangte kein einziges Gramm von diesem Wissen nach innen – wohl deshalb, weil es sich nur um *Wissen* handelte, nicht um mit Vertrauen gefüllte Überzeugung. Ich schaute auf die Oberfläche meines ausgefüllten Lebens und sah darunter – nichts.

Weil ich meine Eltern mit einem Problem, für das ich selbst keinen Begriff fand, nicht belasten wollte – meine Mutter hätte wohl aus Angst, ich könnte in die Depression abgleiten, auf meiner sofortigen Heimfahrt bestanden –, wurden Freunde in diesen Tagen, wie auch schon während früherer Krisen, zu meinem Lebensanker. Wir führten lange Gespräche, und wenn ich für eine Angst, ein quälendes Gefühl keine Worte fand, schwiegen wir gemeinsam. Tiefe Freundschaft, das erkannte ich erneut, beweist sich manchmal in dem einfachen *Ich bin da und höre dir zu,* weil in diesem Moment nichts anderes gebraucht wird; schon gar nicht plumpe Durchhalteparolen wie *Du schaffst das schon – ruf an, wenn es dir besser geht.*

Weder war ich vor dieser schweren Zeit nahe am Wasser gebaut, noch bin ich es heute. Aber der vielfältige und selbstlose Zuspruch, den ich von all meinen Freunden erhielt, ließ mich mehr als einmal weinen. Vielleicht sind unsere Tränen der Stoff, der aus dem menschlichen Ventil entweicht, wenn jemand nach langer Zeit endlich Druck ablassen kann.

Jede einzelne Kontaktaufnahme war mir gleich wertvoll. Zwei Anregungen, denen ich bis zum Ende meines bisher dunkelsten Tales und darüber hinaus folgte, möchte ich weitergeben.

Renate, von der ich in diesem Buch schon erzählt habe, forderte mich mit eindringlichen Worten auf, die Grübelei über mögliche Ursachen meiner Krise zu beenden.

„Geh durch den Schmerz, aber analysiere ihn nicht", riet sie mir. „Das klingt jetzt blöd, aber je mehr du ihn bewusst erlebst, desto eher wirst du in der Lage sein, ihn loszulassen. Alles ist erlaubt: Weinen, Schreien, Spazierengehen, Aufschreiben. Du musst nur im Moment bleiben, darfst ihn nicht wegschieben. Und vergiss nie: Dir kann nichts passieren, weil immer jemand für dich da ist."

Dem Reiz der Ablenkung zu widerstehen ist so schwierig wie der Verzicht auf Schokolade, wenn man auf nichts anderes Lust hat und auch noch direkt vor den mit Süßigkeiten gefüllten Regalen steht. Internet, Fernsehen und alle anderen Medien sind zuhause ebenso greifbar und versprechen sofortige Linderung der Symptome wie eine starke Schmerztablette. Doch ich schaffte es, mich an Renates Rat zu halten. Zu Zeitung oder Buch griff ich nur, wenn ich wirklich lesen wollte. Kam eine neue Welle Traurigkeit herangerollt, legte ich mich hin, achtete nur auf die Gefühle, die hochgespült wurden, und ließ meinen Körper einfach reagieren, wie er es eben tat – ohne Gegenwehr oder Ärger über mich selbst.

Der zweite Hinweis kam von Freund Gregor, dessen spontane Einladungen zum Abendessen in seiner Dachgeschoßwohnung ich sehr vermisse, seit er zu seiner Lebenspartnerin nach Wien übersiedelt ist. Ich bin stolz auf Freundschaften in ganz Österreich und darüber hinaus, aber die Geschenke persönlicher Begegnungen, die unser Leben mit einem Lächeln, einer Umarmung und anderen Gesten bereichern, sind von unschätzbarem und manchmal unersetzlichem Wert.

Gregor brachte mir die Überlegung nahe, psychotherapeutische Hilfe zu suchen. Erst wehrte ich ab, weil sich eine Begegnung dieser Art einige Jahre zuvor als völliger Reinfall erwiesen hatte. Er aber blieb beharrlich wie bei all unseren Themen – einer der Gründe, warum ich ihn so als Freund schätze – und meinte: „Vielleicht bist du damals nicht der richtigen Person begegnet. Ich kenne eine Frau, die für dich passen könnte. Sie hat mir bei der Aufarbeitung des frühen Todes meiner Mutter und der schwierigen Beziehung zum Vater sehr geholfen."

„Wie soll mir jemand helfen, der mich gar nicht kennt?", wandte ich ein.

„Eine unvoreingenommene Stimme von außen ist vielleicht vorteilhaft", argumentierte Gregor. „In jedem Fall aber ist sie in der Lage, deinen Blick auf Dinge zu lenken, die du bisher vielleicht nicht beachtet hast. Glaub mir, sie trifft den Punkt", setzte er mit einem wissenden Grinsen hinzu. „Ich bin nach jeder unserer Sitzungen völlig fertig."

Ich dachte lange über diesen Vorschlag nach und entschied mich schließlich dafür. Zwar hegte ich keine großen Erwartungen, wollte jedoch alles tun, um niemals mehr einen so schweren seelischen wie emotionalen Einbruch zu erleben.

Frau Dr. Susanne Katholnigg begrüßte mich wie einen alten Freund. Ihre Praxis im Salzburger Stadtteil Aigen war hell und freundlich, ein Ort zum Wohlfühlen. Nach ein paar Worten zur organisatorischen Abwicklung bat sie mich zu ihrer Sitzgruppe. Ich wählte einen Stuhl mit Armlehnen, während sie mit untergeschlagenen Beinen auf einem kleinen Sofa gegenüber Platz nahm.

„Was führt Sie zu mir?"

Alles oder nichts, schoss mir plötzlich durch den Kopf. Ich begann zu erzählen.

Ich besuchte Susanne, die mittlerweile zu einer Freundin geworden ist, regelmäßig bis zum Jahresende 2013. Es bewahrheitete sich alles, was mir Gregor zuvor prophezeit hatte; auch die mir anfangs unerklärliche Müdigkeit nach den Gesprächsstunden stellte sich stets ein. Die Psychotherapeutin legte den Finger auf alle wunden Punkte, selbst auf jene, die ich zuvor nicht als solche erkannt hatte. Doch sie tat es immer sanft und mit einer Vertrautheit, die mich nie zurückschrecken ließ, in aller Offenheit darüber zu sprechen. Probleme in der Arbeit, meine Sehnsucht nach einer Freundin, Familienthemen oder meine Krankheit, alles kam zur Sprache. Susanne machte nie den Vorschlag einer radikalen Veränderung – „eine Kündigung von heute auf morgen ist nicht so gescheit", sagte sie mehr als einmal –, aber sie gab mir wichtige Denkanstöße und lenkte meinen Blick auf eigene Verhaltensweisen, wie beispielsweise das von mir so genannte *Billa-Problem.*

„Wer sagt, dass du an der Kassa gleich schnell sein musst wie alle anderen?", fragte sie beinahe verwundert, nachdem ich gestanden hatte, regelmäßig in Panik zu geraten, weil ich fürchtete, die Schlange hinter mir durch meine Ungeschicklichkeit zu lange aufzuhalten.

„Jeder kann doch sehen, deine Bewegungen sind anders. Falls jemand damit ein Problem hat, wie du in aller Ruhe einpackst und bezahlst, soll er oder sie sich um Gottes willen woanders anstellen oder meinetwegen auch schreien: *Bitte Kassa 2 aufmachen!"* Mein plötzliches Auflachen kommentierte Susanne mit einem trockenen „Ich sehe, du weißt, worum es mir geht."

„Schau mehr auf dich, Hannes", fügte sie an und wurde dabei sehr eindringlich. „Wir sind nicht nur auf der Welt, um das Leben irgendwie zu bewältigen, sondern um es gut zu leben."

Mit ihrer zentralen Botschaft machte die Psychotherapeutin deutlich, dass ich oftmals eigene Bedürfnisse zugunsten anderer Menschen zurücksteckte.

„Wenn dieses Verhalten nicht auf Gegenseitigkeit beruht, wird es bald frustrierend. Und du läufst Gefahr, nicht ernst genommen zu werden", sagte Susanne einmal zum Ende einer Sitzung. „Wenn es dir gut geht, geht es auch den anderen gut. Dieses Selbstvertrauen möchte ich dir mitgeben."

Nach den zwei Krankenstandswochen kehrte ich ins Büro zurück und fügte mich recht bald wieder in meinen Alltag ein. Die Gespräche mit Susanne setzte ich so lange fort, bis ich überzeugt war, einen Schritt in meiner persönlichen Entwicklung gemacht zu haben. Ende 2013 fühlte ich mich stärker, in mir selbst wohler und selbstbewusster – auch an der *Billa-*Kassa.

Am Ende meiner Auszeit hatte ich einen besonderen Traum, den ich anderntags zu Papier brachte und allen Freunden schickte, die mir in jenen Tagen beigestanden hatten. Die kürzeste und zugleich schönste der vielen Antworten darauf kam von meiner Physiotherapeutin Judith. Sie kommentierte die Geschichte *Mein Lebensbaum,* die am Ende dieses Kapitels nachzulesen ist, mit den Worten: „Alles wird gut – und Nüsse gibt es genug!"

*** *** ***

Nach der Rückkehr von einer Therapiewoche in Bad Krozingen wollte ich wieder einmal meinem Salzburger Sonntagsritual folgen: Besuch der Messe in der Franziskanerkirche, danach eine Melange im Café Tomaselli und ein Rundgang durch die Gassen der Altstadt. Zuletzt die Stufen ins Café Mozart hinauf, wohin ich mich zu einem Mittagessen samt ausgiebigem Zeitungsstudium, das dort der langen Tische wegen besonders bequem ist, gerne zurückziehe.

Aber heute war ich schlecht drauf; ein Paradoxon, lag doch eine erfolgreiche Therapiewoche hinter mir. Noch gestern Abend hatte ich mich ein Stückchen größer, stärker und mehr im Gleichgewicht gefühlt als je zuvor. Auch in meinem Spiegelbild erkannte ich den sichtbaren Fortschritt als Belohnung für meine intensiven Anstrengungen.

Trotzdem konnte ich mich nicht freuen an diesem Tag, der sonst für mich stets reines Glück bedeutete. Während des Gottesdienstes, dem ich nur mit halber Aufmerksamkeit folgte, drang eine tiefe Sehnsucht in meine Seele. Als ich sie schließlich auf dem kurzen Weg zum Alten Markt benennen konnte, hätte ich angesichts ihrer naiven und zugleich absurden Ursache am liebsten laut aufgelacht.

Warum, zum Teufel, erkennt nicht jeder dahergelaufene Passant meine Fortschritte? Warum sieht niemand, dass ich viel aufrechter, stabiler, gleichmäßiger und schneller gehe als noch vor sieben Tagen? Jetzt habe ich mich sooo angestrengt und bin trotzdem für alle nur der Krüppel im Trachtenjopperl.

Absurde Gedanken, ich sagte es schon. Und doch konnte ich sie nicht aus meinem Kopf vertreiben. Judith Köcks Überzeugung, sämtliche Bekannten und Freunde würden meine intensive Arbeit bewundern und auch das Ergebnis zu schätzen wissen, genügte mir nicht. Ich beendete meinen Altstadtsonntag mit einer freudlosen Melange im Tomaselli und fuhr frustriert nach Hause.

Vielleicht ist die Sehnsucht nach einer Belohnung von außen von klein auf in uns angelegt. Jeder erinnert sich an das Eis nach dem Besuch beim Arzt, an das Lob und das Feriengeld nach der Präsentation des guten Zeugnisses. Genau so reagierte das Kind in mir: Ich hatte viel gearbeitet, legte ein gutes Zeugnis in Form meiner verbesserten Beweglichkeit vor und wollte nun von allen Seiten dafür gelobt werden.

Natürlich war mir bewusst, dass keine Person, die mir zum ersten Mal begegnete, etwas anderes sehen konnte als einen Spastiker, der die Philharmonikergasse entlang humpelte. Wenn ich dazu oberhalb des Halses auch noch ein Gesicht der Marke *Voll ang' fressen* zur Schau stellte, diente das kaum dazu, die Sympathie in meiner unmittelbaren Umgebung nach oben zu treiben.

Ein paar Tage später hatte ich genug von meiner miesen Laune. Ich stellte mich voll bewusster Aufmerksamkeit vor meinen Wandspiegel und trat in einen spannenden Dialog mit mir selbst.

Was siehst du?
Schiefe Beine und einen Knick in den Knien.
Falsch. Schau genauer hin. Was siehst du?
Okay – das Ergebnis einer guten Trainingswoche.
Schon besser. Und was sehen die anderen?
Den Krüppel im …–
Ach, halt die Klappe. Sie sehen, <u>was sie sehen wollen</u>!

Die Meinung anderer Leute über mich beeinflussen zu wollen ist so unmöglich wie einen neuen Weltrekord über hundert Meter aufzustellen. Mehr noch: Es führt zu Unzufriedenheit und Minderung meiner eigenen Leistung. Ich habe sie selbst erbracht, sohin steht mir auch die größte Freude darüber zu.

Je länger ich über meine unerfüllbaren Wünsche und Sehnsüchte nachdachte, desto stärker wuchs eine Erkenntnis in mir heran: Ich, nur ich allein, bin verantwortlich dafür, wie ich mich fühle – ob sich meine Emotionen im Gleichgewicht befinden, ob ich dem Leben voll Freude oder mit Argwohn gegenübertrete, ob ich in einem neuen Tag, einer neuen Woche, einem neuen Jahr eine Herausforderung sehe oder ein bedrückendes *Jetzt muss ich schon wieder …*

Die Grundstoffe für das Glück, so las ich einmal, sind Eigenverantwortung, Humor und Vertrauen. Ich füge diesem wunderbar einfachen Rezept noch eine wichtige Zutat bei: gütiger Umgang mit sich selbst. Mit Achtsamkeit zubereitet, entsteht eine himmlische Speise, die ausreichend Kraft gibt für alles, was uns im Leben künftig begegnen wird.

*** *** ***

Mit dem Unterschied zwischen Eigen- und Fremdwahrnehmung hatte ich also die Friedenspfeife geraucht. Es gab jedoch ein weiteres Paradoxon, mit dem ich noch viel länger und intensiver auf Kriegsfuß stand.

Von den Anstrengungen, die ich für meine körperliche Fitness treibe, war bereits mehrfach die Rede. Ich bin stolz auf die vielen Erfolge, angefangen bei den ersten Schritten mit knapp sechs Jahren bis hin zum hart erkämpften Umstieg von knöchelhohen orthopädischen Maßschuhen auf handelsübliche Halbschuhe mit Einlage.

Eine Tatsache, die ich jeden Tag neu erlebte, wurmte mich aber gewaltig. Es gelang mir nicht, meine Trainingsleistungen in den Wettkampf zu bringen. Will heißen: Egal, wie aufrecht und stabil ich mich an der Sprossenwand gefühlt hatte, wie zügig und koordiniert der Spaziergang soeben verlaufen war – sobald ich danach in meiner Küche stand und Gemüse für meine Reispfanne schnitt, ging ich dabei in die Knie wie ein misslungenes U-Hakerl.

Den Grund dafür offenbarte mir jene Episode, die Sie am Kapitelende in der Satire *Muskelbeschwerden* finden: Sobald ich mich nicht voll auf Stehen oder Gehen konzentrierte, fühlte sich meine Muskulatur nicht mehr zuständig und verfiel in eine fötusähnliche Ausgangsstellung, die furchtbar anstrengend war.

Jede auch noch so weit hergeholte Idee probierte ich aus, um diesen Zustand zu ändern. Ich steigerte meine Konzentration im Training weiter, um die dabei gesetzten Parameter dauerhaft in mein Unterbewusstsein zu kopieren. Während einer Bewegung setzte ich meinem Denken verschiedene Reize und versuchte zu beobachten, ob und wie schnell sich die Qualität der Bewegung dabei verminderte. Meine deprimierende Erkenntnis: Jedes einzelne Mal ging sie rasant nach unten.

Ein banales Beispiel mag das illustrieren: Nicht einmal während der äußerst schlichten zweiminütigen Aufgabe des Zähneputzens gelang es mir, durchgehend aufrecht zu stehen, obwohl ich mich am Waschbecken halten konnte. Kaum hatte ich mich vom U-Hakerl wieder zum Homo Sapiens emporgereckt, deckte ein weißer Fleck in meinem Gehirn alles zu und löschte sogar das Wissen, ob man die elektrische Zahnbürste nun vorne oder hinten angreift.

Eine aufrechte Körperhaltung sah so einfach aus, doch mein Körper-Geist-Status stand unveränderbar auf *Es ist kompliziert.*

August 2015. Ich saß in der Praxis des Grazer Orthopäden Dr. Ernst Bernhard Zwick und erklärte ihm mein besonderes Dilemma. Jahre zuvor hatte er mir von einem schweren operativen Eingriff am rechten Bein abgeraten, zu dem ich mich meiner starken Rückenschmerzen wegen fast schon entschlossen hatte. Weil einige Monate später Dr. Walter Packi und Judith Köck in mein Leben getreten waren, hatte Dr. Zwick mit seiner ehrlichen Haltung gleichsam meine größten gesundheitlichen Fortschritte eingeleitet, wofür ich ihm bis heute dankbar bin.

„Sie haben leider keine Chance bei diesem Problem, Herr Glanz", antwortete der Arzt und lächelte ein wenig traurig dabei. „Verzeihen Sie, wenn ich Ihnen das so klar sagen muss."

„Mein Physiotherapeut vertritt die gleiche Meinung", erwiderte ich und schaffte es dabei nicht, meine Enttäuschung zu verbergen. „Ich dachte nur, Sie kennen Möglichkeiten …" Meine Stimme erstarb.

„Die Erklärung ist einfach", setzte der Arzt ruhig fort. „Kein Mensch – weder Mann noch Frau – ist Multitasker. Wer etwas anderes behauptet, redet schlicht und einfach Blödsinn. Wir alle sind Stack-Arbeiter, das heißt, unser Gehirn arbeitet eine Sache nach der anderen ab. Versucht es, zwei Aufgaben nebeneinander zu lösen, wird das Ergebnis einer Aufgabe in der Qualität deutlich abfallen."

„Umgelegt auf mich?", fragte ich dazwischen, weil ich nicht ganz folgen konnte.

„Dazu komme ich gleich. Bei gesunden Menschen werden die Tätigkeiten des Stehens und Gehens *unbewusst* erledigt. Nicht unterbewusst, diese Unterscheidung ist sehr wichtig. Bei Ihnen aber sind Bewegungen äußerst komplexe bewusste Vorgänge, die ihr Gehirn mit hoher Konzentration abarbeiten muss."

Damit hatte ich es also quasi schwarz auf weiß, mit Brief und Siegel: Alles war tatsächlich so kompliziert, wie es sich in mir anfühlte. Trotzdem unternahm ich einen letzten Versuch.

„Und diese Vorgänge ins Unbewusste zu schaufeln, das ist nicht möglich?"

„Tut mir leid, nein." Ich spürte deutlich, dass der Arzt es auch so meinte. „Es wird besser werden, weil Ihr Gehirn durch Wiederholung die Muster immer schneller erkennen kann. Aber es wird dennoch immer arbeiten müssen, wenn Sie sich bewegen."

Der weißhaarige Mann hatte noch eine andere Erklärung: „Dazu kommt, dass sich durch die erstaunlichen Verbesserungen Ihres Zustandes die Körperachsen mehrmals verändert haben, was bei Leuten ohne Beeinträchtigung nicht passiert. Das bedeutet, Ihr Gehirn musste mehrmals mit völlig neuen Grundeinstellungen zurechtkommen. Schon allein dafür vollbringt es eine erstaunliche Leistung." Er klopfte mir locker auf den rechten Oberschenkel. „Wir haben uns jetzt mehr als zehn Jahre nicht gesehen. Ich bin erstaunt, in welch bemerkenswertem Zustand Sie sind."

Die Besprechung war zu Ende. Ich stand auf und reichte dem Arzt zum Abschied die Hand.

„Seien Sie stolz darauf, wie fabelhaft alles funktioniert, im Kopf und im Körper", sagte er noch. „Sie sind auf einem guten Weg. Wenn ich dabei helfen kann, stehe ich jederzeit zur Verfügung."

U-Hakerl forever – keine rosigen Aussichten für mein Bestreben, weitere Fortschritte zu erzielen. Das Gespräch mit Dr. Zwick brachte dennoch eine große Erleichterung. Er bestätigte nicht nur meinen guten Allgemeinzustand und damit den Sinn meines harten Trainings, sondern lieferte auch die wissenschaftliche Begründung für mein zweites Paradoxon, das nun selbst für mich nicht mehr paradox war.

Die Arbeit, mich mit den offensichtlichen Tatsachen anzufreunden, blieb mir dadurch aber nicht erspart. Top-Streckung an der Sprossenwand und Knie-Knick gleich danach waren also nicht die Ausnahme, sondern die Regel. Blöderweise fanden meine Bewegungsmuster nicht den Weg in den zweiten Arbeitsspeicher des Gehirns, das Unbewusste.

Manchmal ist es schwierig. Dieser Seufzer entfährt mir hin und wieder, wenn ich mir nichts sehnlicher wünsche, als beides gleichzeitig zu können – etwa mit jemandem durch die Altstadt spazieren und dabei ein halbwegs gescheites Gespräch führen.

Aber Sehnsucht entfernt unser Sein von der Gegenwart. Dieses Wissen tröstet mich immer über meine Makel hinweg, weil mir klar ist, dass sich Glück einzig und allein in der Gegenwärtigkeit finden lässt. Meine faktische physische Beschaffenheit fordert mich stets neu dazu auf, achtsam mit mir umzugehen.

Wenn ich stehe, stehe ich. Wenn ich gehe, gehe ich. Wenn ich esse, esse ich. Diese alte Weisheit ist der Leitspruch meines Körpers. Lasse ich ihn außer Acht, knickt meine Physis ein – und holt mich so zurück.

Was mir hilft

Zwei der Grundsteine, auf denen unser Leben ruht, gehören untrennbar zusammen: Hilfe annehmen und Wahrheit akzeptieren. Beides fällt oft schwer und ist dennoch unsagbar wichtig, um manches Hindernis zu überwinden, das auf unserem Weg liegt.

Die Erkenntnis, Hilfe zu brauchen, ist ein guter Anfang. An dieser Stelle hat man Scham und falschen Stolz, alles selbst schaffen zu müssen, hinter sich gelassen. Somit ist der Weg frei für neue Lösungen, die eine hilfreiche Hand bieten kann – selbst wenn ihr Tun nur darin besteht, den Blick darauf zu lenken. Ich frage, suche, denke über Ratschläge nach. Und ich vertraue darauf, dass die angenommene Hilfe zu meinem Besten sein wird.

Tatsachen nicht ändern zu können, gehört zu den bittersten Lebenserfahrungen. Der Schmerz und die Trauer darüber dringen oft besonders tief ein. Deshalb gebe ich mir alle nötige Zeit der Welt, sie zu verarbeiten. Ich schiebe sie nicht weg, wenn sie kommen, sondern betrachte sie von allen Seiten, bis sie mich ohne mein Wollen wieder verlassen.

Und ich übe den gütigen Umgang mit mir selbst. Ich schätze die Fähigkeit, mein eigener bester Freund sein zu können, der mein Streben, meine erbrachten Leistungen voll Freude anerkennt. Das stärkt meine Selbstakzeptanz wie auch mein Selbstbewusstsein.

Mein tiefer Glaube, der mich durch das ganze Leben begleitet und mir Kraft gibt, führt Hilfe und Wahrheit zusammen – zwei Teile eines untrennbaren Ganzen.

Herr, gib mir die Kraft, Dinge zu ändern, die ich ändern kann.
Gib mir die Demut, Dinge zu akzeptieren, die ich nicht ändern kann.
Und gib mir die Weisheit, den Unterschied zu erkennen.

Mein Lebensbaum

In seinem Garten, den mein Großvater während meiner gesamten Erinnerungszeit an ihn bewirtschaftete, gab es fünfzig Apfelbäume, zweihundert Stöcke mit Himbeeren und drei große Erdbeerbeete. Die Himbeeren liebte ich besonders; sie waren leicht zu pflücken und noch leichter zu essen. Ihr Geschmack war für mich wie ein Geheimnis, dem die Zunge auf die Spur kommen musste – nicht so vordergründig lieblich wie Kirschen. Nach dem Zerdrücken der kleinen, leicht pelzigen Kugeln am Gaumen ist das erste Aroma zart sauer, doch gleich darauf füllt sich der Mund mit Süße, die den kleinen Schritt ins Herz mühelos überwindet, eine Schatztruhe öffnet und uns Menschen die vielleicht wertvollste Empfindung zum Geschenk macht: einen Augenblick Glück.

Mehr als einmal riss mich meine große Schwester aus dieser Seligkeit, indem sie mir eine frisch gepflückte Schüssel Himbeeren wegnahm, mit der ich mich heimlich auf eine grob gezimmerte Bank gesetzt hatte. Ihr in gespieltem Zorn gerufenes „Hol dir selbst welche!" quittierte ich mit herzlichem Lachen und wartete auf die nächste Gelegenheit zum Stibitzen.

Im hinteren Teil des Gartens stand ein großer, alter Nussbaum. Seine weit ausladenden Äste schufen mit ihrem dichten Blattwerk auch an hellsten Sommertagen einen beinahe vollkommenen Schatten, als befände sich im Umkreis des Stammes ein eigenes Reich. Nicht bedrohlich, vielmehr majestätisch wachend über die vor ihm in Reih und Glied stehenden Golden-Delicious-Bäume.

Im Herbst traf ich meinen Großvater immer wieder dabei an, wie er, seinen Strohhut weit in den Nacken geschoben, in regelmäßigen, immer kleiner werdenden Kreisen um den Baum ging und Nüsse sammelte. Diese Methode erschien mir langweilig und zeitraubend, also fragte ich ihn nach dem Grund dafür.

„So entgeht mir kaum eine Nuss", erklärte er mit seiner leisen, leicht rauchigen Stimme. „Und es hilft dabei, die gleiche Stelle nicht öfter als einmal abzusuchen."

Das leuchtete mir Zwölfjährigen nicht ein. Deshalb versuchte ich, mit meiner Es-liegt-eh-überall-genug-herum-Methode den Gegenbeweis anzutreten. Am Ende lag im Korb meines Großvaters aber eine viel größere Ernte als in meinem.

An einem Nachmittag im November überfiel mich tiefe Traurigkeit. Sie kam plötzlich wie ein Windstoß durch eine Tür, die nur angelehnt ist und deshalb nicht genug Widerstand bietet. Ich fröstelte. Mein Denken war nicht in der Lage zu ergründen, woher das Gefühl stammte oder was es ausgelöst haben könnte. Plötzlich schnauzte ich meine Bürokollegin wegen einer Nichtigkeit an; über diese ungewohnte Heftigkeit staunte ich selbst am meisten, aber die Trauer hielt mich von der fälligen Entschuldigung ab.

Am nächsten Morgen – ich hatte unruhig geschlafen und war von einem heftigen Schüttelfrost lange vor der Zeit geweckt worden – besetzte dieses dunkle Gefühl jeden Winkel in meinem Inneren. Keine Beschäftigung interessierte mich, jede Pflicht war mir nur lästig. Ich schleppte mich durch den Tag und fuhr mit leeren Augen, leeren Gedanken und leerem Herzen nach Hause.

Als am Abend selbst eines meiner Lieblingsgerichte, Thunfischsalat mit Oliven und Zwiebeln, nach nichts schmeckte, pfiff ich endlich auf den kleinen Teufel namens Stolz in mir, der mich ständig aufforderte, alles allein schaffen zu müssen. Ich tippte eine kurze Bitte um Rückruf als SMS in mein Handy und schickte sie an eine Handvoll Freunde, die mir in den Sinn kamen.

Sie riefen alle an. Die ersten nach wenigen Minuten, der letzte am späten Abend. Brachte dies schon heilende Dankbarkeit und damit das erste Licht zurück, so durchdrang mich etwas anderes noch stärker, das ich in ihren Stimmen und zwischen ihren Worten hörte: Jedem Freund, jeder Freundin war es ein Anliegen, mit mir zu sprechen. Niemand erledigte es als Das-gehört-sich-so-wenn-dich-jemand-fragt-Pflicht. Mit allen redete ich über meine Traurigkeit, gemeinsam forschten wir nach möglichen Ursachen dafür. Hier ging es um übermäßige Anstrengungen der letzten Zeit, dort um Ereignisse, die Jahre zurück lagen. So verschieden meine Freunde sind, so unterschiedlich waren die Anregungen, die sie mir lieferten.

Ich mag dich, und du bist mir wichtig. Diese Botschaft schwang überall mit. Ich fühlte sie warm wie eine Umarmung und – trotz der bei manchen großen Entfernung – nah bei mir. Drei Abschiedsworte tönten nach, bis ich einschlief.

„Alles wird gut."

In jener Nacht träumte ich von dem großen Nussbaum und von meinem Großvater, der ihn in endlos scheinenden Kreisen umrundete. Anfangs sah ich den großen, hageren Mann nicht; mein Blick war nur auf den Stamm gerichtet. Er war dick und knorrig wie in seiner Jahrzehnte zurückliegenden Wirklichkeit. Aber aus seinem Zentrum kam ein intensives Leuchten, das mich mehr zu sich hinzog, als dass ich selbst darauf zuging. Als das Licht nur mehr eine Armlänge entfernt war, nahm ich eine Stimme wahr, die ich nicht als Klang hörte, sondern als Gewissheit.

Ich bin die Basis, strömte es durch mich. *Liebe, Glaube, Vertrauen in alles, was ist und was sein wird.*

Sanftes Drängen forderte mich auf, den Kopf zu heben. Ich schaute in das dichte Blattwerk der Baumkrone – doch da war noch viel mehr! Große Blüten leuchteten in allen Farben, frisches Grün spross überall hervor. Und wenn ein alter Ast abbrach, wurde er sofort zur Nahrung für einen neuen Trieb.

Alles ist für dich da, sagte die Stimme ohne Klang. *Wann immer du Hilfe brauchst, streck deine offene Hand aus, und alle Blüten, Blätter und Früchte werden dir Kraft geben. So wie gestern. Schau noch genauer hin, oben links!*

Ich folgte der Aufforderung und glaubte plötzlich, zwischen den Blättern ein Gesicht zu erkennen – mein eigenes.

Auch du bist Nahrung für die anderen: als Blüte, an der sich ein Betrachter erfreuen kann, oder als Blatt, das Schatten spendet. Alles greift ineinander.

„Was muss ich tun?"

Wäre jemand in meinem Traum bei mir gewesen – vielleicht hätte er diese Frage wirklich gehört.

Vergiss nie, dass es deinen Lebensbaum gibt. Mit dir, durch dich und für dich. Dann wird alles gelingen, auch wenn du nicht immer sofort erkennst, dass es so ist.

Zuversicht und Freude erfüllten mich, aber der Traum war noch nicht zu Ende. Wieder drängte mich eine sanfte Kraft, meinen Kopf zu drehen. Diesmal fiel mein Blick auf meinen Großvater, der weder mich noch das Leuchten des Baumstammes zu bemerken schien. Er zog seine Kreise und sammelte Nüsse.

Er hat dich gerufen, klang die Stimme in mir. *Ihr hattet früher viel gemeinsam.*

„Ich kannte ihn doch kaum. Er starb viel zu früh …"

Das Gemeinsame endet nicht durch den Tod. Du trägst die gleiche Aufmerksamkeit in dir. Denk daran, wenn du glaubst, dass es keine Früchte für dich gibt. Hör nie auf, genau hinzusehen.

Da richtete sich mein Großvater auf, schob seinen Hut zurecht und sah mich an. In seiner linken Hand hielt er einen Korb, übervoll mit Nüssen. Er lächelte mir zu, hob den rechten Arm und winkte. Bevor ich erkennen konnte, ob seine Geste ein Abschied, ein „Bis bald!" oder ein schlichter Gruß war, wachte ich auf.

Ein neuer Tag stand vor meinem Fenster. Die Traurigkeit war fort. An ihrer Stelle wärmten mich die Gedanken an die Gespräche mit meinen Freunden – die Blüten an meinem Lebensbaum.

Muskelbeschwerden

Neulich beschwerte sich meine Muskulatur aufs Heftigste bei mir. Sie protestierte nicht mündlich oder per Mail, sondern machte von einer Sekunde zur nächsten auf Gewerkschaft und bestreikte die Verrichtung allgemeiner koordinativer Tätigkeiten. Der Grund dafür? In meinen Augen eine Nichtigkeit. Ich meine, nur weil man ein paar Minuten nicht die volle Aufmerksamkeit vom Gehirn kriegt, muss man doch nicht gleich wie ein verwöhntes Einzelkind das Trotzpinkerl spielen und die Arbeit verweigern – oder?

Der Zufall wollte es, dass ich an jenem Tag zeitgleich mit meinem Kollegen Stefan – seine Leidenschaft für den FC Bayern München trübt meine ihm entgegengebrachte Wertschätzung nur unwesentlich – das Gebäude betrat, in dem wir Büro an Büro unserem Tagwerk nachgehen. Stefan weiß mindestens soviel über Fußball wie über die Welt der Reichen und Schönen, was die Gespräche mit ihm zu einem Griff in die Wundertüte werden lässt – man weiß nie, was herauskommt.

Von der Unterhaltung damals weiß ich heute gar nichts mehr. Mein Versuch, mit Stefan zu reden und gleichzeitig die Treppe in den ersten Stock hochzusteigen, ging so deutlich daneben, dass er mich besorgt fragte, ob alles in Ordnung sei.

„Ja, ja", stammelte ich nur und mühte mich weiter, Anstieg, Atmung und allgemeines Geplauder zu koordinieren. Stefan sagte nichts mehr, nahm meine Tasche und begleitete mich zu meinem Platz. Ich bedankte mich, er quittierte es mit einem knappen „Passt schon" und ließ mich allein.

Minutenlang saß ich in meinem Drehstuhl und starrte dumpf vor mich hin. Ich hatte nicht die geringste Ahnung, was passiert war. Hatte ich das Stiegensteigen verlernt? Oder gerade den Beweis erlebt, dass Männer nur Multitasker sind, wenn sie gleichzeitig übers Smartphone wischen und die Fernbedienung drücken?

Es half nur die Probe aufs Exempel: Ich ging über die gleiche Treppe ins Erdgeschoß hinunter und dann sofort wieder hinauf, diesmal voll konzentriert. Und siehe da: Es funktionierte wie immer.

Bisher hatte ich die Koexistenz zwischen Gehirn und Muskeln mit einem lapidaren „Geht schon irgendwie" hingenommen. Die Treppenepisode zwang mich jedoch, den Tatsachen ins Auge zu blicken. Was sich für gesunde Menschen banal anhören mag, bedeutete für mich einen veritablen Schock: Meine Muskulatur übernimmt das Kommando, sobald Bewegung angesagt ist! Während sie in der Basisausstattung der Mehrheit meiner Spezies brav im Unbewussten werkelt, fordert sie von mir Aufmerksamkeit, um dann auch nur halbwegs zu funktionieren. Und wenn es ihr ein bisserl zu viel wird, muckt sie gleich mit Katern, Sticheleien, spontanen Schlafanfällen und anderen Spompanadeln auf. Mein Fazit: Ich war unzufrieden mit der Gesamtsituation. Da steckte ja mehr Frustpotenzial drin als in einer Herbstdepression. Und das mitten im Hochsommer!

Zum Glück ist mein Gehirn nicht auf der Brennsuppe dahergeschwommen. Wenn es sich nicht gerade ums Gehen, Stiegensteigen, Straße Überqueren, Einkaufskorb zum Auto Schleppen oder um sonstige Nebensächlichkeiten kümmern muss, hat es durchaus lichte Momente. Einer davon, ein Blitz geradezu, erstrahlte zu nächtlicher Stunde, Wochen nach dem Treppendesaster.

„Wenn deine Muskeln Aufmerksamkeit wollen", sagte das Hirn zum Ich, „dann gib sie ihnen, aber voll und ganz. Hast du das im Training schon einmal ausprobiert?"

Ich verneinte.

„Könnte ein spannender Versuch werden." Das Hirn lachte glucksend, ein komisches Geräusch, das ich bisher nie vernommen hatte. „Gemeinsam sind wir stark. Das Imperium schlägt zurück! Jetzt geht's loo-oos!"

„Schon recht, aber erst morgen." Bevor die Mischung aus Fangesängen und Filmtiteln peinlich wurde, brachte ich das Hirn zum Schweigen und folgte den Muskeln ins Reich des Schlafes, das diese längst betreten hatten – natürlich ohne zu fragen.

Seit mir klar ist, dass meine Mutter die tägliche Gymnastikstunde mit mir nicht als Zeitvertreib absolvierte, betreibe ich sie selbst mit gebotenem Ernst. Sohin sind die Einheiten schon jahrelang schweißtreibend und intensiv; nicht selten lassen Schmerzen die Frage nach der Sinnhaftigkeit dieser Tortur durch mein erschöpftes Bewusstsein schwimmen, die das Gehirn jedoch stets kategorisch mit „Weil es hilft!" beantwortet. Wenn es lustig drauf ist, schiebt es noch ein PS hinterher: „Aufgeben tut man einen Brief, sonst gar nichts!"

Was aber am nächsten Tag folgte, war nicht bloß gesteigerter Kraftaufwand oder eine Erhöhung der Schlagzahl. Es war der Schritt in eine neue Dimension, der Sprung durch die Lichtmauer mit dem Milleniumsfalken von Han Solo. So etwas hatte ich noch nie erlebt.

Gleich die erste Übung – einbeiniges Stehen auf dem Schrägbrett an der Sprossenwand – brachte ein Wow!-Erlebnis. Ich dachte nicht wie sonst an die Anstrengung im Oberschenkel oder ans langsame Bis-zehn-Zählen. Mit geschlossenen Augen visualisierte ich, wie sich meine Muskeln und Sehnen dehnen und kräftigen – von der Ferse des Achilles (welche Dame denkt jetzt nicht an Brad Pitt?) bis hinauf zum *Musculus gluteus maximus* (danke, Wikipedia!), dem großen Gesäßmuskel. Tatsächlich spürte ich, wie sich die Hinterseite meines Beines gleichsam verlängerte und die Ferse näher an den Boden kam. Ich verstärkte das Bild und holte dazu noch Ian Anderson von *Jethro Tull* vor mein geistiges Auge, wie er auf einem Bein stehend *Locomotive Breath* auf seiner Querflöte rockt. Der plötzliche Drang meiner Ferse nach unten schien unaufhaltsam.

Dieses ungeahnte Gefühl sandte so starke Glücksimpulse ans Gehirn, dass ich für Sekunden sogar aufs Schnaufen vergaß. Meine Atmung setzte jedoch schlagartig wieder ein – als die Beinmuskulatur einen entsetzten Schrei in Richtung Hirn losließ.

„Spinnst du??? Das tut ja weh!!!"

„Sei keine Mimose", replizierte das Denkorgan trocken. „Es war längst fällig, dass du ordentlich was zu tun bekommst."

„Au!!! Aber ein Behinderter kann doch nicht …"-

„Der Behinderte sitzt in deinem Kopf, sonst nirgends." Das Gehirn ließ wieder sein glucksendes Lachen hören. „Und genau von dort vertreiben wir ihn jetzt."

Protest und Schmerzen schwollen gleichermaßen an, aber die Sache war zwischen Ich und Hirn längst ausgemacht. Beinwechsel, das gleiche Spiel, dann noch einmal von vorn. Beim Stehen mit gegrätschten Beinen war daVincis *Goldener Schnitt* (für mich die Schönste unter den Euromünzen) meine Blaupause, bei den Liegestützen die auf und ab pumpenden Kolben eines Motors. Dies führte zum nächsten Gedankenbild: Trotz aller Ansprüche und Anstrengungen hatte ich in meiner Karriere als Amateurgymnastikturner niemals zuvor derart Gas gegeben.

Als ich nach einer Stunde erschöpft, aber glücklich unter der Dusche stand, war mir klar, woher der Fortschritt seinen Namen hat: Es geht immer weiter, der Weg zu mehr Wissen, mehr Können und mehr Erleben hat kein Ende. Wer sich dennoch an diesem Punkt glaubt, darf darauf vertrauen, vom achtsamen Leben den entscheidenden Funken, die zündende Idee geschenkt zu bekommen.

Der Muskelkater am nächsten Tag war von einem anderen Stern, keine Frage. Mit 40plus weiß ich aber längst, dass es nicht hilft, Beschwerden im Rundordner der Ignoranz verschwinden zu lassen; von dort tauchen sie garantiert wieder auf. Also ließ ich meine Beine jammern, sudern und wehklagen, soviel sie wollten. Als ich meine Lieblings-CD von *Jethro Tull* einlegte, war ihnen klar, es hatte keinen Sinn, und sie verstummten. Mein Gehirn dagegen jubilierte.

„Jetzt geht's loo-oos!"

Dürfen Sie überhaupt Auto fahren?

Meine Amtswege

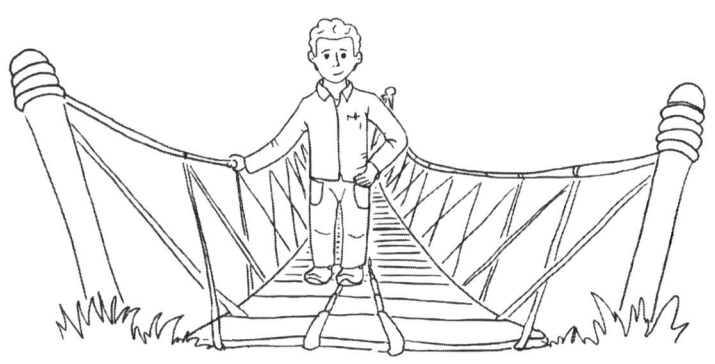

Zu Jahresanfang 1994 stand ich in einem Amtszimmer der Bezirkshauptmannschaft Feldbach und machte eine Erfahrung, die in ihrer absurden Vorverurteilung durch jemanden, von dem kraft seiner Position zumindest eine neutrale Betrachtungsweise zu erwarten gewesen wäre (von Hilfe rede ich gar nicht), alles bisher Geschehene in den langen Schatten stellte.

Um der Wahrheit die Ehre zu geben: Ich befand mich gar nicht im Raum, sondern noch an der Tür. Nach dem Gruß nannte ich meinen Namen und erwartete in dieser Sekunde noch nichts anderes als den üblichen Kommunikationsablauf zwischen Erwachsenen: Handschlag, Vortrag meines Anliegens, Diskussion, Vereinbarung und Abschluss des Gesprächs.

Zu nichts davon sollte es kommen. Der Amtsarzt schaute in den vor ihm liegenden Akt und fragte durchs ganze Zimmer: „Wann kommen Sie zur verkehrspsychologischen Untersuchung?"

Ich stutzte, blieb an der Tür stehen.

„Warum sollte ich das?"

Der Amtsarzt klopfte auf den Akt.

„Weil abgeklärt werden muss, ob Sie mental in der Lage sind, ein Auto zu lenken."

Der hält mich doch tatsächlich für blöd!

„Und wenn ich überzeugt bin, auch ohne Ihren Test mental fit genug zu sein?"

Die Augen des Mannes zuckten kurz – das war wohl zuviel der Widerrede. Dann faltete er seine Hände über dem Akt und sagte mit einer ekelhaften Mischung aus Arroganz und Mitleid: „Ohne die Untersuchung werden Sie nie ein Auto fahren, Herr Glanz."

Zu meinem großen Glück erkannte ich in dem Moment die Tragweite dieses simplen Aussagesatzes nicht. Andernfalls hätte ich vermutlich einen nicht mehr zu bremsenden Wutanfall bekommen. In mir regten sich nur Ungläubigkeit und Trotz, die rasch zu einer bestimmten Erwiderung führten: „Das werden wir sehen."

Grußlos drehte ich mich an der noch immer offenen Tür um und ging nach Hause. Mein Trachten, den Führerschein zu erwerben, schien beendet, noch bevor ich richtig Anlauf genommen hatte.

Mein Zorn kam später, als mir das schändliche Verhalten des Mannes bewusst wurde. Sich hinter seiner Amtsgewalt verschanzend, zog er meine psychische Gesundheit in Zweifel und erschwerte damit einen Entwicklungsschritt in meinem Leben, der für mich eine bislang ungekannte Freiheit und Unabhängigkeit bedeutete – ohne ein Gespräch, in dem ich meine Argumente vorbringen könnte; ohne Überprüfung, ob meine körperlichen Fähigkeiten (einzig und allein darum sollte es gehen!) dafür ausreichten, einen Personenwagen zu steuern. Der Amtsarzt mochte als Mediziner seine Approbation besitzen, doch ob er genug neuroorthopädische Kenntnisse besaß, um in meinem speziellen Fall ein gerechtes Urteil zu fällen, stellte ich wohl mit einigem Recht in Frage.

Was mich aber am meisten störte war die sture Weigerung, mich auch nur den Versuch machen zu lassen. Ich hatte in keiner Weise vor, andere oder mich selbst in Gefahr zu bringen. Jedoch war die Möglichkeit, meinen Lebenskreis durch eine Lenkerberechtigung um ein Vielfaches zu erweitern, für mich ungleich bedeutender als für einen gesunden Menschen, der problemlos jedes öffentliche Verkehrsmittel benutzen kann. Natürlich bin auch ich in der Lage, den Zug zu nehmen. Aber schon meine eingeschränkte Fähigkeit, verschiedene Dinge zu transportieren, abgesehen von den oft langen Fußwegen, stellt einen immensen Nachteil gegenüber dem Auto dar. Bin ich mit der Bahn unterwegs, kann ich nur eine Tasche tragen, die nicht zu schwer sein darf. Die andere Hand benötige ich zum Festhalten, etwa bei hohen Einstiegen.

Ich bin geistig vollkommen gesund und wollte überprüft haben, ob ich physisch fähig war, ein Auto zu lenken, von A wie Ausparken bis Z wie Zündung-Abstellen. Mir stand die gleiche Sachlichkeit zu wie jeder Person, die sich in einer Fahrschule zum Kurs anmeldet. Dass man in meinem Fall mehr Vorsicht walten lassen wollte, war mir nur recht. In keinem Fall aber würde ich mir von jemandem einen *Abgelehnt!*-Stempel auf die Stirn drücken lassen, der an jenem Tag schlecht drauf war; oder dessen beschränkte Vorstellungskraft die Chance übersah, dass es vielleicht doch funktionieren könnte. Nein, nicht mit mir!

Für die typisch österreichische Lösung, die wir schließlich fanden, waren zwei Umstände hilfreich: die lösungsorientierte Denkweise in meiner Familie und die Geografie.

Der südoststeirische Bezirk Feldbach grenzt an den südburgenländischen Bezirk Jennersdorf. In dem Städtchen gleichen Namens lebt eine Schwester meines Vaters samt Anhang, die alle zusammen sofort einverstanden waren, mich zwecks Änderung des Hauptwohnsitzes für 2 Jahre bei sich aufzunehmen. Somit war die dortige Bezirkshauptmannschaft für mich zuständig, deren Amtsarzt ungleich praktischer an meinen Antrag heranging.

„Kannst du fahren?", fragte er mich nur. Ich bejahte und erhielt die Berechtigung, einen Fahrschulkurs zu besuchen. Diesen absolvierte ich, was naheliegend war, in Form eines dreiwöchigen Intensivlehrganges auch gleich in Jennersdorf.

Der einzige Unterschied zwischen mir und meinen Schulkollegen bestand im eigenen Wagen, den ich zu den Fahrstunden mitbrachte. Es war ein gebrauchter blauer VW Golf III mit Automatikgetriebe, dessen Gaspedal von der rechten auf die linke Seite versetzt worden war. Für Gas und Bremse konnte ich sohin mein besseres Bein benutzen. Ein Sportlenkrad sorgte für die nötige Kniefreiheit.

Der Kommentar meines äußerst gütigen Fahrlehrers, als er bei einem Blick auf die Beifahrerseite feststellte, dass dort keine Pedalerie eingebaut war, bestand aus einer schlichten Aufforderung: „Du musst ganz aufmerksam darauf hören, was ich dir sage." Ich versprach es und lernte unter seiner Anleitung nicht nur die Praxis des Autofahrens, sondern auch die einsamen Landstraßen zwischen Sankt Martin an der Raab im Süden bis Kukmirn im Norden kennen. Theorielehrgang und Prüfung fanden in einem Gasthaus in Heiligenkreuz statt, direkt an der ungarischen Grenze.

Den Kurs absolvierte ich ohne Probleme. Erstaunt stellte ich fest, dass mir anfangs die Koordination der Arme schwerer fiel als gefühlvolles Bremsen und Angasen.

Nachdem die entscheidende Fahrt mit einer rhetorischen Frage des Prüfers geendet hatte („Ihnen ist klar, dass das wirkliche Lernen erst jetzt beginnt?") und somit als bestanden galt, nahm ich von einem Mitarbeiter der BH Jennersdorf voll Stolz den rosa Ausweis entgegen. Dann machte ich gleich die Probe aufs Exempel: Mein Fahrlehrer schraubte den Dachträger mit der *Achtung, Anfänger!*-Tafel ab, während ich zuhause anrief und meinen Erfolg verkündete: „Ich habe es geschafft und komme jetzt heim!"

Die 35 Kilometer von Heiligenkreuz nach Feldbach nahm ich vorsichtig und doch selbstbewusst in Angriff. Vermutlich irritierte ich während der Fahrt manche mir Entgegenkommende durch versehentliches Aufblenden, aber im Großen und Ganzen lief alles glatt.

Bei meiner Ankunft zuhause geschahen zwei Begegnungen, die sogleich die Besonderheit des getanen Schritts deutlich werden ließen. Als ich um die Ecke zu unserer Hintereinfahrt bog, sah ich wie so oft die betagte Nachbarin von gegenüber vor ihrem Haus den Besen schwingen. Sie erblickte das Auto und mich, der Besen fiel auf den

Boden, und sie rief mit zusammengeschlagenen Händen aus: „Der Hannes fährt mit dem Auto!"

Wenn die anderen es bemerken, ist es wahr, dachte ich begeistert und winkte fröhlich. Sofort ging ich ins elterliche Schuhgeschäft, um die gebührenden Gratulationen entgegenzunehmen. Meine Mutter bediente gerade eine Kundin und machte aus ihrem Stolz keinen Hehl: „Mein Sohn hat jetzt auch den Führerschein."

Die fein gekleidete Dame mittleren Alters schaute mich von oben bis unten an und fragte: „Ist er schon achtzehn?" – ein kleiner Tiefschlag mit knapp 22, aber meiner Freude tat dies keinen Abbruch.

Und tatsächlich begann nun ein völlig neues Leben für mich. Ich fuhr allein zur Therapie nach Graz, übernahm Botendienste für meinen Vater, machte Ausflüge mit meiner Großmutter. Als Bonus verbrachte ich während der Probeführerscheinzeit jeden Wahlsonntag in Jennersdorf, machte mein Kreuz und war stets zu einem tollen Mittagessen eingeladen.

Meine räumliche Unabhängigkeit war mit einem Schlag auf alle Distanzen, die per Auto erreichbar sind, erweitert worden. Mein geliebter blauer Golf war die Grundlage dafür, dass ich 1996 nach Salzburg übersiedeln und später einige Monate in Italien verbringen konnte. Mit ihm absolvierte ich sieben Therapiewochen im Dreiländereck Deutschland – Frankreich – Schweiz. Mein Alltagsleben ist ungleich komplizierter, wenn ich meinen Wagen ein paar Tage nicht zur Verfügung habe, von der Fahrt zur Arbeit über das Einkaufen bis hin zur Teilnahme am gesellschaftlichen Leben. Ich fahre gerne und spüre noch immer ein Quäntchen Stolz sowie große Dankbarkeit, wenn ich meinen Golf sehe, der nun in zweiter Generation zur bereits erwähnten Plus-Version in der Farbe *sunset red* geworden ist.

Mit starkem Willen habe ich ein Recht durchgesetzt, das mir ein Amtsarzt ohne Gedanken an die weiteren Folgen verwehren wollte. Dieser Erfolg bekräftigte mich in meinem Vorsatz, keine Auseinandersetzung zu scheuen und jeden Versuch zu unternehmen, um ein angestrebtes Ziel zu erreichen. Wenn man von dessen Richtigkeit überzeugt ist, gibt es immer einen Weg. Man muss ihn nur finden.

Bedeutend schwieriger wird die Sache, wenn eine elegante Umfahrung wie die soeben geschilderte nicht möglich ist, weil es nur eine zuständige Einrichtung gibt, an die man sich wenden muss. In der folgenden Geschichte übertrifft die an einem solchen Ort zutage getretene Sturheit härtesten Stahlbeton. Und das, obwohl ich mit einem verständlichen und für alle Beteiligten nachvollziehbaren Anliegen vorstellig wurde.

Nach dem großen Erfolg meines ersten Aufenthaltes in der Klinik für Biokinematik im März 2006 hätte es Dr. Packis Satz „Wenn Sie wiederkommen, machen wir die Beine" gar nicht bedurft. Meine Rückkehr zu einem zweiten Therapiezyklus im folgenden Jahr war von Anfang an beschlossene Sache. Die absolvierte Einheit war von mir selbst und mit großzügiger Hilfe meiner Eltern finanziert worden; dass ich für die Fortsetzung der wirksamen, aber teuren Therapie (für eine Woche rund 3.000,– Euro zuzüglich Fahrtkosten) bei der Krankenversicherung um einen Zuschuss ansuchte, war ein logischer Schritt.

Der Chefarzt der Salzburger Gebietskrankenkasse erklärte, für diesen Fall nicht zuständig zu sein. Ich sei nicht krank, also handle es sich um eine Maßnahme der Rehabilitation. Diese würde von der Pensionsversicherung der Angestellten, kurz PVA, bewilligt und abgewickelt werden.

Frohen Mutes machte ich mich bereits im Mai 2006 auf den Weg in die Schallmoser Hauptstraße 11, zur hiesigen Landesstelle der PVA. Zu meinem Glück (damals hielt ich es jedenfalls noch dafür) hatte ein anderer Patient Fotos von den verschiedenen Übungen gemacht. Ich war überzeugt, mit Hilfe der eindringlichen Bilder und meines Berichts über die erzielten Fortschritte die zuständige Person für ein Sponsoring der Therapiefortsetzung begeistern zu können.

Der mich untersuchende Arzt war aufmerksam, hörte zu und stellte die richtigen Fragen. Er habe noch nie etwas von Biokinematik gehört, sehe aber den Erfolg und werde mein Ersuchen mit einer positiven Beurteilung weiterleiten. Ich bedankte mich herzlich und ging noch froheren Mutes wieder nach Hause.

Ein paar Wochen später erhielt ich ein dickes Kuvert von der PVA, in dem ich nichts anderes vermutete als die Abwicklungsmodalitäten zur Überweisung des bewilligten Zuschusses. Neugierig auf den Umfang der Großzügigkeit, riss ich den Umschlag auf – und glaubte beim ersten Lesen des Begleitschreibens tatsächlich noch an einen schlechten Scherz: Meinem Antrag wurde stattgegeben – für einen dreiwöchigen Kuraufenthalt im Rehabilitationszentrum der PVA in Bad Hofgastein.

Dieses Schreiben bildete den Auftakt zu einer Auseinandersetzung, die ich meiner geneigten Leserschaft gar nicht im Detail darstellen möchte – zu niveaulos waren die vielfältigen Juristenkniffe und verbalen Untergriffe, die es von Seiten der PVA wiederholt gab. Die Erinnerung daran lässt auch nach Jahren noch immer diffuse Sympathien für Problemlösungen jenseits der Argumentationsebene in mir entstehen. Eine besonders groteske Aussage kann ich Ihnen jedoch nicht vorenthalten.

Nachdem ich erkannt hatte, dass doch kein Irrtum vorlag, machte ich sowohl schriftlich als auch telefonisch in deutlichen Worten klar, dass ich keinen Kuraufenthalt in Bad Hofgastein in Anspruch nehmen würde. Uneinsichtig, wie ich war, lehnte ich auch die als Alternative gebotenen Standorte Hermagor und Großgmain ab. Im Gasteinertal mochte man mir diese Haltung nicht recht glauben; zweimal wurde ich gefragt, wann ich denn nun käme. Irgendwann rief ich an und bat dringlich darum, meine Mail aufmerksamer zu lesen. Dort hatte ich den Zeitpunkt vermerkt: niemals.

Das Wesen von Landesstellen bedingt meist auch die Existenz einer Bundesstelle. Kein einziges Mal in meinem Leben hatte ich bisher in einer wichtigen Sache klein beigegeben. Also wandte ich mich an die übergeordnete Instanz und bat um ein Treffen mit dem Chefarzt. Dazu kam es nie, nicht einmal zu einem Telefongespräch. Die Begründung, mit der mir die zuständige Sekretärin eine Unterhaltung verweigerte, wird wohl für den Rest meiner Tage mein akustisches Gedächtnis bereichern: „Ich weiß, dass der Aufenthalt in Bad Hofgastein für Ihre Gesundheit das Beste ist."

Mir blieb der Mund offen stehen, aber nur eine Sekunde. Danach gab es eine einzige Antwort.

„Tut mir leid, aber das weiß ich besser. Ich werde gegen die sture Blockadehaltung der PVA vorgehen. Und ich sage es gleich dazu: Ich habe sowohl die Wege dafür als auch die Mittel."

Ich reichte Klage ein und kämpfte bis zum Obersten Gerichtshof, wo ich im Frühjahr 2010 schließlich verlor. In der Zeit dazwischen bot ich immer wieder einen Vergleich an, weil mir völlig unverständlich war, dass zwischen erwachsenen Menschen keine für beide Seiten akzeptable Einigung erzielt werden konnte. Warum gab man mir nicht zumindest einen Teil des Geldes, das der Aufenthalt in einem Rehabilitationszentrum in Österreich zweifelsfrei kostete, um eine meiner Gesundheit erwiesenermaßen dienliche Behandlung weiterzuverfolgen?

Von der gerichtlichen Auseinandersetzung bleibt der schale Beigeschmack, dass es nie um die Sache selbst, also um meinen Gesundheitszustand ging, sondern um die rein akademische Frage, ob die Entscheidung der PVA Bescheidcharakter habe oder nicht. Der OGH entschied dagegen und bescheinigte so der Versicherung das Recht auf Ermessen, gegen das nicht berufen werden kann. Als Sahnehäubchen über dieser unüberbrückbar breiten Schlucht zwischen Gesetz und Gerechtigkeit empfand ich die seitens der PVA immer wieder getätigte Aussage, dass die Wirksamkeit der Biokinematik nicht bewiesen sei. Das mag auf rein wissenschaftlicher Basis stimmen – Dr. Packi hält nichts von Evaluierung –, ist jedoch in meinem Fall für jeden Menschen klar erkennbar durch meine Person widerlegt. Meine Schmerzfreiheit, meine Schuhe, meine physische Entwicklung: Ich selbst bin der Beweis.

Auch um die Anerkennung aus berufenem Munde kümmerte ich mich. Nach den Therapiewochen in Deutschland absolvierte ich mehrmals eine medizinische Überprüfung meines Gesundheitszustandes im Ganglabor des Grazer Landeskrankenhauses. Die Orthopäden dort bekamen von Jahr zu Jahr größere Augen vor Staunen: „In Ihrem Alter ist eine derartige Verbesserung eigentlich nicht mehr möglich." Dieses Lob ließ mich innerlich wachsen, half mir im Rechtsstreit aber nicht.

In meiner Not wandte ich mich nochmals an die Salzburger

Gebietskrankenkasse. In einem langen Gespräch legte ich Chefarzt Dr. Norbert Muß mein Problem dar. Er anerkannte die Sinnhaftigkeit der Behandlung und erklärte sich bereit, einen freihändigen Zuschuss, wie er es nannte, zu bewilligen. Für diese Großzügigkeit war und bin ich sehr dankbar, denn damit war etwa die Hälfte der Kosten abgedeckt. Den Rest finanzierte ich über einen Kredit, den ich langsam abstotterte.

Von der glücklichen Fügung, die Therapie nun nicht mehr in einer deutschen Privatklink absolvieren zu müssen, habe ich schon in der vorangegangenen Geschichte erzählt. Meine erste Woche bei Judith in Bregenz war erfolgreich wie sämtliche Einheiten in Bad Krozingen. Auf Grund der geringeren Kosten und der kürzeren Strecke kann ich die Behandlung bei Bedarf auch zweimal jährlich machen. Und es genügt eine Überweisung meines Hausarztes, um den mir gesetzlich zustehenden Kostenbeitrag der Gebietskrankenkasse zu erhalten.

Da wie dort regieren Schweißausbruch, Schmerzen und Erschöpfung. Judith zieht mit gleicher Gnadenlosigkeit die Übungen durch, ich ertrage sie mit ebensolcher Langmut. Doch Menschen, die mich kein einziges Mal gefragt haben, warum es so immens wichtig ist, den Großen Lendenmuskel (psoas major) meiner rechten Körperseite zu strecken, urteilen lieber danach, ob der richtige Ort und der richtige Name auf einem Formular stehen. Das fällt leichter, als ein Gramm Anstrengung fürs Nachdenken zu verwenden.

Etwas ungewöhnlich mag es erscheinen, dass auch der Gang in ein Krankenhaus für mich manchmal wie ein Amtsweg ist. Verschiedene Konfrontationen mit Ärzten ließen mich mit großem Staunen erkennen, wie selten diese Spezies dazu in der Lage ist, eventuell vorhandenes Nicht-Wissen durch eine simple Frage an den Patienten zu beheben, der sich üblicherweise mit seinen Wehwehchen auskennt. Ob das ihren Stolz brechen oder den Nimbus ihres Berufsstandes zerstören würde, bleibt schleierhaft. Die sture Weigerung, Informationen einzuholen, dient jedoch in keiner Weise dazu, Vertrauen zu schaffen.

Oder Ärzte stellen die falschen Fragen. Einmal stürzte ich mit dem

Hinterkopf so unglücklich an eine Mauerkante, dass der Riss ambulant versorgt werden musste. In Begleitung einer hilfsbereiten Nachbarin kam ich in die Notaufnahme, erklärte dem Arzt das Problem. Nachdem dieser lange auf meine Beine gestarrt hatte, sagte er: „Sie haben sich doch nur den Kopf angeschlagen. Warum stehen Sie nicht gerade?"

Weil meine Spastik durch die Gehirnerschütterung leider nicht verschwindet, du Trottel! blitzte es irgendwo durch das schmerzhafte Pochen, doch es gelang mir, den Satz ein bisschen freundlicher zu formulieren.

Im Juni 2012 löste ich im Landeskrankenhaus Hallein noch seltsamere Reaktionen bei den Ärzten aus. *Anlagenbedingte Erkrankung* hörte ich dort zum ersten Mal in meinem Leben, nachdem ich mir durch zu ruckartiges Umdrehen im Schlaf – der Traum verarbeitete wohl ein intensives Kundengespräch – eine Rippe am Rücken ausgerenkt hatte. Nur meine eigensinnige Knochen-Hardware weiß, wie das möglich sein kann, aber es war passiert. Mein Therapeut Daniel schaffte es in einer äußerst peinvollen Aktion („Hier hört dich niemand schreien", Sie erinnern sich), das Teil wieder an seinen angestammten Platz zu bugsieren.

In der folgenden Nacht bekam ich so starke Schmerzen an jener Stelle, dass ich keinen anderen Ausweg sah, als um Mitternacht die Ambulanz aufzusuchen. Ich berichtete von meinem Missgeschick, aber das Röntgen zeigte nichts Auffälliges, worauf der Arzt heiter meinte: „Kein Problem, da machen wir ein bisschen Schmerztherapie. Das wird schon." Ich bekam also ein Sonderklassebett und eine Nadel in den Arm.

Am nächsten Tag fragte ein anderer Arzt bei der Visite: „Was macht die angeknackste Rippe?"

Von dem Schmerzmittel benebelt, erwiderte ich, dass die Rippe ausgerenkt war, nicht angeknackst ist, aber er schien es nicht zu hören.

„Und was machen die Schmerzen?"

„Ein bisschen besser."

„Das wird schon."

Die nächste Dosis gelangte wohl ein bisschen zu schnell in meine Vene, denn zur Benommenheit gesellten sich Herzrasen und Atemnot. Ich bekam es wirklich mit der Angst zu tun und rief die Schwester, die wiederum den Arzt verständigte. Sein Lösungsansatz war erneut von der chemischen Sorte: „Wir können Ihnen etwas spritzen, das die Wirkung des anderen Medikaments aufhebt. Dann haben Sie aber wieder Schmerzen. Probieren wir es vorher lieber mit Sauerstoff. Ruhig atmen, dann wird das schon."

Mein Körper beruhigte sich, doch ich wusste längst, dass etwas grundlegend falsch lief. Meine Verdauung fiel durch das zerkochte Essen und den Bewegungsmangel in sich zusammen, meine Muskulatur versteifte sich und wurde gleichzeitig schwächer. Und dass die Überschwemmung meiner Blutbahnen mit Gift nicht der Weisheit letzter Schluss sein konnte, verdeutlichten die Nebenwirkungen der Schmerztherapie auf eindringliche Weise.

Zwar hatte ich mein Mobiltelefon bei meiner Nacht- und Nebelfahrt ins Krankenhaus mitgenommen, aber dabei übersehen, dass der Akku schon fast leer war. Sohin konnte ich erst am zweiten Tag, als meine Kollegin Corina mir ein Ladegerät brachte, den ersten wirkungsvollen Schritt zu meiner Genesung tun: Ich rief Judith in Bregenz an.

„Daniel hat die Rippe sicher wieder eingerenkt, sonst hättest du viel größere Schmerzen", meinte sie. „Aber wenn das nicht gleich gemacht wird, will heißen, innerhalb einer Stunde, bildet sich um die Stelle eine starke Schutzspannung, die man nicht so leicht wegbekommt. Mit Schmerzmitteln schon gar nicht. Die solltest du nur nehmen, damit du in den ersten paar Nächten durchschläfst." Judith empfahl mir einen bis an die Grenze der Erträglichkeit heißen Umschlag und die bekannten Übungen. „In dieser Situation wird das mehr weh tun, aber damit löst du die Verspannung."

„Wie geht es Ihrer geprellten Rippe?"

Visite heißt offenbar übersetzt: *Wieder ein anderer Arzt, wieder eine andere These.*

„Ich habe schon Ihren Kollegen gesagt, dass die Rippe nicht angeknackst oder geprellt ist, sondern ausgerenkt war", antwortete ich und konnte meinen Unmut nur noch mühsam verbergen. Hören diese Leute nicht zu, oder schreiben sie einfach in den Befund, was ihnen gerade so in den Sinn kommt? Vielleicht beides. In dieser Sekunde wurde mir klar, dass ich mich in einem mit Gesundheitsdienstleistungen befassten Amtshaus aufhielt. Was auf einem Röntgenbild unsichtbar ist, existiert nicht.

„Dann muss sich das der Physiotherapeut anschauen", erwiderte er nur. „Ich schicke ihn vorbei."

Endlich passiert etwas Handfestes, dachte ich, organisierte für die Wartezeit von den stets hilfsbereiten und freundlichen Schwestern eine Wärmflasche („Bitte so heiß wie möglich. – „Sind Sie sicher?" – „Ja!") und zwang mich im Anschluss, wenigstens die Hälfte der Mittagsmahlzeit für Zahnlose zu essen. Als nach einer weiteren Stunde noch immer nichts von einem Physio zu sehen war, fragte ich die Schwester, wann dieser denn kommen würde.

„Heute gar nicht mehr", lautete ihre mit so viel Überzeugung erteilte Auskunft, dass ich keine andere Reaktion zuwege brachte als sie baff anzuglotzen. „Freitags hat er immer schon um 12 Uhr Dienstschluss. Am Montag kann er Sie anschauen."

Grundsätzlich mache ich gerne neue Bekanntschaften, doch auf diese würde ich verzichten müssen. Eine Stunde später war ich weg.

Als ich am späten Nachmittag in die Stadt fuhr, um für den nun beginnenden Sommerurlaub ein paar Dinge zu besorgen, wurde mir klar, dass ich in einem schlechteren Zustand aus dem Krankenhaus gekommen war, als ich es betreten hatte. Mein Gang war unsicher und wenig koordiniert, ich hatte kaum Kraft und schon nach ein paar hundert Metern brach der Schweiß aus. Mein Rücken fühlte sich an, als hätte ich ihn während der letzten Tage an einen Fakir ausgeliehen. Am meisten schmerzte jedoch die Erkenntnis, in Wahrheit selbst an allem schuld zu sein: Aus Verzweiflung und Angst hatte ich mich zu einer Schmerztherapie mittels Medikamenten überreden lassen, die nichts anderes bewirkte als das Zudecken einer Körperreaktion auf eine falsche Muskelspannung. Überdies war ich drei Tage ans Bett gefesselt gewesen, was meine Physis zusätzlich geschwächt hatte und einen mühsamen Wiederaufbau nötig machte, der beinahe meinen ganzen Sommerurlaub in Anspruch nahm. Nach zehn Tagen Üben und Auf-päppeln im Hotel Mama, dem besten aller dafür denkbaren Orte, war ich endlich schmerzfrei und mein Körper in jenem Zustand wie vor meinem nächtlichen Missgeschick.

Sollte mir etwas Ähnliches wieder passieren, werde ich selbst der Regisseur sämtlicher gesetzter Handlungen bleiben. Ein Röntgenbe-fund zur Abklärung ist wichtig, auch eine Tablette gegen die Schmer-zen. Wenn jeder Knochen an seinem angestammten Platz ist, werde ich aber alle noch so gut gemeinten Angebote in den Wind schlagen und wieder nach Hause fahren – in dem dankbaren Wissen, dass ich mich stets an Judith und Daniel wenden kann, die mehr in mir sehen als nur eine *anlagenbedingte Erkrankung*.

Und noch wichtiger: Sie kennen sich damit aus.

Was mir hilft

Auf Ämtern treffen Menschen mit Beeinträchtigungen meist auf Leute, die keine persönlichen Erfahrungen damit haben. Das birgt die Gefahr, schnell in die Rolle des Bittstellers zu geraten, der sich allzu leicht abweisen lässt.

Meist war ich erfolgreich, wenn ich mein Anliegen mit der gebotenen Standfestigkeit vertrat – freundlich, sachlich, selbstbewusst. Herumschreien bringt nichts, und auf keinen Fall lasse ich mich von einem vorschnellen Nein ins Bockshorn jagen. Oft gibt es verschiedene Wege, um ans Ziel zu gelangen. Besonders bei ungerechter Behandlung gilt: Ein gerütteltes Maß an Gegenwehr, sei es auch nur des Versuches wegen, und – wenn nötig – mit geeigneten Helfern, ist für das eigene Seelenheil notwendig.

Cobra-Einsatz in Rot

I. Mit 200 unterwegs

Angesichts der deprimierend geringen Zahl an Amourösitäten und der noch deprimierenderen, weil chronischen Erfolglosigkeit dabei, hat mein Herz während seiner mehr als vier Jahrzehnte andauernden Pumptätigkeit schon erstaunlich viel mitgemacht. Schuld daran ist das Kürzel WPW, hinter dem sich eine vollkommen unnötige zweite Reizleitung von der Vor- in die Hauptkammer verbirgt – wer Weiteres wissen will, wähle Wikipedia. Bei Stress, schlechter Luft, Aufregung oder aus schlichter Wichtigtuerei kann es deshalb passieren, dass dieses hinterhältige Organ namens Herz von der einen zur anderen Sekunde falsch abbiegt und mit mehr als 200 Schlägen in der Minute dahinrast.

Die bloße Zahl hört sich gefährlich an; mit den Jahren wurden die Anfälle jedoch seltener und bedeuteten nicht mehr als eine lästige Unterbrechung meines Alltags. Aus zahlreichen Arztgesprächen weiß ich, echt bedrohlich wäre eine Tachykardie (wenigstens ein Fachbegriff muss sein) erst ab einer Dauer von vier Stunden; so weit lasse ich es ohnehin nicht kommen. Zumeist helfen die mir beigebrachten Gegenmaßnahmen, und nach ein paar Minuten ist der Spuk vorbei. Bleiben sie wirkungslos, nehme ich nach spätestens einer Stunde medizinische Hilfe in Anspruch, die in der simplen Verabreichung einer Dosis Sedacoron besteht, um die Raserei intravenös zu beenden. Ein bisschen Ruhe nach der Hetzjagd des Blutes durch den Körper, und alles ist gut.

Der erste Arbeitstag nach den Weihnachtsferien war noch gar nicht richtig angebrochen, da brachte sich mein Herz so plötzlich wie schlagkräftig ins Gespräch. Zu diesem Zeitpunkt bedeuteten rund hundertfünfzig zu bearbeitende Mails weit mehr Stress für mich als so ein blöder Anfall. Ich streckte mich flach auf dem Boden aus – die Abwesenheit meiner Kollegin enthob mich der andernfalls wohl fälligen Erklärung –, legte die Hände auf meine Leisten und atmete tief durch. Als das unwirksam blieb, wendete ich weitere Techniken an, die jedoch allesamt nichts fruchteten. Nach einer Stunde schmerzte meine Brust leicht und ich musste dauernd pinkeln – alles war mir bekannt, und mein Ärger über einen derart verpatzten Start ins neue Arbeitsjahr wuchs. Ich hatte vorgehabt, ein bisschen Büroarbeit zu machen und ansonsten eine ruhige Kugel zu schieben. Stattdessen musste ich nun zum Arzt.

„Ich geh' nur schnell ein Rezept holen“, rief ich meinem Chef durch die offene Bürotür zu. Das stimmte sogar, doch vor Martina, der freundlichen Assistentin meines Hausarztes, setzte ich hinzu: „Und ich hab' grade eine Tachykardie.“

„Dann schreiben wir gleich ein EKG“, erwiderte sie und schickte mich in einen Raum am Ende des Ganges, der nicht viel mehr als einer Liege, einem Wandregal und einem Waschbecken Platz bot. Kaum hatte ich mich des Obergewands entledigt, erschien eine weitere Martina – gleicher Vorname, gleich freundlich – und verkabelte mich mit dem Gerät. Es ratterte los, fein gezackte Linien erschienen auf dem Papier. Die junge Dame riss den Streifen ab und ließ mich allein.

II. Ein neues Drehbuch

Als der Arzt, den ich seit einem Jahr aufsuche und sehr schätze, mit dem Streifen in der Hand hereinkam, erkannte ich an seinem Gesicht sofort, wie sehr er sich sorgte – vermutlich um mich. Beinahe meinte ich, sein Herz würde statt meinem in gestrecktem Galopp unterwegs sein, so entsetzt starrte er mich an.

„Hallo, Doktor“, grüßte ich müde, aber fröhlich. Ein paar Fragen, ein kleiner Stich und spätestens in einer Viertelstunde würde ich draußen sein.

„Haben Sie das öfter?“, begann er und teilte meine gute Laune hörbar nicht. „Dass es so lange andauert, meine ich.“

„An den letzten Anfall dieser Art kann ich mich gar nicht erinnern“, antwortete ich wahrheitsgemäß. „Der muss drei oder vier Jahre her sein.“ Damals war ich bei einem anderen Allgemeinmediziner unter Vertrag gewesen, der ein weniger saures Gesicht gemacht und auch rasch das passende Gegenmittel zur Stelle gehabt hatte. *Also bitte weiter im Programm, ich habe nicht den ganzen Tag Zeit!*

„Das schaut … gar nicht gut aus", murmelte er und schaute auf das EKG, als würde er einen Lochstreifen aus der Prähistorie der Datenverarbeitung vor sich haben.

„Hören Sie, Doktor, es geht mir gut", sagte ich beruhigend. „Spritzen Sie mir bitte etwas zur Unterbrechung, und die Sache ist erledigt."

„Das kann ich nicht", erwiderte er. „Ich habe kein passendes Medikament da."

Ich schaute verwundert zu Martina Nummer zwei, die keine Regung erkennen ließ, dann wieder zum Arzt. „Und was machen wir jetzt?"

„Den Notarzt verständigen."

„Wie bitte???"

„Es gibt keine andere Möglichkeit." Er sagte es fast entschuldigend.

„Aber ich sagte doch, es geht mir gut. Ich brauche nur eine Spritze."

„Jetzt fühlen Sie sich noch in Ordnung, weil Ihr Kreislauf stabil ist. Aber bald bekommen Sie Probleme mit Ihrer Atmung. Dann haben wir wirklich Stress."

Noch nie hatte ich während einer Tachykardie Probleme mit meiner Atmung bekommen – nicht einmal vor zehn Jahren, als sie bei einer anstrengenden körperlichen Tätigkeit passiert war, die keine Unterbrechung duldete und sohin zu Ende gebracht werden musste, ehe ich selbst ins Krankenhaus fuhr und mir die fällige Injektion holte. Dieser Erinnerung folgte auf dem Fuß der Wunsch, ich hätte es auch diesmal so gehalten. Beim Arzt auf einen anderen Arzt zu warten – das hatte angesichts der vorliegenden Kleinigkeit eine satirische Note, die mich trotz meiner Verstimmung über das geänderte Drehbuch sogar erheiterte. Weil der Doktor in der Kleinigkeit aber etwas Größeres sah, würde eine Diskussion darüber wohl nichts bringen. Also behielt ich meine Idee, er könnte vorher noch bei der nahen Apotheke um ein geeignetes Mittel anfragen, für mich und harrte der kommenden Dinge.

III. Ganz großes Kino

„Woran denken Sie in dieser Situation?"

Martina 2 stellte mir diese Frage nach einer Weile des Schweigens. Ihr hübsches Gesicht hatte nichts von der Besorgnis ihres Chefs; sie betrachtete mich offen und aufmerksam, während sie mir beim Warten Gesellschaft leistete.

„An nichts Besonderes", sagte ich zuerst, doch dann fiel mir etwas ein. „Vielleicht manchmal an Dinge, die ich nicht gemacht habe; an Wünsche, die unerfüllt geblieben sind."

„Welche Wünsche sind das?"

Auch wenn es nur ein Bemühen um Konversation war, spürte ich Dankbarkeit für die Ablenkung.

„Eigentlich sind es Kleinigkeiten", sagte ich. „Weniger Anstrengung bei allem, was ich tue. Nur einmal durch die Stadt gehen, ohne nach ein paar Minuten müde zu sein und stark zu schwitzen." Das klang selbst in meinen Ohren zu banal, also fügte ich fast entschuldigend hinzu: „Manchmal wünscht man sich Dinge, obwohl man weiß, dass sie nie passieren werden."

„Ich weiß, was Sie meinen", erwiderte Martina, ohne in ihrer Stimme eine Wertung hören zu lassen. „Sonst gibt es nichts?"

„Nein. Ich habe viel erreicht, dafür bin ich dankbar."

„Das ist schön."

Sie lächelte mich an. Unter normalen Umständen wäre es nun an mir gewesen, nach ihren Wünschen zu fragen, doch nach diesem kleinen, feinen Rosamunde-Pilcher-Einschub kehrte das Drehbuch schlagartig zum vom Arzt verschriebenen Genre zurück. Das Medizin-Action-Drama brach so heftig über mich herein, dass mir bald alles verging. Sogar meine gute Laune.

Die Tür wurde aufgerissen, zwei ganz in rot gekleidete Männer mit schweren Schuhen und schweren Taschen betraten die Szene. Die gesamte Truppe, die aussah wie eine Cobra-Einheit aus dem falschen Farbtopf, umfasste (das sah ich später) vier Leute, doch die Hälfte von ihnen genügte, um das EKG-Kammerl hoffnungslos zu überfüllen.

Während sie ihre Gerätschaften auspackten, die augenscheinlich für das erstmalige Betreten der Marsoberfläche entwickelt worden waren, steckte mein Hausarzt den Kopf durch die Tür (Hereinkommen war nicht mehr möglich) und sagte zu mir: „Der Notarzt ist jetzt da, alles wird gut." Sein Blick wanderte zu einem Mann mit grauer Strickmütze, dessen finsterer Blick große Ähnlichkeit mit dem von Robert De Niro im Klassiker *Heat* aufwies. „Grüß dich, Jonas. Was werdet ihr machen?"

Ohne den Blick von seiner mobilen EKG-Raumstation abzuwenden oder gar innezuhalten, erwiderte der Angesprochene: „Wir fliegen auf die ZNA. Vorher brauche ich ihn aber auf dem Display und einen Zugang für das Blut."

Wohl ein neuer Code für eine schnelle Rettungsautofahrt durch die Stadt, dachte ich. *Wenn ich dann endlich meine Spritze bekomme, soll es mir recht sein. Aber warum erledigen wir das nicht hier?*

Eben wollte ich diese einleuchtende Frage in Worte kleiden, doch Jonas kam mir zuvor.

„Wie geht es Ihnen?", fragte er mich so laut, dass es in meinen Ohren klingelte. Dabei schaute er mich böser an als Robert De Niro im Killer-Modus.

„Danke, gut. Aber Sie müssen nicht schreien. Normale Lautstärke genügt."

„Machen Sie sich nichts draus, Jonas redet immer so laut", sagte der zweite Mann, ein Riese mit gütigen Augen. Auf seiner Jacke las ich *Notfallsanitäter,* und seine Gegenwart war ein wohltuender Ausgleich zur technischen Hektik des Arztes. Dieser setzte sein Tun fort, bis ich vollständig mit der mobilen Einheit verbunden war und eine Nadel in meinem rechten Handrücken steckte. Dabei stellte er mir weitere Fragen im Megafonstil, die ich, nun schon reichlich genervt, beantwortete. Was ich einzig hören wollte, hatte Jonas noch nicht gesagt, also machte ich einen letzten Versuch.

„Haben Sie ein Mittel dabei, um den Rhythmus zu unterbrechen?"

„Nein, haben wir nicht. Deshalb müssen wir Sie mitnehmen."

Das darf doch nicht wahr sein!!!

Beinahe hätte ich ähnlich laut losgedonnert wie der Notarzt, doch ich kanalisierte meinen Ärger im letzten Moment zu einem stummen Augen-Verdrehen. Mein Herz war noch immer im Streckgalopp unterwegs – kein wirklich guter Zeitpunkt, um gegen die Art der Notfallversorgung im heimischen Gesundheitswesen mobilzumachen. Heftig kehrte der Wunsch nach einem zweiten Rosamunde-Pilcher-Einschub zurück, doch Martina hatte beim Hereinbrechen der roten Flut das Weite gesucht, was ich ihr nicht verdenken konnte.

„Können wir los?", fragte der Sanitäter in die Runde. „Bahre oder Sessel?"

„Ich kann selbst gehen!", warf ich ein, aber das wurde nicht einmal bemerkt.

„Für die Bahre ist es hier zu schmal", erwiderte Jonas. „Frag draußen, ob sie einen Sessel mit Rollen haben."

Der muss irgendwo angerannt sein, dachte ich bestürzt. *Bestimmt hat er eine gigantische Beule unter seinem DJ-Ötzi-Hauberl!*

Als der Riese tatsächlich einen Sessel heranrollte, ließ ich die letzte Hoffnung fahren, mit meinem Willen oder Wort etwas bewegen zu können. Gegen die rote Cobra war ich machtlos – doch plötzlich meldete sich jemand, der sich nicht so leicht ignorieren ließ.

„Ich muss aufs Klo. Dringend."

„Das ist jetzt aber ungünstig", konstatierte Jonas, der sogar laut seufzen konnte.

„Ändert nichts an der Tatsache. Also?"

„Lassen Sie die Tür offen, Herr Glanz", meinte der Sanitäter, eine Hand auf der Rückenlehne des Rollensessels. „Dann klappt das schon."

Auch wenn der Vorschlag nahe an der Würdelosigkeit war, offenbarte er doch den Sinn des Mannes fürs Praktische. Er hielt sodann die Kabel, während ich mein kleines Geschäft erledigte. Danach verfrachteten sie mich gemeinsam auf den Stuhl (mein zweiter Antrag auf zweibeinige Fortbewegung wurde gehört, jedoch mit dem Argument abgelehnt, ich könnte unterwegs zusammenbrechen) und schoben mich an vielen erstaunten Patientenaugen vorbei nach draußen. Welch erbärmlicher Abgang – insgeheim schwor ich mir, nie wieder über Rosamunde-Pilcher-Filme zu lästern.

IV. Wie im Flug

Vor der Praxistür wartete die andere Hälfte des Notfallkommandos: zwei junge Sanitäter, vermutlich Zivildiener, ebenfalls in roter Montur. Einem der beiden war deutlich anzumerken, dass er sich – angesichts der von Jonas verbreiteten Hektik und meines elenden Anblicks – doch lieber für den Dienst an der Waffe hätte entscheiden sollen.

Gemeinsam hoben sie mich auf die bereitstehende Bahre und wickelten mich in einen alaskatauglichen Schlafsack. Zwei Gurte wurden stramm angezogen, und auf einmal wurde mir so klamm um die Brust, als wollte mein Herz unbedingt herausspringen und an meiner Stelle zu Fuß gehen.

„Viel zu eng!", protestierte ich lauthals.

Der praktisch veranlagte Chefsanitäter kam mir zu Hilfe. Diesem Mann würde ich jederzeit ungeschaut einen Gebrauchtwagen abkaufen.

„Ich öffne den Gurt noch einmal", sagte er. „Legen Sie die Arme außen an die Seiten, dann ist es leichter."

Die Erleichterung trat sogleich ein, obwohl ich mich noch immer fragte, wieso für den kurzen Weg vom Erdgeschoß eines Hauses zum Rettungsauto vor der Tür derartige Sicherungsmaßnahmen eingesetzt wurden. Schließlich handelte es sich nicht um eine Pistenbergung von der Kitzbüheler Streif, wo ich es nach bester Zwischenzeit leider nicht mehr geschafft hatte, die Hausbergkante richtig zu drücken.

Als mich mein roter Begleitschutz durch die Haustür nach draußen rollte, hob ich kurz den Kopf – und mir blieb fast das Herz stehen. Leider nur im sprichwörtlichen Sinn, was in diesem Augenblick am wenigsten hilfreich war. In Wahrheit legte meine Pumpe einen nicht für möglich gehaltenen Zwischenspurt ein, als mir klar wurde, dass der Notarzt mit seinen Worten „Wir fliegen auf die ZNA" keine Metapher benutzt hatte. Auf der Wiese jenseits der Straße stand der Beweis dafür: ein knallgelber Hubschrauber des Roten Kreuzes.

Meinen ersten Heliflug hatte ich mir gänzlich anders vorgestellt: romantisch zu zweit über das nächtliche Rom oder in der Morgensonne über den Dachstein; oder wenigstens als verzweifelten Versuch, wie weiland Harrison Ford alias *Linus Larrabee* mittels Firmenhelikopter dem Stau in Manhattan zu entkommen, damit er die vermeintlich von ihm zurückgewiesene und sodann entflohene Julia Ormond alias *Sabrina Fairchild* in Paris doch noch in seine Arme schließen konnte. (Dass mir sowohl der Firmenheli als auch das nötige Kleingeld dafür fehlen, wollen wir an dieser Stelle ausblenden.)

„Was ist, wenn während des Flugs etwas passiert?", fragte ich Jonas, nachdem die Bahre im Inneren des Hubschraubers arretiert war und sich die Rotorblätter zu drehen begannen. Die bizarre Situation und noch mehr die Geschwindigkeit, mit der ich aus einem für mich harmlosen medizinischen Zwischenfall direkt mitten in eine Folge von *Medicopter 117* geraten war, raubten mir auf einmal die Fähigkeit, meine Sorge konkret zu formulieren. Ich befürchtete während des Fluges eine heftige Ruckelei, über deren vielleicht schlechten Einfluss auf mein Herz ich nicht die geringsten Erfahrungswerte besaß.

Der Notarzt hatte noch immer den Robert-De-Niro-Blick aufgesetzt – vermutlich konnte er gar nicht anders dreinschauen –, doch er sagte beruhigend: „Ich passe schon auf Sie auf. Und zur Not habe ich einen Defibrillator dabei."

Na dann … Ich schloss die Augen, um vielleicht doch aus diesem bösen Tagtraum zu erwachen.

Meine Helipremiere ließ sich irgendwo im Nichts zwischen Romantik und Ruckeln einreihen. Ich bekam nur den milchweißen Winterhimmel zu sehen, bis wir über der Plattform der Zentralen Notaufnahme im LKH Salzburg einschwebten und der Pilot sein Luftgefährt butterweich aufsetzte. Die Bahre wurde herausgehoben, auf Rollen gesetzt und kam erst wieder hinter einem gelben Vorhang zum Stillstand. Zwei Schwestern verbanden mich mit einer frischen Nadel und vielerlei piepsendem Gerät an der Wand, das meinen Herzschlag akustisch-visuell penetrant genau darstellte.

Als eine Frau erschien, die ich an Aussehen, Habitus und Gewand unschwer als zuständige Ärztin identifizierte, konnte ich endlich wieder meine Lieblingsfrage stellen: „Bekomme ich jetzt eine Spritze, damit es aufhört?"

„Nicht so schnell", erwiderte sie nach einem Blick auf die Anzeigen. „Heute macht man das mit einer langsamen Infusion."

„Ich bitte darum", antwortete ich und behielt mit müden Augen die entscheidende Zahl im Auge, die weiter zwischen 190 und 200 pendelte, bis die farblose Flüssigkeit zur Gänze aus dem Beutel in den Schlauch getropft und in meinem Handrücken verschwunden war.

„Was machen wir jetzt?", fragte ich, als die Ärztin nach ihrem erneuten Erscheinen die Folgenlosigkeit ihres Tuns eingestand.

„Es gibt noch ein anderes Mittel", meinte sie in einem Ton, als ginge es hier um den bloßen Geschmacksvergleich von Äpfeln und Birnen. „Wenn das auch nicht hilft, beenden wir den Anfall mit einem Stromstoß."

Bevor die heftig miteinander konkurrierenden Bilder von a) einem Versuchslabor zur Giftmüllentsorgung und b) einem Körper, der sich nach den panisch geschrieenen Worten „Fertig – Feuer!" ekstatisch aufbäumt, ganz abgeklungen waren, fügte Frau Doktor hinzu: „Wann haben Sie zuletzt etwas gegessen?"

Die meint das tatsächlich ernst mit dem Strom!

„Um halb sieben in der Früh." Was sollte ich sonst sagen? *Muss man nüchtern sein, um in einer Szene von* The Green Mile *mitspielen zu dürfen?* Das käme wohl nicht so gut, selbst wenn die Pointe dank cineastischem Hintergrundwissen ihrerseits zünden würde – oder gerade deshalb.

„Das würde gehen. Aber einen Versuch haben wir vorher noch."

Gleich darauf brachte die Schwester einen anderen Beutel. Ich hoffte inständig, es möge diesmal wirken, schloss die Augen, dachte an Martina 2 und an die Landschaften in Cornwall von Rosamunde Pilcher.

V. Wieder im Rhythmus

Nach nur fünf Minuten hörte die Raserei auf – so plötzlich, wie sie gekommen war. Mein Herz machte die mir bekannten ein, zwei Stolperer und schlug sodann in seinem gewohnten Rhythmus weiter, als sei nichts gewesen. *Eine Tachykardie? Wo und wann? Ich kann mich an nichts erinnern!*

„Darf ich jetzt nach Hause?", fragte ich die Ärztin, nachdem sie ihren Behandlungserfolg mit den beinahe erstaunten Worten „Ehrlich gesagt, habe ich nicht mehr geglaubt, dass die Infusion wirkt" zur Kenntnis genommen und den Tropf entfernt hatte.

„Nein, wir müssen noch Ihr Blut anschauen", verwehrte sie mir wenig überraschend auch diesen Wunsch. „Ruhen Sie sich ein bisschen aus. Dann gibt es Mittagessen, danach sehen wir weiter."

Mit Ausruhen war aber nicht viel. Da nun meine Aufmerksamkeit nicht mehr gänzlich mit den Versuchen belegt war, meine Pumpe auf einen erträglichen Takt herunterzufahren, bekam ich live und in voller Lautstärke mit, dass es auch hinter den anderen Vorhängen voll zur Sache ging. Neben mir weigerte sich eine Frau gegen eine stationäre Aufnahme wegen eines Herzanfalls mit dem Argument, sie müsse sich um ihre beiden Hunde kümmern. Nein, keine Nachbarn wären dazu in der Lage, weil diese ihre Hunde nicht besonders mochten – oder umgekehrt. *Dabei sind meine Hunde ja sooo lieb, Frau Doktor, die reinsten Schatzis.* Und so weiter, und so fort.

Die Frau gegenüber konnte nicht mehr sprechen; dafür wurde umso intensiver über sie geredet. Jeder vorbeikommende Arzt, so schien es dem unbeteiligten Zuhörer, versuchte mittels Beziehungen per Telefon ein Bett fürs Wochenende für sie zu ergattern, „denn am Montag kommt die Patientin ohnehin in die Geriatrie."

Bei diesen Worten blendete ich die Welt um mich herum aus. In der nächsten Sekunde gab ich mir selbst das hochheilige Versprechen, es niemals so weit kommen zu lassen. Kein Mensch soll je die Entscheidungsgewalt über mich in seinen Händen halten. Schon gar nicht an meinem Bett stehend, das ich aus eigenem Willen oder mangels Kraft nicht mehr verlassen kann.

Das Mittagessen, von einer kleinen, die ganze Zeit über sehr rührig um mich bemühten Schwester mit langem schwarzem Zopf gebracht, war frei von jeglichem Geschmack. Ich ließ die Hälfte stehen, legte mich wieder hin und lauschte mit geschlossenen Augen der engelsgleichen Stimme von Alison Krauss aus meinem Handy. Sie führte mich weg von den Gedanken an Hilflosigkeit und Einsamkeit im Alter, zurück ins Zentrum meines Seins. *Baby mine, don't you cry …* Als ich am Wegdösen war, stand Frau Doktor wie aus dem Nichts an meinem Bett. In der Hand hielt sie einen Arztbrief – und ein Rezept.

„Das müssen Sie von jetzt an immer nehmen", begann sie ohne Umschweife. „Sie müssen außerdem monatlich EKG machen und die Leberwerte kontrollieren lassen."

Erst Jonas und jetzt diese komische … die Angrennten sind heute aber echt in der Überzahl!

Glücklicherweise war ich zu müde, um meinen Kommentar in hörbarer Lautstärke zu formulieren. Für den Gedankensprung von Leberfunktionskontrolle zu möglicher Leberschädigung durch eine neue Dauermedikation reichte meine Kraft aber noch; mehr als den bloßen Beipacktext würde ich sohin keinesfalls zu mir nehmen. Und für einen halben Tag im Krankenhaus alle vier Wochen fehlte mir ohnehin die Zeit.

„Schon recht", sagte ich, „kann ich jetzt gehen?"

Sie brachte keine Einwände mehr vor, auch wenn die Missbilligung dieses Ansinnens überdeutlich in ihren Augen zu lesen war. „Machen Sie einen Termin auf der Rhythmus-Ambulanz. Bald."

„Werde ich tun", versprach ich, vergaß nicht auf den fälligen Dank und griff nach meinen Kleidern.

VI. Zu guter Letzt

Wenn ein Satiriker am Ende seiner Geschichte Erklärungsbedarf sieht, hat er zweifelsohne etwas falsch gemacht. Da ich jedoch auch Chronist meines eigenen Lebens bin, möchte ich anfügen, dass ich diese Episode nicht nur ihrer Absurdität wegen zu Papier gebracht habe. Ich geriet aufgrund eigener Fehlentscheidungen hinein, die ich hinterfragen und für mich selbst bewerten muss, um derart drastische Folgen einer medizinischen Kleinigkeit künftig zu vermeiden.

Meine Dankbarkeit ist groß, in einem Land zu leben, wo Menschen wie Jonas und seine Kollegen rasch zur Stelle sind und im Notfall effizient Hilfe leisten, kreuzungsfreier Transport in eine adäquate und – nicht zu vergessen – quasi kostenfreie Gesundheitseinrichtung inklusive.

Der springende Punkt jedoch ist, dass ich mir von meinem Hausarzt die Entscheidungsgewalt aus der Hand nehmen ließ. Mein demnächst stattfindender Termin beim Spezialisten wird sohin vorrangig dazu dienen, dies in Zukunft zu verhindern. Sonst gebe ich irgendwann auf, werfe ungefragt irgendwelche Tabletten ein und schimpfe am Ende über die blöden Ärzte, wenn meine Leber aus Protest ihre Arbeit einstellt.

Ich werde weiterhin mit klarem Kopf und wachen Augen auf mein Leben schauen. Mein Humor wird mich wie bisher durch schwere Stunden tragen – wie beim Anblick des Säckchens auf dem Krankenbettnachttisch, in dem mein persönlicher Kleinkram (Brille, Börse, Autoschlüssel) verwahrt wurde. In Blockbuchstaben stand darauf zu lesen: *ZAHNPROTHESE / HÖRGERÄT*

In der Hoffnung, dass mich mein manchmal hektisches Herz die Lebensphase erreichen lässt, in der ich eine Kau- und/oder Lauschhilfe benötige, werde ich gut auf uns beide aufpassen.

PS: Kann mir bitte irgendjemand verraten, wo der Hubschrauberstartplatz für den Rücktransport unfreiwillig eingeflogener Patienten ist? Mein Orientierungssinn ist leider schlecht, also musste ich das Taxi nehmen.

Können Sie von Ihren Büchern leben?

Mein Schreiben

Das erste Gedicht. Meine Erinnerung daran ist so kostbar wie jene an die ersten Schritte. Zwei Schlüsselereignisse meines Lebens: holprig und unsicher, dazu simpel und fern jedes Anspruchs auf Perfektion. Doch beide bedeuteten einen Anfang, der zwei Energiequellen für mein weiteres Sein öffnete.

Mehr als ein Vierteljahrhundert findet nun schon Platz in der Zeitspanne, seit die acht Verse zu Papier gebracht wurden. Mit jedem Jahr könnte die Geschichte dahinter wohl stärker der Verklärung anheimfallen, doch in ihrer Einfachheit darf sie ein stilles Ereignis bleiben – in mir und jedes Mal, wenn ich davon erzähle, auch nach außen.

Im Sommer 1989 saß ich auf dem Balkon unseres Wochenendhauses und genoss die Sonne auf meinem Rücken ebenso wie die beinahe endlose Zeit des Nichts-tun-Müssens. Eine Kurzgeschichte, über die ich heute gerne den Mantel des Schweigens breite – mein damaliges Faible für Johannes-Mario-Simmel-Romane rät dringend dazu –, war fertig. Ich wusste nicht recht, was ich im Anschluss schreiben sollte und blies gelangweilt in das Glas Leitungswasser vor mir auf dem Tisch. Wie so oft hatte ich beim Herauftragen etwas davon verschüttet. In den kleinen und größeren Tropfen auf dem Untersetzer schwamm eine Ameise.

Und dann war alles einfach da – jedes Wort und jeder Vers. Nichts wird der Plötzlichkeit gerecht; kein Musenkuss umfing meine Lippen oder mein Denken, kein innerer Sturm kündigte etwas Großartiges an. Ich holte Stift und Papier aus meinem Zimmer nebenan und schrieb auf.

Wassertropfen

Ein Wassertropfen kommt aus dem Felsen
Wie das Leben
Er rinnt über die Haut
Wie die Liebe
Glänzt als Tau
Wie die Freude
Und zergeht auf der Erde
Wie der Tod

Ich las die paar Zeilen und freute mich darüber, ohne zu ahnen, dass mich diese Freude bis zum heutigen Tag begleiten würde. Über 1 250 Gedichte sind seither entstanden. Nicht alle gefallen mir noch immer, und wohl nur die wenigsten halten der Beurteilung durch einen Literaturkritiker stand, doch den magischen Augenblick, diesen Sekundenbruchteil des *Es ist da!* gab es bei jedem einzelnen. Meist knüpft sich an die erste Idee ein Vers, dann ein Reim und schließlich eine Strophe. Ich lasse die Worte zu mir kommen, bis ich sie in richtiger Reihe setzen kann. Gedanken, denen man nachlaufen muss, kriegt man nicht zu fassen. Wenn sich aus einer Idee nichts entwickelt, lege ich sie in eine Schublade meines Hinterkopfes. Zu gegebener Zeit wird sie laut klopfen, weil sie gereift ist und formuliert werden will.

Im Erkennen dieses Anfangspunktes, wo alle Energie darauf konzentriert ist, etwas Neues entstehen zu lassen, liegt für mich das Talent verborgen. Was danach kommt, ist Technik, Ausdauer, manchmal auch ermüdende und harte Arbeit. Die zehnte Korrektur eines Prosatextes kann furchtbar nerven, wenn ich über einer Schlüsselstelle brüte und auch nach Stunden die Schriftlichkeit nicht dem Bild der Szene entspricht, das ich in mir sehe. Doch das Suchen nach besseren Worten und Sätzen erweist sich als lohnende, erfüllende Tätigkeit.

Nachdem ich etwa 75 Gedichte beisammen hatte, schickte ich sie an sämtliche Verlagsadressen, derer ich habhaft werden konnte. Es hagelte eine Absage nach der anderen, doch ein kleiner Salzburger Autorenverlag machte mir Mut. Weil meine Texte „von für mein Alter ungewöhnlicher Reife" seien, wurde ich zur Mitgliedschaft eingeladen. Aus dieser Verbindung, die heute nicht mehr besteht, entwickelte sich mein Lebensmittelpunkt – für mich eines der schönsten Beispiele für die Wunderbarkeit alles Seins, wenn es nur gelingt, das Leben geschehen zu lassen.

Persönliche Erlebnisse führen meist Regie bei meinen Texten. Von Beginn an war Lyrik der Spiegel meiner Ängste, Träume, Hoffnungen und Glücksmomente. In ihr erkannte ich selbst am besten, wie es mir gerade ging. Wenn ich mich unrund fühlte, es aber nicht ausdrücken konnte, rumorte die Ursache dafür so lange weiter, bis ich die passenden Worte fand. Auch eine neue Verliebtheit erspürte ich stets im ersten Gedicht an *sie*.

Aus einer Begegnung mit einer wunderbaren Frau im Landeskrankenhaus Stolzalpe entstand mein erster Roman. Die Liebesgeschichte verlief unglücklich, doch sie schenkte mir die Bestätigung, die Arbeit an einem langen Text über Monate durchhalten und auch erfolgreich beenden zu können. Das Buch *Ich nenne es Sommer* gehört zu meinen am wenigsten bekannt gewordenen Veröffentlichungen. Trotzdem denke ich gerne an die darin festgehaltene Zeit und den anschließenden Entstehungsprozess zurück.

In den ersten Monaten jener Zeit, in der ich mich ganz dem Schreiben widmen konnte, durchlebte ich eine unerwartete und bis dahin nie gekannte Schreibblockade. Ich konnte es nicht fassen: Da war durch die liebevolle Großzügigkeit meiner Eltern mein größter Traum in Erfüllung gegangen, und es gelang mir nicht, den ersten Schritt in diese neue, lang herbeigesehnte Welt zu tun. Ich hatte einen halb fertigen Kriminalroman vor mir liegen, den perfekten Plot für Fortsetzung und Ende im Kopf und einen Arbeitsplan, der zu meinem Tagesrhythmus passte. Aber ich schaffte es nicht, auch nur einen Satz zu schreiben. Alle Anfänge des aktuellen Kapitels verwarf ich wegen haarsträubender Kläglichkeit. Wiewohl ich wusste, dass ich das stabile Fundament meiner Geschichte bereits geschaffen hatte und nur noch die fehlenden Teile wie bei einer Lego-Burg, die der Baumeister bereits fertig im Kopf hat, zusammensetzen musste, beschlich mich das Gefühl, vor einer Vitrine mit herrlichen Kuchen zu stehen. Wenn ich mich nicht bald für einen davon entschied, würde ich verhungern.

Bald hatte ich keine Lust mehr, mich von der leeren Seite vor meinen Augen stumm anklagen zu lassen. Ich verbrachte Nachmittage mit einem Buch auf der Couch und wurde danach von heftigen Anfällen schlechten Gewissens geplagt, denn ich hatte ja nur gelesen, anstatt selbst kreativ zu sein. Meine Laune verschlechterte sich mit jedem Tag, an dem ich keinen brauchbaren Text zustande brachte, und erreichte ihren absoluten Tiefpunkt mit dem Ratschlag meiner Mutter, ich solle mir doch wieder eine Arbeit suchen. Sie untermauerte ihre Feststellung mit einem Satz, den wohl alle Kinder mindestens einmal von ihren Müttern gehört haben: „Ich höre doch, dass es dir nicht gut geht."

„Es geht mir gut, Mama. Ich werde bald schreiben. Und ich suche mir keine Arbeit, weil ich im nächsten Frühjahr nach Italien will."

Die Lösung brachte jedoch nicht eine spektakuläre Flucht vor unbeschriebenen Seiten ins Ausland; sie wären mir vermutlich wie ein Schatten überallhin gefolgt. Kurz vor Weihnachten – ich war bereits für die Feiertage nach Feldbach übersiedelt – erzählte mir meine Freundin Irene aus Rum bei Innsbruck eine wunderbare Adventgeschichte, die ich sofort zu Papier bringen musste. Und auf einmal war alles wieder da: die Lust am Formulieren und Tüfteln, das lange Schwelgen in Bildern, die es nur in meinem Kopf gab. Die Seiten flossen aus mir heraus, vom Anfang bis zum Ende. Und kaum hatte ich den letzten Punkt gemacht, war auf einmal der erste Satz für die Weiterführung des Krimis klar in meinem Gedächtnis gespeichert. Gleich nach Neujahr kehrte ich nach Salzburg zurück und schloss den Roman *Der Fall Simon* in nur einem Monat ab.

Danach bereitete ich mich intensiv auf meine Zeit in Italien vor. Ich büffelte zuhause, besuchte Grammatik- und Konversationskurse und fühlte die Vorfreude auf meine Reise beinahe täglich wachsen. Und obwohl ich mir vorgenommen hatte, mich in den Wochen in Feltre allein dem Studium der Sprache zu widmen, erhielt ich dort bald den nächsten literarischen Anstoß. Durch die Erzählungen eines mit meinen Gasteltern befreundeten Priesters erfuhr ich von einer Naturkatastrophe in den 1960ern, die von Menschen maßgeblich mitverursacht worden war. Sofort erkannte ich die Möglichkeit, rund um dieses Ereignis wieder einen Krimi zu konstruieren. Bei meinem zweiten Aufenthalt in Feltre stand mein Gastvater mit Rechercheausflügen und interessanten Details aus jener Zeit hilfreich zur Seite. Bald nach meiner Rückkehr begann ich mit dem Schreiben, für das ich zu meiner eigenen Überraschung nicht einmal acht Monate benötigte. Ich halte den Kriminalroman *Schwindelfrei* für besser als seinen Vorgänger; ein erkennbarer Entwicklungsprozess ist für mich immer ein schöner Erfolg meiner Arbeit.

Auch während der Arbeit an den langen Texten ließ ich keine Gelegenheit aus, ein Erlebnis, einen Zeitungsartikel oder eine mir zugetragene Geschichte in eine Satire zu verwandeln. Den Zugang zum humorvollen Schreiben öffnete mir eine Aufforderung, die mir anfangs einen gehörigen Schrecken eingejagt hatte.

Im Advent 1997 war ich zu einer Weihnachtslesung ins Restaurant des Schlosses Kornberg bei Feldbach eingeladen. Ende Oktober, bei der Vorbesprechung des Abends, sagte Wirtin Susanne: „Ich möchte nicht, dass Ihr Vortrag nur schwere und nachdenkliche Kost enthält. Schreiben Sie doch einmal etwas Lustiges!"

Das kam für meine Ohren beinahe dem Wunsch gleich, anstatt einer Lesung ein Laufseminar mit praktischen Übungen zu halten. Noch nie hatte ich eine humorvolle Geschichte zustande gebracht, kein einziges Mal auch nur den Versuch unternommen. Nun sollte ich mich innerhalb eines Monats vom schöngeistigen Lyriker, der seine innersten Gefühle in kunstvollen Versen offenbart, für einen Abend in eine Miniaturausgabe von Ephraim Kishon verwandeln.

Doch es ist wie beim Essen: Wer eine Speise nie probiert hat, kann nicht wissen, ob sie schmeckt. Mir gefiel die Herausforderung, und tatsächlich fand ich bald ein geeignetes Thema: meine Wahlheimat Salzburg, in der ich seit mehr als einem Jahr lebte. Ich setzte mich hin und dachte intensiv über die Eigenheiten der Mozartstadt und ihrer Bewohner nach, denen ich schon zuhauf begegnet war. Das schlechte Wetter fiel mir ein, der ungewohnte und bisweilen missverständliche Dialekt sowie die verwirrende, weil sich von meiner Heimat stark unterscheidende Bezeichnung der Uhrzeit.

Und plötzlich war die Geschichte da. Ich fand den ersten Satz, schrieb den ganzen Tag lang und schaute schließlich erstaunt auf drei Seiten, die ich schlicht mit *Ein Steirer in Salzburg* übertitelte.

Obwohl ich schon seit einigen Jahren vor Publikum las, spürte ich starke Nervosität, als der Moment gekommen war. Ich leitete den Text mit ein paar Sätzen ein, begann den Vortrag – und hörte auf einmal verhaltenes Kichern. Bald kam es aus allen Ecken, und ich begriff, dass die Leute nicht zu lachen wagten. Sie hatten nichts Lustiges erwartet und glaubten nun wohl, der Text sei unfreiwillig komisch.

Diese Reaktion war die nötige Bestätigung für mich. Ich unterbrach und forderte mein Publikum auf: „Sie dürfen ruhig lachen, dafür ist die Geschichte geschrieben."

Der lang anhaltende Applaus war mein schönstes Honorar an jenem Abend.

Neun Jahre später tüftelten mein bester Freund Martin, seine Mutter Renate und ich an einem Titel für die erste Satiresammlung in Buchform. Meine Affinität zu ironischen Geschichten hatte sich erstaunlich schnell entwickelt, was ich der doppelten Freude zuschrieb, die mir diese literarische Kurzform schenkte. Oft lache ich schon beim Schreiben lauthals auf, wenn mir eine witzige Wendung einfällt, und ich liebe es, in endlosen Abschweifungen vom Hundertsten ins

Zehntausendste zu geraten. Die zweite Freude erfahre ich durch die Heiterkeit meiner Zuhörer, im verstohlenen Grinsen ebenso wie im spontanen Zwischenapplaus.

Für mich schien der Titel meiner ersten Satire auch für das Buch geeignet. *Ein Steirer in Salzburg* drückte aus, was ich war, und beinhaltete in Verbindung mit einem gelungenen Cover auch genug Potenzial, um die Neugier der Leserschaft zu wecken.

Plötzlich sagte Martin: „Und was ist mit *Der Kernölbotschafter?* Das verschlüsselt deine Herkunft ein bisschen. Außerdem denkt jeder bei einem Wort, das er nicht sofort kennt, ein bisschen länger darüber nach. Genau das soll ein guter Buchtitel auslösen."

Je länger wir zu dritt über den Vorschlag philosophierten, desto besser gefiel er mir. Eine Stunde und eine gut gekühlte Flasche Sauvignon Blanc später war er beschlossene Sache.

Ein gutes Produkt braucht eine gute Verpackung – dieser Grundsatz trifft in besonderem Maße auf Bücher zu. Bei allen Veröffentlichungen lege ich großen Wert auf ein Bild oder eine Zeichnung, die dem Geist der folgenden Seiten entspricht – ein Gesicht zum Ganzen, ein Willkommen, das einlädt, ins Innere zu folgen. Durch die Illustrationen von Sr. Basilia Gürth, die Äbtissin der Benediktinerinnen von St. Gabriel in Pertlstein und eine bekannte Malerin war, schicken der Umschlag und die Titelbilder meiner Märchensammlung *Favola* den Leserinnen und Lesern einen außergewöhnlichen, schönen Gruß entgegen.

Der Kernölbotschafter sollte ebenfalls sofort ins Auge springen. Schon lange bevor ich über eine Veröffentlichung meiner Satiren konkret nachdachte, war mir der Einfall gekommen, eine Karikatur auf die erste Seite zu setzen; nichts würde besser auf den heiter-ironischen Charakter der Geschichten hinweisen.

Einem Meister dieses Fachs begegnete ich im Grammatikkurs bei *Dante Alighieri,* wo ich mich auf meinen Aufenthalt in Italien vorbereitete. Thomas Wizany veredelt seit Langem die *Salzburger Nachrichten* mit seinen pointierten, mitten ins Schwarze treffenden Zeichnungen. Zahlreiche Preise und Ausstellungen zeugen davon. Als ich ihn beinahe fünf Jahre nach unseren gemeinsamen Italienischstunden anrief und von meiner Idee erzählte, sagte er sofort zu. Ich übergab ihm eine Rohfassung des Manuskripts und wartete voll Neugier auf unser zweites Treffen in einem Monat.

Was er mir vorlegte, war so stimmig, dass ich nur staunen konnte: ein knallgelber Kürbis, auf dem Mozart die Zunge herausstreckt und der vom an die Kugel gemahnenden Schriftzug *ORIGINAL STEIRISCHER MOZARTKÜRBIS* umkreist wird, darüber die Wahrzeichen meiner Geburtsstadt und meiner Wahlheimat, der Grazer Uhrturm und die Festung Hohensalzburg. Beides wird von einer kunstvollen Feder verbunden, von deren Spitze – what else? – Kernöl tropft. Das Fässchen gleichen Inhalts, zwei schwebende Tropfen und die überall verteilten Ölspritzer perfektionieren das Kunstwerk. Sofort war mir klar, die richtige Wahl getroffen zu haben; ich sparte nicht mit dankbaren und anerkennenden Worten.

Auch zum Nachfolgeband *Liebe und andere Katastrophen* schuf Thomas ein fantastisches Bild. Er griff das Thema des *Kernölbotschafters* auf, variierte aber geschickt das bereits bekannte Motiv. Der Kürbis ist halbiert, seine Herzform wird von der Feder wie von einem Pfeil durchbohrt. Auf dem Stängel sitzt ein trauriger Amor, der offenkundig sein Ziel verfehlt hat. Und das Fässchen ist umgefallen, sein Inhalt verschüttet. Wieder durfte ich mich über den Reichtum von Thomas' Bildersprache freuen und meinem Buch ein besonderes Gesicht geben.

Auf der To-do-Liste eines neuen Buchprojektes ist die Gestaltung des Covers am unteren Ende angesiedelt. Ganz oben, möglichst noch vor Fertigstellung der ersten Rohfassung, sollte die Suche nach einem geeigneten Verlag stehen. Wenn Sie überlegen, als neues Mitglied der schreibenden Zunft beizutreten, wäre es vielleicht ratsam, die nächsten paar Absätze zu überspringen. Ich möchte Ihnen nicht schon vor den ersten Gehversuchen die Freude an Ihrem Vorhaben verderben.

Heute, an einem wunderschönen Sommerabend im September 2015, weiß ich nicht, ob dieser Text jemals als Buch erscheinen wird. Sollten Sie ihn als solches in Händen halten, ist ein großer Wunsch für mich in Erfüllung gegangen.

Bei manchem Blick auf die Bestsellertische in den Buchhandlungen beschleicht mich die Frage, wie manche Titel es geschafft haben, dort stapelweise zu liegen. Ich bin weit davon entfernt, Neid auf den Erfolg eines Schriftstellers zu empfinden, aber wenn er nicht aus der Qualität des Textes erwächst, sondern nur aus dem bekannten Namen des Autors, aus einem geschickt platzierten Skandal oder dem Versprechen von Lebensglück, spüre ich doch ein klein wenig den Stachel der Ungerechtigkeit. Andere Schriftsteller hatten schlicht das Glück, mit ihrer Geschichte den Nerv der Zeit zu treffen – bestes Beispiel hierfür ist Joanne K. Rowling mit ihrem *Harry Potter*.

Ich empfinde große Dankbarkeit für all meine Bücher, die Wirklichkeit wurden. In dem Augenblick, wo ich eines zum allererstem Mal in Händen hielt, waren sämtliche Anstrengungen, die vielen Stunden Arbeit und auch der finanzielle Einsatz unbedeutend. Mit keinem verdiente ich bisher nennenswert Geld oder wurde über eine kleine, treue Fangemeinde hinaus bekannt. Doch mit jedem einzelnen meiner geistigen Kinder schuf ich etwas, das vielleicht nicht allen gefällt, aber ohne jeden Zweifel aus mir selbst kommt und deshalb unverwechselbar ist.

Ein Buch kann heute jeder herausbringen, der gewillt ist, Geld und Zeit nach seinen eigenen Maßstäben zu investieren. Das Internet eröffnet dafür eine Unzahl an Möglichkeiten.

Aber wann ist jemand ein Schriftsteller? Schon Rainer Maria Rilke hatte sich in den *Briefen an einen jungen Dichter* dieser Frage gewidmet. Im Vertrauen, dass jenes von mir hoch verehrte Vorbild mir nicht zürnt, wage auch ich den Versuch einer Antwort.

Wer den unbezwingbaren Drang in sich verspürt, etwas aufzuschreiben, dann über eine längere Zeitspanne die Arbeit an einer Geschichte, einem Gedichtzyklus oder einem Theaterstück durchhält und diese zu Ende bringt, ist ein Schriftsteller; wer beim endlosen Fabulieren die Zeit vergisst, bis Bilder, Stimmungen und Dialoge ein harmonisches Miteinander gefunden haben; und wer am Ziel dieses Prozesses von einer Zufriedenheit durchströmt ist, die im tiefsten Inneren den Wunsch manifestiert, diese Empfindung stets neu zu erleben.

Für mich gehört auch noch dazu, das Werk anschließend nicht in der Schublade verschwinden zu lassen, sondern es einem kritischen Geist zur Beurteilung vorzulegen. Hervorragend dafür geeignet scheint mir der beste Freund oder die beste Freundin, denn nur dieser Person ist es üblicherweise gestattet, ungestraft schmerzvolle Wahrheiten auszusprechen. Was ich mir von engsten Vertrauten schon zu meinen Texten sagen lassen musste, könnte ein eigenes Buch füllen – hier spreche ich nicht von den wohlmeinenden Kommentaren. Wer auch davon nicht einknickt, sondern sich angespornt fühlt, die Arbeit endlos oft zu korrigieren oder überhaupt ganz neu von vorne zu beginnen, bis er und andere sagen: „Das ist es!", der hat es geschafft – für sich und in den Augen seiner Umgebung, die gewillt sind, reinen Herzens hinzuschauen.

Bis heute kann ich nicht von meinen Büchern leben. Aber meine Gedichte und Geschichten enthalten alles, was ich selbst geworden bin – durch meine Familie, meine Freunde, Arbeitskollegen sowie alle Menschen und Ereignisse, die mir auf der Reise durch jeden einzelnen Tag begegnen. Mein Schreiben ist der Spiegel meines ganzen Lebens, in den ich immer und allerorts blicken darf.

In jenem Spiegel fand ich einst ein Gedicht, das ich seit seiner Entstehung als mein schönstes bezeichne. Es stammt aus dem vergriffenen Band *Hundert Wege;* ich bin dankbar, dieses Kapitel damit abzuschließen.

Ich

Ich bin die Sonne, die nur für dich scheint
In mir sind auch Donner und Regen vereint
Ich bin die Hoffnung, das Tor deiner Welt
Das Haus, das dich aufnimmt, das Bild, das dich hält

Ich bin der Engel, der Teufel, der Hirt
Der gütige Weise, der Schinder, der Wirt
Das Wissen um Liebe, die Angst vor dem Tod
Sekunden voll Freude, der Ewigkeit Lot

Ich bin der Weg, auf dem du nun gehst
Bin Frage und Antwort, auf die du noch stößt
Denn ich bin dein Leben, geschrieben in Stein
Geschenk zweier Menschen von göttlichem Sein

Was mir hilft

Die Freude, ein Talent zu entdecken, ist mit nichts anderem vergleichbar. Ich schreibe, ein anderer malt, wieder eine andere spielt das <u>Concierto de Aranjuez</u> *von Rodrigo nach nur einem Tag Übung aus dem Gedächtnis.*

Es macht keinen Unterschied, welches Talent man geschenkt bekommen hat. Von großer Bedeutung jedoch ist es, dieses Talent nicht außer Acht zu lassen, sondern zu pflegen und nach besten persönlichen Kräften auszubauen. Cristiano Ronaldo ist so bei Real Madrid gelandet.

Allein schon das Wissen um ein Talent und die Fähigkeit, es zur eigenen Freude einzusetzen, ist eine Quelle beständigen Glücks, die auch in einsamen Nächten oder an mit fremden Zwängen gefüllten Tagen nicht versiegt.

Halten Sie Ihr Talent fest und lassen Sie es zur Entfaltung frei. Und wenn Sie ihm noch nicht begegnet sind, beglückwünsche ich Sie schon heute zur Freude im Augenblick seiner Entdeckung.

Was mich reich macht

Schreiben macht nicht reich. Nach einer Veröffentlichung ächzt mein Bankkonto unter dem notwendigen Kredit ähnlich laut wie meine Steuerberaterin beim Anblick der jährlichen Gewinn-und-Verlust-Rechnung.

Aber warum investiere ich so viel Zeit und Kraft in das simple Aneinanderreihen von Wörtern? Ich erinnere mich noch genau an den Moment, als eine unsichtbare Hand mir meine ersten Zeilen in Seele und Gedanken legte – ein Geschenk, das einzig mit der Bitte verknüpft war, sorgsam damit umzugehen. *Vergrab dein Talent nicht*, lautete die Botschaft. *Verschenk es tausendfach, aber stets voll Wertschätzung für den Empfänger. Und vermehre es, so gut du kannst.*

Seither habe ich dieses Geschenk unzählige Male erhalten. Immer wieder bin ich erstaunt, in welcher Vielfalt es mir überreicht wird. Gedichte schleichen sich zur Nacht auf leisen Sohlen heran, wogegen Satiren meist plötzlich und mit dem Befehl *Schreib mich sofort auf!* vor mir stehen. In einem Blick, einem aufgeschnappten Dialog, einer Schlagzeile kann etwas versteckt sein. Immer erlebe ich dabei das wunderbare Gefühl der ersten Entdeckung.

Die Arbeit an der Tastatur selbst gestaltet sich ebenso unterschiedlich. Manchmal ist sie ein langwieriges Suchen, Abwägen, Verwerfen und wieder Suchen. An anderen Tagen fliegen mir die Ideen ohne Unterlass zu, und ich kann sie mühelos klar formuliert an meine Finger übergeben. Aus einem Gedanken entstehen dabei so viele Vertiefungen, Querverbindungen und völlig neue Anfänge, dass ich den allerersten Punkt schon bald weit hinter mir lasse. Der Funke ist wichtig, aber damit ein lang wärmendes Feuer entsteht, müssen immer wieder Scheite aus gut abgelegener Ausdauer und Beständigkeit nachgelegt werden.

Der Entschluss zu einem Buch fällt niemals aus der Eitelkeit, meinen Namen gedruckt zu sehen. Vielmehr geschieht er aus Überzeugung, einen Schritt vorwärts zu machen – auf meinem persönlichen Lebensweg wie auch in meiner Entwicklung als Schriftsteller. Wer mich dabei ein Stück weit begleiten möchte, ist sehr herzlich eingeladen.

Nach der Entscheidung für eine Publikation endet das musengeküsste Vor-mich-hin-Werkeln in selbstgewählter Einsamkeit ganz abrupt. In operativer Hektik müssen verschiedenste Punkte nach-, neben- und miteinander abgearbeitet werden: Verhandlung mit einem Verleger über Auflage, Ausstattung und Kosten; Zusammenstellung des Manuskripts, wenn es sich um Satiren oder Gedichte handelt (ein Roman macht vieles leichter, da fallen dieser und der nächste Punkt weg); Diskussion über dieselbe mit wohlmeinenden Freunden, die mittels mancher Kommentare ansatzlos zum Gegenteil mutieren; Korrektur der Endfassung mit anschließender Weiterleitung an meine Lektorin Elisabeth, die nochmals korrigieren und viele peinliche Fehler finden wird; die Zeit bis zur Schlussbesprechung mit ihr ist gefüllt mit der Umschlaggestaltung und dem Verfassen von Titel-, Rücken- und Klappentexten sowie mit der Planung und Organisation von Präsentationsabenden.

Sobald ich ihre zahlreichen „Wie meinst du das genau?"-Fragen halbwegs zufriedenstellend und mit dem Gelöbnis, in Hinkunft größere Genauigkeit walten zu lassen, beantwortet habe, gibt Elisabeth dem Text ihren Sanctus und ich selbigen sodann an den Verlag weiter. Dort erfolgt die dritte Korrektur, und nach Rücksendung der Fahnen an mich die vierte. Nochmals wandert das Manuskript elektronisch hin und her, zuletzt nur noch einzelne der Klärung harrende Passagen. Schließlich ist ein weiteres Etappenziel erreicht: die offizielle Druckfreigabe durch den Autor.

Die folgenden Monate stellen eine Art große Pause dar, in der ich nichts anderes zu tun habe als Einladungen zu verschicken und auf das fertige Endprodukt zu warten. Die Vorfreude darauf genieße ich mit jedem Tag intensiver. Und wenn der Augenblick gekommen ist, habe ich zwar nicht ein Kind, aber doch etwas auf die Welt gebracht, das zuvor noch nicht da war.

Für meine allererste Lesung übte ich stundenlang und hielt sogar eine offizielle Generalprobe samt anwesendem Kritiker. Auch heute geht es nicht ohne gründliche Vorbereitung, aber ich machte die Erfahrung, dass die Lesung selbst stets anders läuft als alles, was ich mir vorher zurechtgelegt habe. Das mag an einer gesteigerten inneren Spannung liegen, mehr jedoch am Austausch mit meinem Publikum, der den ganzen Abend lang stattfindet.

Erwartungsvolle Stille am Beginn, die sich in neugierigen Gesichtern widerspiegelt; erste, noch verhaltene Heiterkeit während einer Satire, dann ein heller Ausbruch an unerwarteter Stelle. Nun bin ich im Zentrum der Geschichte und bei mir selbst angekommen, bemerke weder den Fotografen noch einige später in den Saal tretende Zuhörer. Ein Augenblick vollkommener Intimität, gestillter Sehnsucht und Präsenz, weil er – wie es ein Wissenschafter treffend formuliert hat – mehr Energie schenkt als kostet.

Ob zehn, fünfzig oder hundert Menschen zuhören, ist unbedeutend – sie widmen mir ihre Zeit und Aufmerksamkeit. Ich versuche, ihnen diese Wertschätzung mit der Freude über einen gut verbrachten Abend zurückzugeben.

Und wenn Judith mir eine Kusshand zuwirft, als ich die ihr zugedachte Widmung erwähne, wenn Rosi sich am Büchertisch ins Zeug legt, als ob sie am Erlös beteiligt wäre, wenn nach dem letzten Vers die Gespräche und Gratulationen, das Lachen und Signieren kein Ende nehmen wollen, kenne ich die Antwort:

Schreiben hat mich reich gemacht.

Sind Sie glücklich?

Mein Salzburg

Die einzige Antwort

Am Freitag knapp vor 14 Uhr ist es geschafft. Nach in alle Richtungen geschickten Mails und geführten Telefonaten, die erstens meine Kollegen in der Produktion zur Eile anregen, zweitens durch mehrere Verschiebungen aufgetretene Schweißperlen auf der Kundenstirn abtupfen und drittens die zu erwartende Ankunftszeit des Lieferwagens in Salzburg ermitteln sollten, wurde ein wichtiger Auftrag soeben ausgeliefert. Meine Kollegen Emir und Elvir („wie Elvis, nur mit r") haben Extrazeit angehängt, um die für ein Krankenhaus in Afrika bestimmte Ware flugsicher zu verpacken, mein Chef hat sie persönlich zum Spediteur gefahren, und ich habe mir ebendort mehrmals versichern lassen, dass das zweihundert Kilogramm schwere Frachtgut am Montag zur Verladung in Wien eintreffen wird.

Auf dem Weg zum Auto werden meine Schultern von plötzlicher Einsamkeit nach unten gedrückt, die mich statt der erhofften Erleichterung über den Erfolg unserer gemeinsamen Anstrengungen überkommt. Die anderen drei fahren zu ihren Familien nach Hause, auf mich wartet nur eine leere Wohnung, in der seit Tagen die Heizung nicht richtig funktioniert – wunderbare Aussichten für ein gelungenes Wochenende. Das Unwort dieses Herbstes ist für mich *Außentemperaturfühler* – beliebt bei Installateuren, die lieber ihren Rücken am eigenen Kachelofen wärmen als in einer Stadtrandwohnung auf Knien nach Leitungsfehlern zu suchen.

Aber die Sonne stupst mich warm an, und so beschließe ich trotz Müdigkeit und Hunger, einen erst für nächste Woche geplanten Besuch beim Röntgenfacharzt gleich zu erledigen. Jeder Anlass ist willkommen, der mein Denken fortlenkt vom Nichts.

Unwilliger als sonst verrenke ich mich beim Ausziehen in der kleinen Kabine und lasse die bekannten Sinnlosigkeiten über mich ergehen („Können Sie das Knie noch ein bisschen mehr strecken?" – *Dann wäre ich nicht hier.*). Die harte Liege wird durch den Anblick der hübschen Assistentin ein bisschen erträglicher, doch an meiner Einsamkeit ändert das nichts.

Wieder auf der Straße, will ich noch weniger heimfahren als zuvor. Ich suche nach einer weiteren Ausrede, um in der Stadt zu bleiben, und finde rasch die Lust auf eine Torte im Café Schweiger.

„Ihre Frittatensuppe, bitte sehr."

Bei Hunger ist die Suppenauswahl ein besserer Ratgeber als die gut gefüllte Kuchentheke einer Konditorei. Weil Lesestoff reichlich vorhanden ist, verschiebe ich die Himbeertorte auf den zweiten Gang. Ich sitze mit zwei Tageszeitungen an einem Tisch im Nichtraucherbereich und wärme mit jedem Löffel gut gewürzter Flüssigkeit mein Inneres. Das leise Murmeln der übrigen Gäste lullt mich ein, und mein Seufzer klingt zufriedener, als er angesichts von Eurokrise und Korruptionssumpf sein dürfte. Vor dem Fenster putzt sich eine rotbraun getigerte Katze in der Sonne, der alles Treiben um sie herum egal ist, solange ihr jemand eine Schale Milch hinstellt.

Ich schütze mir selbst gesteigertes Interesse am Sportteil vor, um der Freude an dem famosen Backwerk mehr Zeit zu geben. Nach den letzten sorgsam mit der Gabel aufgepickten Krümeln bin ich endlich bereit, mich wie die Katze ins Sein fallen zu lassen. Leere ist da, um gefüllt zu werden, und mich zieht es in die Sonne, nach Maria Plain.

Als ich in der Nähe wohnte, war ich oft an diesem Wallfahrtsort zwischen Salzburg und Bergheim, doch in keiner Erinnerung empfinde ich ihn so schön wie an diesem vollkommenen Herbsttag. Der Wald ringsum leuchtet in allen Farben, über der Stadt liegt feiner Dunst, und die tief stehende Sonne braucht nicht lange, um das erste Lächeln des Tages aus mir hervorzukitzeln. Gemächlich schlendere ich vom Parkplatz zur vierseitigen Bank unter der großen Linde. Vor dem Kircheneingang spielt ein kleines Mädchen mit seinem Vater Verstecken und jauchzt vor Freude, als er um die Ecke springt und das Kind in einem Schwung auf seine Schultern setzt. Ich höre den Kies unter meinen Sohlen knirschen, aber keinen Laut von den Leuten, die spazieren, die späte Wärme genießen, sich unterhalten. Ich bin ganz bei mir.

Fast unmerklich, ohne jegliche Hast und Gegenwehr, verlässt die Leere meine Seele. Wie jeder Löffel Suppe mich gestärkt, jeder Bissen Torte mich zufriedener gemacht hat, lasse ich Atemzug um Atemzug Glück und Dankbarkeit in mich hinein – dafür, diesen wunderbaren Moment erleben zu dürfen; dass es immer einen neuen Weg gibt und ein Ziel, das frei ist von Einsamkeit; und dass ich mir selbst genüge, wenn ich es gefunden habe.

Über die Wiese gehe ich zur Kirche zurück, drücke die schwere Tür auf und trete leise ein. In der letzten Bank links sitzt eine Frau mit gesenktem Kopf. Ich lasse mich in ihrer Nähe nieder und merke, dass sie zittert und sich mit einem zerknüllten Taschentuch immer wieder Tränen aus den Augen wischt. Kein geeignetes Wort fällt mir ein, um sie zu trösten, und damit meine Hilflosigkeit nicht zur leeren Floskel wird, sage ich nichts. Oft bin ich selbst hier gesessen, um mein Sein trauernd und daran zweifelnd. *Warum bin ich einsam? Warum bin ich krank?* Vielleicht weint die Frau um sich, vielleicht um ein anderes verlorenes Wesen. Ich weiß aber, dass dieses *Warum ...* ihre Tränen nicht versiegen lässt.

Später tut es mir leid, dass ich nicht zu der Frau gesagt habe: „Ich kenne eine Antwort." So bleibt mir nur die Hoffnung, dass sie selbst bald herausfindet, wie einfach Verstehen manchmal sein kann.

Über Jahre habe ich mich mit der Überzeugung arrangiert, auf *Warum?* könne es gar keine passende Erwiderung geben. Das gefiel mir nicht, doch ich nahm es hin wie den lakonischen Satz von Lehrern zur italienischen Grammatik: „Für Präpositionen und Konjunktiv gibt es keine Begründung, die muss man eben lernen." Gut möglich, dass sie recht haben. Jedes Wissen wird aber erst zur Erkenntnis, wenn es durch Selbsterfahrung angenommen werden kann. Wenn ich meinen Überzeugungen keinen Freigang gewähre, werden sie niemals verändert zu mir zurückkommen.

Die Replik auf *Warum?* ist eine simple Gegenfrage. Das Leben, das Schicksal, der Wind oder Gott stellen sie uns immer wieder, aber in der Enge des Unglücklichseins hören wir nicht hin: *Vertraust du mir?*

Damit liegt die Möglichkeit zur Entscheidung wieder in unseren Händen. Und mit der einzigen Antwort, die es darauf gibt, können wir uns wieder aufrichten, nach oben schauen und weiter unseren Weg gehen. Dann sehen wir auch die Kurve, die wir zuvor nicht beachtet haben, oder die Kreuzung, an der wir links statt rechts abbiegen müssen.

Einsamkeit wird immer wieder anklopfen. Wir Menschen haben jedoch die Gabe, sie jedes Mal neu vor die Tür zu setzen – mit Sein, Tun und Leben.

Mein Privileg

Ein Vorhaben nicht zu beginnen, weil es nach menschlichem Ermessen oder nach den Gesetzen der Logik nicht funktionieren kann, beraubt uns im schlimmsten Fall der höchst unerwarteten Freude eines Erfolges. Im besten Fall haben wir es einfach versucht, was wir leider stets als Scheitern empfinden, nicht als Erfahrungswert für den nächsten Anlauf.

Im zum Glück vergangenen, weil schneereichen Winter war ich an einem Samstag mit Freundin Karin zum Frühstück im Café Classic am Salzburger Makartplatz verabredet. Dass sie selbst 9 Uhr vorgeschlagen hatte, überraschte mich ein wenig, weil ich sie eher als das Gegenteil eines Morgenmenschen kenne. Für mich stellt diese Tageszeit kein Problem dar, denn selbst an den Wochenenden schlafe ich kaum einmal länger als bis halb acht – Zeit genug, das eigene Erscheinungsbild in ein ausgehfähiges zu verwandeln und die gut zwanzigminütige Fahrt in die rechte Altstadt zu absolvieren. Daher sah ich auch keinen Grund zur Scharfschaltung meines Weckers; es reicht ohnehin, dass mich dieser an fünf Wochentagen pünktlich um sechs Uhr aus meinen Träumen reißt.

Die Zeigerstellung, die mir genau dieser Wecker vorhielt, als ich ihn so verschlafen wie verstört anblinzelte, konnte ich nur als hämisches *Du hast halt nicht auf mich gehört, im wahrsten Sinne des Wortes!* deuten. Viertel nach acht – die gleichzeitige Erkenntnis, wo ich gegenwärtig war und wo ich in fünfundvierzig Minuten auftauchen sollte (nach Möglichkeit nicht in Flanellpyjama und Hüttenpatschen) ließ mich schlagartig aufwachen.

Rationale Überlegungen hätten an dieser Stelle nur zu einem Schluss geführt: *Das geht sich niemals aus!* Weder halte ich den Weltrekord im Schnellankleiden (ich bin wohl eher im Spitzenfeld, wenn man die Rangliste auf den Kopf stellt), noch würde ich dem stauanfälligen Samstag-Morgen-Verkehr in der Landeshauptstadt durch sekundenschnelles Beamen wie bei *Star Trek* entkommen.

Doch in diesem Moment dachte ich überhaupt nicht, sondern legte los. Das ist so einfach, wie es sich anhört, und trotzdem für uns Menschen beinahe undurchführbar schwierig. Meine Effizienz versetzte mich selbst in höchstes Staunen: Nur zwanzig Minuten nach dem ersten Blick auf meinen Wecker saß ich geschnäuzt und gekämmt in der Tiefgarage hinter dem Lenkrad meines Golf Plus. Dazwischen hatte ich alles Notwendige untergebracht außer der Rasur, aber anders als mit Drei-Tage-Bart kennt mich ohnehin kaum jemand.

Auf meiner Fahrt durch die Stadt ritt ich auf einer derart beständigen grünen Welle, wie ich sie in Salzburg kaum einmal erlebt habe. Zu Hilfe kam mir auch die Zweispurigkeit der Alpenstraße, die ich durch einen geschickten Zick-Zack-Kurs ausnutzte, um mir an der Ampel vor dem Landesgericht eine wichtige Pole-Position zu sichern. So überquerte ich als Erster die Karolinenbrücke und bog in die Imbergstraße ein, die den Schlüsselabschnitt der gesamten Strecke darstellt. Auch sie ist zweispurig, verlangt dem automobilen Benützer jedoch auf Höhe des Bildungshauses Corso eine Entscheidung ab: Entweder nach links über die Staatsbrücke oder geradeaus in die Schwarzstraße, wo nach wenigen Metern zur rechten Hand der Makartplatz und sohin mein angestrebtes Ziel liegt.

Da bis heute alle persönlichen und statistischen Beobachtungen zeigen, dass mehr Leute geradeaus fahren, bildet sich auf der rechten Fahrspur der Imbergstraße regelmäßig ein Stau, der zur Stoßzeit durchaus bis zum verunglückten Kreisel vor dem Unfallkrankenhaus (ein Wortspiel für Insider) zurückreichen kann. Bei gebotener Eile empfiehlt es sich daher, so lange wie möglich auf der *linken* Spur zu bleiben und dabei aufmerksam die Verkehrsgenossen rechts zu taxieren. Erspäht man einen schwerfälligen Lastwagen, der nicht schnell genug die sich vor ihm auftuende Lücke füllt, wenn der ganze Pulk in einer Grünphase nach vorne rückt, heißt es *Jetzt oder nie!* Einmal kurz den Blinker angetippt und ohne Rücksicht auf Verluste nach rechts auf die richtige Spur, wo man sich von Rechts wegen viel weiter hinten hätte anstellen müssen und das als braver Staatsbürger selbstverständlich auch tut – unter normalen Umständen.

An jenem Samstag unter abnormalem Termindruck stehend, half mir die Schläfrigkeit einer BMW-X6-Fahrerin, deren wildes Gestikulieren auch nichts mehr nützte, als ich mich vor ihr und bereits in Sichtweite der Staatsbrücke einreihte. Dass sie das Nachsehen hatte, hielt ich für doppelt gerecht: erstens hatte sie nicht Obacht gegeben, zweitens fuhr sie das hässlichste SUV der Automobilgeschichte. Von einem X6 muss Franz Kafka in Fieberträumen halluziniert haben, ehe er sich dazu entschied, *Die Verwandlung* zu schreiben.

An der Staatsbrücke kribbelte die Versuchung, bei Dunkelorange noch über die Kreuzung zu zischen, doch ein Blick auf die Uhr am Armaturenbrett ließ mich wissen, dass ein so krasser Gesetzesbruch nicht mehr notwendig war. 8:51 Uhr – ich hatte aus meiner Tiefgarage in Rif bis ins Zentrum von Salzburg nur sechzehn Minuten gebraucht – schon der zweite Rekord am heutigen Tag! Wäre ich nicht im Auto gesessen, hätte ich spontan zum Hans-Rosenthal-Gedächtnissprung angesetzt: *Das war ...!*

Der Gesamterfolg meiner Mission *Vom Bett ins Stammcafé in 45 Minuten* hing jetzt nur noch von einem letzten, aber entscheidenden Faktor ab. Sie ahnen es wohl schon, und Sie ahnen richtig: Der Kaffeesieder des Vertrauens findet für seine Lieblingskundschaft immer ein Platzerl. Das Vorhandensein eines Parkplatzes auf der Straße davor schwankt hingegen zwischen den wenig verheißungsvollen Aussichten selten und *unmöglich.*

Meine einzige Hoffnung war eine famose Einrichtung namens Behindertenparkplatz. Am Makartplatz sind gegenüber der Kirche gleichen Namens zwei davon aufgepinselt. Weil ich schon seit gut 15 Jahren die Stadt Salzburg unsicher mache und berechtigt bin, mit meinem fahrbaren Untersatz das weiße Rollstuhlmännchen auf blauem Grund zu verdecken, kenne ich dessen Positionierung an den für mich relevanten Orten ganz genau. Und weil mein Auge auf die Anvisierung dieser Plätze trainiert ist wie ein piemontesisches Trüffelschwein auf die noblen Knollen, erkannte ich bereits von Weitem, dass einer frei war. Um 8:55 Uhr stellte ich die Zündung meines GolfPlus ab – Sieg auf der ganzen Linie, mit drei überlegenen Teilbestzeiten!

Obwohl ich mich vom ersten Schritt weg durch ekelhaft grauen Schneematsch kämpfen musste, schwebte ich wie auf Wolke sieben dem Café Classic entgegen und öffnete die Tür mit dem Schwung eines Siegers, den nichts anderes erwarten konnte als eine Sektdusche aus der Magnumflasche zwischen zwei ihn küssenden Supermodels.

Aber nicht einmal die Minimalversion – der freundschaftliche Begrüßungskuss von Karin auf beide Wangen, ganz ohne Sektdusche – erwartete mich; sie war noch nicht da. Deshalb beantwortete ich die Frage der stets freundlichen Kellnerin Dana, ob ich mit der Bestellung warten wolle, mit einem knappen Nicken und machte es mir mit einer Tageszeitung an meinem Lieblingstisch am Fenster gemütlich.

Ich hatte noch nicht einmal sämtliche Überschriften auf Seite 1 gelesen, da vibrierte mein Handy in der Hosentasche. Meist verhallen seine Rufe hilflos, weil ich es im Auto zurücklasse, doch seit mich Karin deshalb gerügt hat, halte ich es bei unseren Treffen griffbereit.

„Ich komme zu spät", sagte sie ohne Begrüßung und klang dabei ein wenig genervt, „bin aber schon in der Franz-Josef-Straße."

„Ist schon recht", antwortete ich generös und kostete dabei meine eigene Pünktlichkeit in vollen Zügen aus. „Ich warte gerne auf dich."

Als Karin eine halbe Stunde später noch immer nicht aufgetaucht war, knurrte mein Magen schon so laut, dass Dana, wäre sie in der Nähe gewesen, von selbst die darin verschlüsselte Botschaft *Einmal das Wiener Frühstück, bitte!* verstanden hätte. Ich setzte gerade an, ihr eben diese Worte zuzurufen, als Karin hereinkam, wie immer klein und energiegeladen, aber mit ungewohnt finsterem Blick. Sie ließ ihre Umhängetasche auf die Bank fallen und einen langgezogenen Seufzer hören. Ihr gestresster Anblick schrie förmlich nach einer ironischen Bemerkung, also verschwendete ich keinen Gedanken daran, mir diese zu verkneifen.

„Meintest du vorhin die Franz-Josef-Straße in Salzburg oder in Wien?"

„Du darfst Behindertenparkplätze benützen!", brach es aus Karin hervor. Sie setzte sich nicht gleich, um trotz ihrer nur knapp 1,55 Meter mit anklagend auf mich gerichtetem Zeigefinger imposant zu wirken. „Mit einer *so* vollen Hose ist leicht stinken!"

„He, das war jetzt fast diskriminierend", antwortete ich lachend. „Guten Morgen übrigens."

„Aber nur fast. Und gut war dieser Morgen bisher nicht. Was hat mich nur geritten, dass wir 9 Uhr ausmachen? An einem Samstag ist das knapp nach Mitternacht für mich."

„Und dann auch noch kein Parkplatz, das Leben kann schön garstig sein. Dana, eine Runde Mitleid für die Frau Magistra."

Die eben an den Tisch getretene Kellnerin zeigte ihr aufmerksames Lächeln und fragte nach unseren Wünschen.

„Einmal das Wiener Frühstück, bitte", folgte ich dem Befehl meines knurrenden Magens.

„Fürs Erste nur Schwarzen Tee", meinte Karin. „Ich brauche noch ein bisschen." Noch immer stand sie, doch ihr zweiter Seufzer klang bereits weniger streng. „Echt, manchmal hätte ich dein Privileg auch gerne."

„Lass dich erst einmal küssen." Ich erhob mich, und wir begrüßten einander auf die übliche Weise. „Nur kein Stress. Während du deinen Tee trinkst, erzähle ich dir eine unglaubliche Geschichte ..."

Von Genuss und Heiterkeit der vergangenen zwei Stunden gestärkt, stapfte ich durch die Dreifaltigkeitsgasse zum Platzl, da wegen der enormen Februarkälte die Anschaffung eines zweiten warmen Pyjamas anstand. Seit auch diese Örtlichkeit mittels eines der so berühmt-berüchtigten Poller vor unliebsamen Vierradvehikeln geschützt ist, wird die Schneeräumung ein bisschen vernachlässigt. Aus diesem Grund vermischten sich Matsch, Split und Streusalz zu einem seltsamen Pulver in allen nur denkbaren Schattierungen von Grau. Auf diesem Untergrund setzte ich meine Schritte äußerst behutsam, kam aber dank des guten Profils meiner Wanderschuhe trotzdem gut vorwärts. Die Zeit, als mir eine solche Wetterlage mangels körperlicher Fähigkeiten und geeigneten Schuhwerks quasi ein Ausgehverbot auferlegt hatte, lag nur ein paar Winter zurück. Während ich sicheren Tritts die *KleiderBauer*-Filiale ansteuerte, dachte ich voll Stolz an diese enorme Entwicklung und zugleich voll Dankbarkeit an jene Menschen, die mir dabei geholfen haben und dies auch weiterhin tun.

„Herrenpyjamas führen wir leider nicht", piepste die Dame hinter der Budel. „Vielleicht versuchen Sie es beim Wiefler."

„Wo ist das?" Diesen Namen hörte ich zum ersten Mal.

„Schräg rechts gegenüber."

Eine Minute später verschaffte mir mein Blick in die angegebene Richtung sogleich die Erkenntnis, warum mir das Modehaus Wiefler, obwohl ich es schon zahllose Male passiert hatte, bisher nie aufgefallen war. Der Schriftzug befand sich in weitest möglicher Entfernung von dem, was heute als modern gilt. Die Schaufenster lagen vor einem weit nach hinten gezogenen Eingang, der erst nach Überwindung von drei mittelhohen Steinstufen zu erreichen war.

Wenn sie einen warmen Pyjama haben, soll mir das recht sein, sagte ich mir selbst und überquerte den Platz. Ich stehe ohnehin viel lieber einer gestandenen Verkäuferin gegenüber als einer mich von unten bis oben anglotzenden Jugendlichen, die mich mit einem stummen Kopfnicken in die labyrinthartigen Schluchten eines Einkaufstempels auf Entdeckungsreise schickt.

Vor den Stufen hielt ich an und spürte ein warnendes Stirnrunzeln unter der warmen Haube. Trotz des neuen zweibeinigen Selbstbewusstseins funktioniert mein automatisches Gefahrenerkennungssystem noch immer ausgezeichnet. Die wenigen Momente, in denen ich es ignoriert hatte, waren klassischer Hochmut *vor* dem Fall gewesen, und zwar von der schmerzhaften Sorte.

Abseits der kalten Jahreszeit stellen die drei Stufen kein Hindernis dar, doch heute sah ich sie in der Wintersonne glänzen – ein untrüglicher Beweis für ihre Nässe, entstanden durch von Schuhsohlen gefallenen Schnee, der sich in einen anderen Aggregatzustand verwandelt und danach die passende Stelle als gemeingefährliche Rutschfalle gesucht hatte. Hinter meinem Stirnrunzeln materialisierte sich die Befürchtung, dass meine wintererprobten Schuhe hier wohl nicht der Weisheit letzter Schluss waren. Entsprechend vorsichtig trat ich auf die erste Stufe – und rutschte sofort weg.

Ich zog den Fuß zurück und überlegte eine neue Strategie, da geschah das nächste Wunder an diesem Tag. Zwei Hände fassten mich unter der rechten Schulter, und eine Frauenstimme sagte: „Ich helfe Ihnen."

Fünf Sekunden später waren die Stufen überwunden. Der bis zum Eingang ausgelegte Teppich bot wieder genügend Halt.

„Vielen Dank, das war sehr nett." Ich wandte den Kopf und schaute in ein freundliches Gesicht, das um die sechzig Jahre alt sein mochte.

„Gerne geschehen", antwortete die Frau lächelnd. Gemeinsam betraten wir das Geschäft.

Nachdem ich den gewünschten Pyjama (Altherren-Flanell, genau meine Kragenweite) erstanden hatte und auf dem Weg zum Ausgang war, sah ich meinen hilfsbereiten Engel von vorhin an der Kasse stehen. Ohne Zögern trat ich auf die Frau zu und fragte: „Können wir über die Stufen gemeinsam nach unten gehen?"

„Selbstverständlich."

Auf unser erfolgreiches Tun folgten mein Dank und der Wunsch für ein schönes Wochenende, den sie herzlich erwiderte. Mehr gab es nicht zu sagen, unsere Leben nahmen wieder ihren eigenen, voreinander wohl auf immer verborgenen Gang.

Behindertenparkplätze sind kein Privileg, sondern der Dienst einer Gesellschaft, die um Ausgleich zwischen den verschiedenen Teilnehmern bemüht sein will. Mein wahres Privileg ist es, jemanden um Hilfe zu bitten, wenn sie notwendig wird. Dieses Geschenk tragen alle in sich, aber entdecken und benützen muss es jeder Mensch selbst.

Als ich den Herrgott allein ließ

Ein Sonntag im August, 9 Uhr morgens. Bei strahlendem Sonnenschein betrete ich einen der schönsten Orte Salzburgs, darauf vertrauend, dass mir mein Glück so hold ist wie das herrliche Wetter. Ja, er wartet auf mich: ein Tisch auf dem Balkon des Cafés Tomaselli; erste Reihe fußfrei, sprichwörtlich.

Mit einem dankbaren Seufzer, der auch die Vorfreude auf die folgende Stunde einschließt, lasse ich mich auf dem Stuhl nieder. Verflogen ist mein noch vor Minuten beträchtlicher Groll gegen einen überheblichen Polizisten in der Hofstallgasse, der mich erst verscheuchen wollte, meine Einfahrerlaubnis in die Altstadt beim zweiten Hinschauen als leider doch nicht gefälscht akzeptieren musste und mir schließlich von seiner Amtsgewalt Gnaden gestattete, meinen GolfPlus auf einer für Besitzer des §29b-StVO-Ausweises reservierten Fläche abzustellen. Meinen Hinweis, ein bisschen mehr Freundlichkeit wäre durchaus angebracht gewesen, kommentierte er nicht.

Das Lachen erobert ganz von selbst mein Gesicht. An diesem Platz ist mir das ohnehin nie schwer gefallen – da stellt meine Seele ganz von selbst ihren Modus auf Baumeln. Unter mir breitet sich der Alte Markt aus, um die Ecke blinzeln der Dom und die Neue Residenz. Noch ist es ruhig, doch schon bald wird eine ganz besondere Vorstellung beginnen: Straßentheater, spontan und lebensecht.

„Guten Morgen! Was darf es sein, der Herr?"

Der Kellner, ins Inventar des Hauses eingeschrieben wie der Holzfußboden und der Zeitungsstock, blickt wartend auf mich herab. Auch ihm scheint die Freude über den schönen Tag zu gelingen, was ich ihm bei dem Stress, den er noch haben wird, hoch anrechne.

„Eine Melange bitte", gebe ich meine übliche Bestellung auf, füge zur Feier meines inneren und äußeren Glücks noch hinzu: „Könnten Sie die Dame mit dem Kuchentablett vorbeischicken?"

„Beides kommt sofort, bitte sehr", gibt er mit typischer Tomaselli-Noblesse zurück und geht zum nächsten Tisch.

Ich geniere mich nicht für meinen nächsten Dankbarkeitsseufzer

und greife zur Tageszeitung. Noch beim Streifen der ersten Überschriften lasse ich mich gerne ablenken: Eine große Touristengruppe asiatischer Herkunft, das schließe ich aus der hohen Zahl an gezückten Fotoapparaten und bunten Sonnenschirmen, nimmt die Fläche zwischen den Cafés Fürst und Tomaselli in Beschlag. Ergriffen lauschen die Frauen und Männer älteren Semesters, von denen einige wohl ihr ganzes Leben lang für diese Reise gespart haben, ihrer Führerin. Offenbar ist der Stadtrundgang hier zu Ende, denn die Dame, aus deren Rucksack ein langer Stab samt Fähnchen aufragt, verbeugt sich und erntet großen Applaus.

Ich gehe gerne in die Welt, fällt mir bei dieser Szene ein. *Eine Stadt Heimat nennen zu dürfen, in die alle Welt zu Besuch kommt, ist eines der schönsten Lebensgeschenke.*

„Achtung bitte!"

Gibt es Schöneres, als vom Anblick einer verheißungsvollen

Kuchenauswahl aus einem Tagtraum gerissen zu werden? Am liebsten würde ich von allem kosten, doch auch die Entscheidung für meine Favoritin macht Freude: eine Himbeertorte mit Vanillecreme. Der erste Bissen bringt mich dem Himmel wieder ein kleines Stück näher.

Inzwischen ist der Balkon voll besetzt. Zwei junge Italienerinnen scherzen mit dem Kellner auf Englisch, ein spanisches Ehepaar kann sich nicht zwischen dem klassischen und dem Wiener Frühstück entscheiden, und ein amerikanischer Bub quengelt, weil er seiner kleinen Schwester den Vortritt auf dem Schoß seiner Mutter überlassen muss. Auch auf dem Alten Markt wechseln die Bilder in so rascher Folge, dass die Zeitung längst unbeachtet neben mir liegt. Der Silbermann wartet regungslos auf Bewunderer; ich muss lachen, als er doch zuckt, aus seinem Umhang ein Handy zieht und hineinspricht – ganz Mensch, nicht länger Statue. Taxis bahnen sich mühevoll ihren Weg durch den immer dichter fließenden Strom an Menschen. In Tracht und klassischem Stil gewandete Personen, die zielstrebig zur Sigmund-Haffner-Gasse gehen, künden vom nahen Beginn der heutigen Festspielmatinee.

Zum wahrhaften Genuss gebührt der Torte meine ganze Aufmerksamkeit. Sohin verlasse ich für Minuten die vielen Vorstellungen um mich herum und verzehre jede gelierte Himbeere, jeden Tupfen Creme und jeden Krümel Blätterteig mit großer Hingabe. Ohne Kaffeekenner zu sein, ist die Melange im Tomaselli für mich die beste der Stadt. Auf alle Fälle aber ist sie ein hervorragender Kuchenbegleiter.

Als das Glockenspiel sein Geläut zur vollen Stunde erklingen lässt, spüre ich Enttäuschung, weil ich mich bald auf den Weg machen muss. In einer halben Stunde beginnt die zweite Sonntagsmesse in der Franziskanerkirche, die ich üblicherweise *vor* dem Kaffeehaus besuche. Doch heute war der Morgen zu schön. Danach wäre es bestimmt zu heiß, und ich würde ohnehin keinen Platz finden.

Eine gute Viertelstunde habe ich noch; Zeit genug für einen Johannisbeersaft und die Rückkehr zur Freiluftdarbietung am Alten Markt.

Zum ersten Mal fällt mir heute auf, in welch vielfältiger Weise sich die Leute über den Platz bewegen. Vor einer Stunde hatten die sportlichen Läufer noch freie Bahn, jetzt müssen sie Haken schlagen, um vor Staunen stehengebliebenen Touristen auszuweichen. Pärchen schlendern Hand in Hand dahin; Herzen und Augen verbannen die Richtung ihrer Schritte ins Unbedeutende. Kinder spielen Abfangen und lassen ihre Eltern beim Versuch grandios scheitern, dies kraft ihres Erziehungsamtes zu unterbinden. Die Rikscha-Fahrerin tritt stramm in die Pedale, auch wenn sie deshalb die Erläuterungen zur Geschichte der Stadt der fülligen Frau in ihrem Fahrzeug etwas kurzatmig darbringt. Nicht erst seit heute kennt sie wohl die wahre Bedeutung des Werbespruchs *Servas die Wadln*. Und immer wieder Reisegruppen aus aller Herren Länder: große, kleine, langsame, schnelle, laute, leise; die Männer cool bebrillt oder schlecht beschuht, die Damen tief dekolletiert oder züchtig verschleiert.

Es ist Sonntag, ein freier Tag, Urlaubszeit. Diese Deutung des friedlichen Bildes vor mir mag berechtigt sein wie auch der Einwand, auf einer reichen Insel der Seligen sei es leicht, über die schlechten Seiten der Welt hinwegzusehen. Trotzdem lasse ich mir meine Erkenntnis angesichts dieses wunderbaren Stelldicheins der Menschen nicht nehmen: Für alle ist Platz.

Viertel nach zehn – höchste Zeit, dem Kellner zu winken. Aber mein Wunsch zu verweilen ist groß, unbezwingbar. Die Zeit hier ist meine Belohnung für jede Mühe: am schönsten Platz zu sitzen, in meiner Wahlheimat, wo ich mir das Leben über Jahre erschlossen, hart erkämpft, mit Ausdauer erarbeitet habe. Es gab Stunden dunkler Einsamkeit, und mancher Gedanke riet mir zur Rückkehr, doch die Überzeugung, dass ich genau diesen Ort schmerzlich vermissen würde, hat mich davon abgehalten, dem Drängen zu folgen.

Ich sehe das strenge Gesicht des alten Franziskaners vor mir, der oft den Spätgottesdienst leitet, und fürchte beinahe, er wäre ob meines Versäumnisses erzürnt. Doch die Sonne lacht so hell wie die italienischen Freundinnen; die Kirchtürme blitzen, als hätte der Herrgott selbst ihnen soeben einen Ring aus Diamanten aufgesetzt. Da weiß ich, dass ER nicht zürnt, sondern bei mir am Tisch sitzt.

Der Kellner kommt mit gezückter Geldtasche auf mich zu. Ich schüttle heiter den Kopf.

„Noch eine Melange, bitte.“

Was bleibt zu tun?

Mein Ausblick

Nun ist sie fast beendet, diese Rückschau auf mein halbes Leben. Nicht alles, was ich Ihnen erzählt habe, mag so wichtig sein, wie es mir im Moment der Niederschrift und bei der Zusammenstellung des Buches erschien. Von der ersten Idee an war mein Anspruch eine ehrliche Auseinandersetzung mit mir und der Welt, die mich umgibt. Persönlich wollte ich den Punkt definieren, an dem ich im Leben stehe. Meinen Leserinnen und Lesern möge der Text einen Einblick geben in die Realität des Anders-Seins. Dieser Begriff dient jedoch nur als gesellschaftliche Definition. In Wahrheit ist jeder Mensch anders, einfach bedingt durch die unzähligen Kombinationen aus Veranlagung, Herkunft, Erziehung, Interaktion mit der Umgebung und die sich daraus ergebenen Lebenswege. Die Unterscheidung zwischen gesund und krank wird einzig durch die Schulmedizin vorgenommen.

Die somit normale Verschiedenheit ist auch der Grund dafür, warum jede Person eine Erfahrung selbst machen muss, um sie zu verstehen. Eine Lebensgeschichte kann niemals die Blaupause für einen anderen Menschen sein. Sie schafft nur dann Erkenntnis, wenn man das „So hat er/sie es gemacht" in Bezug zu seiner eigenen Vergangenheit und Gegenwart setzt. Vielleicht entsteht daraus ein erster Schritt in eine neue Richtung, vielleicht mehr Zufriedenheit mit dem eigenen Sein.

Im Bewusstsein, dass neues Denken, neue Begegnungen und Erlebnisse für ein gelingendes Leben ebenso bedeutsam sind wie stabile Beziehungen, Vertrauen und Zuversicht, füge ich diesen Grundpfeilern für meine zweite Lebenshälfte drei Elemente hinzu. In entscheidenden Momenten meiner persönlichen Geschichte bin ich immer wieder darauf gestoßen; sohin nehme ich sie als treue Gefährten mit auf meinen Weg.

Im Jetzt leben

Im Sommer 2016 war ich an einem Dienstag zu einem Arzttermin unterwegs. Im Kopf befand ich mich aber schon auf einem Wochenendausflug nach Kärnten, um einen Freund nach vielen Jahren anlässlich seines Theatergastspiels wieder zu treffen. Ich hatte bereits ein Zimmer gebucht und malte mir die zwei Tage am Wörthersee in den schönsten Farben aus.

Die Windböe von rechts spürte ich nicht, die Verkehrsinsel samt Richtungstafel sah ich nicht, gegen die sie mich drückte. Ein lauter Knall folgte, und das Glas meines Seitenspiegels hing herunter, die Fassung war verdreht gegen die Scheibe gepresst. Auf einem nahen Parkplatz offenbarte sich der vollständige Gruß der Tafel: Er lief in hässlichen Wellen die komplette linke Wagenseite entlang.

Wäre mein Geist nicht in einer Veldener Strandbar gesessen, sondern mit mir in meinem Auto, hätte ich den plötzlichen Schub vielleicht korrigieren und damit den Aufprall verhindern können. In einem wichtigen Moment war ich nicht bei mir gewesen und konnte froh sein, nicht auch noch einen anderen Verkehrsteilnehmer geschädigt zu haben.

Fehler passieren – ein Blick auf die erkleckliche Zahl derselben in meinem Gestern bestärkt mich stets in dieser Gewissheit – zum großen Teil aus einem Mangel an Jetzt-Sein. Ich spreche nicht von Entscheidungen, die sich nachträglich als falsch herausstellen. Die muss man hinnehmen und nötige Lehren daraus ziehen. Aber gedankliche Abwesenheiten, Worte und Handlungen wider besseres Wissen und vor allem gegen die eigene Überzeugung schaffen Realitäten, die man in einer anderen Form oder überhaupt nicht wollte.

Meine Freundin Irene sagt immer, wo die Gedanken hingehen, dort ist auch die Energie. Um bei meinem Beispiel zu bleiben: Ich hatte meine Energie schon vier Tage vorausgeschickt; deshalb stand sie mir, als ich sie in der Gegenwart brauchte, nicht zur Verfügung.

Unser Leben im Jetzt zu verbringen, bewahrt uns nicht nur vor Fehlern. Es hält auch viele Geschenke bereit. Sind wir dafür offen, sie voll Vertrauen anzunehmen, werden wir sie als wertvolle und treue Begleiter erkennen. Gelassenheit schiebt Hektik und Zukunftsangst beiseite, setzt Energien frei. Unser Blick schärft sich für die Umgebung ebenso wie für das eigene Fühlen und Denken. Erst die Erkenntnis, wie wir auf bestimmte Situationen reagieren, schafft die Möglichkeit, unser Verhalten zu bewerten und vielleicht zu ändern.

Zuletzt sei noch der Genussfaktor erwähnt: Ein aufmerksamer, mit allen Sinnen erlebter Gang durch ein paar Straßen einer Stadt lässt uns viel mehr wahrnehmen als das Hetzen von Geschäft zu Geschäft oder von einer Sehenswürdigkeit zur nächsten.

Ziele sind wichtig, ebenso Pläne, um sie zu erreichen. Jedoch verwechseln manche das große Ziel mit den vielen kleinen Schritten dorthin. Aus weiter Ferne auf einen hohen Berg zu starren und zu denken: *Irgendwann möchte ich dort oben stehen,* ist so lange eine Vision, bis man sich auf den Weg macht. Denn Visionen ohne Taten bleiben Träume.

Eine Lebensweise, die im heutigen Training, in der gerade stattfindenden Begegnung und im aktuellen Arbeitsschritt immer die höchste Bedeutung erkennt, mag nur eine von vielen richtigen sein. Bestimmt sorgt sie aber dafür, dass Menschen, die ihr folgen, aktiv, neugierig und bis in die Seele hinein mit der Welt verbunden bleiben.

Zeit haben – Erinnerung schaffen

Das Jetzt wirkt aber nicht nur in die Zukunft. Es hat auch die beinahe magische Fähigkeit, die Schatztruhe unserer Erinnerungen bis über den Rand zu füllen.

In manchen Medien wird heute die westliche Lebensweise mit einer bis an die Grenzen des Erträglichen praktizierten Schnelllebigkeit assoziiert, die immer mehr Opfer fordert. Menschen kommen nicht mehr mit, sei es mit den Anforderungen, mit der Informationsgeschwindigkeit, mit der schier unübersehbaren Anzahl an Möglichkeiten.

Große Freiheiten bedeuten mehr Verantwortung. Wer diese wahrnimmt und intensiv über unsere Gegenwart nachdenkt, die sich aus immer mehr und immer kleineren Teilen zusammensetzt, kommt vielleicht zu einem interessanten Umkehrschluss: Es ist nicht zu viel da – wir wollen nur zu viel davon.

Vor etwa einem Jahr trank ich bei McDonald's in Hallein einen Kaffee. Am Nebentisch saßen vier Teenager, die alle in ihr Smartphone vertieft waren – ein absurder Anblick, der alltäglich geworden ist: Freunde treffen einander, doch ihre direkte Kommunikation bleibt auf der Strecke. Aus Angst, etwas außerhalb der Begegnung zu verpassen? Oder haben sie bereits verlernt, ihre Kommunikation ohne SMS und WhatsApp zu bestreiten?

Viele Menschen stopfen ihr Leben derart mit Informationen voll, dass sie längst nicht mehr in der Lage sind, diese zu verarbeiten oder gar eingehend zu bewerten. Den Beweis für diese These liefert ein Rundumblick in einer beliebigen Fußgängerzone oder an einer Verkehrshaltestelle. Die meisten Leute haben ihre Augen auf dem Handybildschirm, viele noch zusätzlich einen Knopfhörer im Ohr. Der Fluss an Informationen, Gesprächen, Spielen und Musik rinnt kaum jemals unterbrochen durch ihren Tag.

Was davon bleibt hängen? Wie viele Stromschnellen gibt es in diesen Leben, die volle Aufmerksamkeit erfordern? Wird ein Mensch, der vom Ufer aus winkt, überhaupt noch bemerkt? Kann der Gerufene diesen Fluss jemals hinter sich lassen und dem Menschen dort begegnen?

Aussteigen, einen bisher unbekannten Weg einschlagen, in eine andere Richtung schauen: Das verbindet die Schaltkreise in unseren Gehirnen neu und nachhaltiger. Auf langen Autofahrten nehme ich mir die Zeit, meine Pausen nicht an immer gleichen und zudem überteuerten Autobahnraststätten zu verbringen. Ich fahre in eine Stadt, in der ich noch nie war, esse im Zentrum eine Kleinigkeit und gehe anschließend noch ein bisschen spazieren. Jene ein bis zwei Stunden lüften den Kopf aus und schenken neue Perspektiven.

Diesen Punkt halte ich für essenziell: Begegnungen mit Menschen und Orten in der realen Welt jenseits aller Technik schließen uns nicht von anderen Informationen aus. Sie haben einen viel wichtigeren Sinn: das Schaffen von Erinnerungen.

Vieles ist da, doch ich muss nicht alles haben. Nach dieser Erkenntnis beginnt die Suche in den Puzzleteilen: Woraus soll die Wirklichkeit meiner Welt bestehen? Das braucht viel Zeit und fordert die eigene Ehrlichkeit heraus, ist aber lohnend, sowohl auf dem Weg, der niemals endet, als auch bei vielen Zieleinläufen, die das Leben schenkt. Jede Etappe, jedes gefundene Mosaiksteinchen verbreitert den Herzensgrund und füllt die Schatztruhe mit Erinnerungen.

Erlauben Sie mir an dieser Stelle einen Filmtipp: In der romantischen Komödie *Elizabethtown* mit Orlando Bloom und Kirsten Dunst sieht sich ein gestresster und knapp vor dem Suizid stehender Manager gezwungen, die USA einmal statt per Langstreckenflug mit dem Auto zu bereisen. Das Ergebnis ist nicht nur sehr amüsant, sondern auch ein Loblied auf Erinnerung und Langsamkeit.

Wer sich hin und wieder fragt, ob er mit seinen Tagen glücklich ist, und ehrliche Antworten darauf gibt, hält den Schlüssel zu seiner Schatztruhe in Händen. Dann wird aus Gegenwart erfüllte Zeit, aus deren Samen wiederum Erinnerungen wachsen. Diese liegen bereit, um die Dunkelheit mancher Stunden zu vertreiben. *Du kennst das Licht, das Lachen und die Freude,* flüstern sie uns dann ganz leise zu. *Du wirst wieder dorthin zurückkehren.*

Das Richtige tun

Wie alles Leben, das uns umgibt, sind auch wir Menschen selbst wunderbar geschaffene Wesen. Wir haben unser Denken und Fühlen, dazu fünf Sinne und einen Körper, der, so wir auf ihn achtgeben, erstaunlich viel Widerstand gegen allerlei Ungemach aufbringt – wahrlich eine Vollausstattung mit allen Extras.

Eine dieser Besonderheiten, die bei deutschen Premiumherstellern wohl nur gegen Aufpreis erhältlich wären, kommt selten zum Einsatz, weil wir zu sehr mit den PS (Präsentation und Schnelligkeit) beschäftigt sind: der Instinkt. Er ist der kleine, unscheinbare Bruder des schlechten Gewissens, das sich ebenfalls selten, aber lauter Gehör verschafft. Ist auch jenes verstummt, haben wir beide Knöpfe gleichsam vom Armaturenbrett abgebrochen, aus dem Fenster geworfen und drücken das Gaspedal bis zum Anschlag durch. Nach uns die Sintflut!

Der Instinkt meldet sich als winziger Stich zu Wort, als erste Idee, wenn wir einen Plan entwerfen oder eine Entscheidung ansteht. Wird eine Bitte an uns gerichtet, leisten wir instinktiv spontane Hilfe. Erinnern Sie sich an die Bierkiste, die unbedingt in meine Wohnung wollte?

Als Sensibelchen ist der Instinkt jedoch äußerst zurückhaltend. Er will gehört und bewusst angenommen werden. Aus diesem Grund ist er gegen viele Einflüsterer von außen, die so unschöne Namen tragen wie *Gesellschaftliche Norm, Nur nicht auffallen!* oder *Was denken die anderen?* oft machtlos und verkümmert, wenn er zu lange ignoriert wird. Gut möglich, dass er noch seinen großen Bruder anfleht: „Sag du doch was!", ehe er sich über die letzte Gefühlsklippe stürzt und den Weg alles Irdischen geht.

Bevor es aber soweit kommt, die gute Nachricht: Unser kleiner, wichtiger Helfer lässt sich wieder aufpäppeln – durch eine äußerst effiziente Lehrerin, die noch dazu die Güte hat, uns nur nach Aufforderung zu unterrichten: Fräulein Achtsamkeit.

In ihren Anweisungen läuft alles zusammen. Sie führt uns ins Jetzt, lehrt sowohl Zeit zu haben als auch Erfahrungen zu nutzen. Nach ihrem Unterricht, ganz ohne Hast – die Gegenwart kennt keine Zeit, weil sie immer ist –, hören wir leise den Instinkt wieder. Beim zweiten Mal verstehen wir schon die geflüsterte Botschaft, beim dritten Mal handeln wir danach.

Und irgendwann, ohne es bewusst zu wollen, tun wir von selbst das Richtige – wie der kleine Held in meiner abschließenden Geschichte.

Fällt Ihnen etwas auf? Nichts in diesem Kapitel hat mit Behinderung oder Krankheit zu tun, alles aber mit Lebendigkeit. Jeder einzelne Bereich unseres Seins bekommt stets die Wertigkeit, die wir selbst ihm zugestehen. Das ist meine tiefste Überzeugung.

Was zu tun ist

Zwischen dem Gasthof Kamml in Siezenheim bei Salzburg und einer Wohnsiedlung gegenüber liegen zwei Parkplätze. Einer ist asphaltiert, der andere mit weißem Schotter bedeckt. Jener Ort, der im Grunde nur dem meist achtlosen Kommen und Gehen dient, machte mir im Sommer 2016 ein ganz besonderes Geschenk.

Ich war gerade von einem Spaziergang im Park von Schloss Kleßheim zurückgekommen und stellte meinen Wagen im spärlichen Schatten unter der Baumreihe beim Gasthof ab. Als ich meine Beine hinausschwang und mich schon sehr auf die erfrischende Dusche freute, sah ich drei Kinder, die lachend und plaudernd an mir vorbei und auf die Siedlung zugingen. Die beiden Mädchen, vielleicht sechs und zwölf, kamen mit dem etwa zehnjährigen Buben in ihrer Mitte offenbar aus dem Schwimmbad. Das kleinere Mädchen ging barfuß, die nassen Leinenschuhe in der rechten Hand.

Vor dem Schotter blieb die Kleine stehen und sagte: „Da kann ich nicht rüber, das tut weh!"

„Komm schon, Sarah", erwiderte das zweite Mädchen in einem Immer-Ärger-mit-der-kleinen-Schwester-Tonfall. „Es ist doch nicht weit."

„Dann geh doch du barfuß, wenn dir die spitzen Steine nichts ausmachen!", kam es postwendend mit Große-Schwestern-wissen-immer-alles-besser-Klang zurück. Der Vorschlag wurde nur mit einem Seufzen quittiert.

„Kein Problem, Sarah", mischte sich der Bub nun ein. „Gib Nina deine Schuhe."

Sarah tat wie geheißen. Als sie sich wieder ihm zuwandte, ging er vor ihr in die Hocke und rief: „Und jetzt spring auf!"

Die Kleine lachte hell, schaffte es jedoch trotz mehrerer Versuche nicht, ihre kurzen Beine um seine Hüften zu schlingen. Sie schaute enttäuscht drein, weil ihr der schmerzhafte Gang wohl doch nicht erspart bleiben würde. Der Bub ließ sich jedoch nicht entmutigen.

„Da hinten steht eine Bank", sagte er nach einer halben Kopfdrehung. „Du stellst dich einfach drauf, dann klappt es."

Keine Minute später saß Sarah auf seinen Schultern und wurde sicheren Schrittes über den weißen Schotter getragen. Ich sah noch, wie sie fröhlich jemandem zuwinkte. Dann waren die drei um eine Ecke und aus meinem Leben verschwunden.

Jeder Mensch trägt den Instinkt in sich für das, was zu tun ist – jetzt, in diesem Augenblick, nicht irgendwann. Kinder hören diese Stimme laut und deutlich; ungetrübt von irrigen Gedanken wie *Das schaut blöd aus, Ich habe keine Zeit* oder *Das macht man nicht,* der unsinnigsten Ausrede aller Zeiten.

Wenn wir achtsam durchs Leben gehen, erkennen wir, es braucht nicht viel: ein freundliches Wort, eine helfende Hand. Oder vielleicht das bisschen Mut, endlich einen neuen Weg einzuschlagen. Wenn spitze Steine diesen Weg versperren, dürfen wir vertrauen, dass uns jemand auf seine Schultern nimmt: ein Mensch, der nicht nur in sich spürt, was zu tun ist, sondern es auch tut.

Zur Feier des Tages

Die Sonne am Himmel, die Luft herrlich frisch
Tee, Brot und Butter vor mir auf dem Tisch
Der Morgen begrüßt mich, er sagt: „Komm und wag' es
Das Leben zu leben zur Feier des Tages!"

So vielen Menschen darf ich begegnen
Sie suchen, sie hoffen, sie zögern und streben
Ein Lächeln geht fort, kommt zurück, und ich trag' es
Ganz nahe bei mir zur Feier des Tages

Mein Tun ist oft mühsam, geht langsam voran
Nicht all meine Schritte kommen dort an
Wohin ich sie lenke, und trotzdem, ich mag es
Den Wegen zu folgen zur Feier des Tages

Der Abend ist Stille – ich schau' auf die Stunden
Hab' Altes verstanden und Neues gefunden
Du Wunder im Kleinen, leuchte hell auf und sag' es:
„Der Mensch ist berufen zur Feier des Tages!"

Und Ihre Fragen?

Meine Einladung

Bei der Vorbereitung zu diesem Buch haben sich viele Menschen über die Fragen gewundert, mit denen ich die einzelnen Kapitel einleite. Alle wurden mir im Laufe meines bisherigen Lebens gestellt; meist verschämt und unsicher, nur manchmal ganz offen. Diese Fragen waren mein Antrieb, das Buch zu schreiben. Ich habe mich dabei um Offenheit und eine klare Sichtweise bemüht, wiewohl mir bewusst ist, dass ein Text dieser Art immer subjektiv gefärbt sein wird.

Ein weiteres Anliegen liegt darin, mich über das Buch hinaus mit interessierten Menschen bezüglich des Themas Leben mit einer Krankheit auszutauschen. Deshalb lade ich Sie herzlich ein, mich zu kontaktieren.

Teilen Sie mir per Post, Fax, E-Mail oder über meine Homepage mit, welche Eindrücke Sie von der Lektüre haben. Schildern Sie eigene Erlebnisse. Und vor allem: Stellen Sie mir Fragen, die ich auf den vorliegenden Seiten nicht beantwortet habe. Ich werde mich bemühen, eine Antwort darauf zu finden.

Also frei heraus: Wie lauten Ihre Fragen? Verwenden Sie dazu bitte die Karte auf der letzten Seite: ausschneiden, in ein Kuvert stecken und an mich senden.

Elektronischer Kontakt: Fax 03152/67424

E-Mail: autor@hannes-glanz.at, Homepage: www.hannes-glanz.at

Mit diesem Buch möchte ich ...

... Dank sagen – an erster Stelle Ihnen, sehr verehrte Leserin, sehr verehrter Leser. Sie haben mich bis zu diesem Buch begleitet, bis zu dieser Seite, viele von Ihnen durch mein gesamtes Schriftstellerleben. Diese große Wertschätzung für mich als Autor ist kaum in Worte zu fassen. Sohin bedanke ich mich schlicht für Ihr geistiges, emotionales und manchmal auch ganz sprichwörtliches Mitgehen.

Jene zwei Menschen, die gemeinsam mit mir diese vor über fünf Jahren entstandene Idee in Form eines Buches Wirklichkeit werden ließen, sind Ihnen auch schon seit Jahren bekannt: Mein Verleger Herbert Weishaupt war wie gewohnt kreativ für Form, Gestaltung und Ausstattung des Buches verantwortlich. Elisabeth Gölß, Professorin für Deutsch und Latein aus Wien, übernahm wieder das Lektorat. Die Zusammenarbeit ist für mich lehrreich, spannend und bringt punktgenau das gewünschte Ergebnis. Neu im Team ist Michaela Nutz. Die Illustratorin aus Graz bereichert dieses Buch mit wunderbaren Zeichnungen. Vom ersten Gespräch an hat sie meine Intentionen verstanden und mit viel Gespür für Themen und Details umgesetzt.

Ich bin dankbar für die Arbeit mit ihnen allen wie auch für ihre Freundschaft.

... Freude bereiten – eine Behinderung ist kein Grund, mit traurigen Augen durchs Leben zu laufen. Wenn diese Botschaft bei Ihnen angekommen ist, hat sich mein allergrößter Wunsch an dieses Buch erfüllt. Mein Leben bietet mindestens so viele Anlässe zum Lachen, zur Freude und zur Dankbarkeit wie das Ihre; ich muss sie nur finden.

Dazu eine kleine Anekdote: Nicht lange, nachdem wir einander kennengelernt hatten, sagte eine Salzburger Freundin zu mir: „Hätte ich deine Krankheit, wäre ich wahrscheinlich den ganzen Tag angefressen."

Nach vielen Jahren sind wir immer noch in Kontakt. Heute denkt sie anders darüber.

... *Mut machen* – zu einem aufrechten, stolzen und zielstrebigen Lebensweg. Wer einen Traum hat, soll ihn verfolgen. Nicht immer gelingt es dabei, die Bodenhaftung zu behalten, und Rückschläge tun manchmal weh. Trotzdem gehen Wünsche in Erfüllung – besonders für jene, die den Weg dorthin als Abenteuer und Schatzsuche begreifen. Am Ende liegt nicht nur das eine Goldstück für sie bereit – es warten viele verschiedene Edelsteine.

Wir sind auf der Welt, um das Jetzt zu leben. Voll Vertrauen, Humor und Energie.

Salzburg, Feldbach
August 2011 bis August 2016

Verzeichnis der Lyrik und Prosa

Bücher von Hannes Glanz im Weishaupt Verlag

Der Kernölbotschafter
Satirische Miniaturen
ISBN 978-3-7059-0374-6
13,5 x 21 cm, 176 Seiten, 2. Aufl.,
Titelbild: Thomas Wizany
Taschenbuch,
€ 14,50

**Liebe und
andere Katastrophen**
Neues vom Kernölbotschafter
ISBN 978-3-7059-0292-3
14 x 21,5 cm, 192 Seiten, geb.
Titelbild: Thomas Wizany
€ 19,80

Weishaupt Verlag, A-8342 Gnas

T +43-3151-8487, F +43-3151-84874
e-mail: verlag@weishaupt.at
Internet: www.weishaupt.at

Hannes Glanz

Was Sie
schon immer
von einem

KRÜPPeL

wissen wollten!

Weishaupt Verlag

Wieso gehst du so komisch?
Warum kündigt einer wie Sie seinen Job?
Haben Sie Sex?
Verlieren Sie manchmal Ihre Zuversicht?
Sind Sie glücklich?

Wenn ein gesunder Mensch einem Behinderten begegnet, macht er sich vielleicht diese Gedanken. Darf man sie laut aussprechen? Oder sind sie unangenehm, gar eine Beleidigung?

Mit seinem neuen, sehr persönlichen Buch baut *Hannes Glanz* Brücken zwischen zwei Welten, die einander näher stehen, als man auf den ersten Blick glauben mag. Offen und direkt, aber auch voll Humor und Zärtlichkeit schreibt er über sein Leben mit einer Geburtserkrankung und beantwortet viele Fragen.

Die Illustrationen stammen von der Grazerin *Michaela Nutz.*

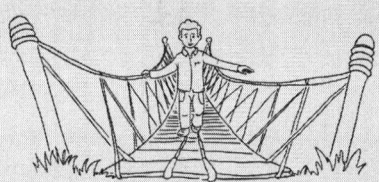

○ Herr Glanz, ich habe folgende Frage(n):

_____

_____

○ So stelle ich mir die Farbe kugelrot vor:

Zeichnung ausmalen,
mir mailen / schicken
und unveröffentlichte
Geschichte erhalten!
autor@hannes-glanz.at

○ Ich möchte gerne _____ Buch/Bücher bestellen:
Taschenbuch, 15,– Euro/Stk., zzgl. Versand

_____
Name

_____
Adresse

_____
Datum, Unterschrift

Bitte
ausreichend
frankieren

An
Hannes Glanz
Marburger Weg 7
8330 Feldbach
Österreich